Faszinierendes Erlebnis
Tierwelt

Ursula und Willi Dolder

Faszinierendes Erlebnis
Tierwelt

Illustriert von Gerd Ohnesorge

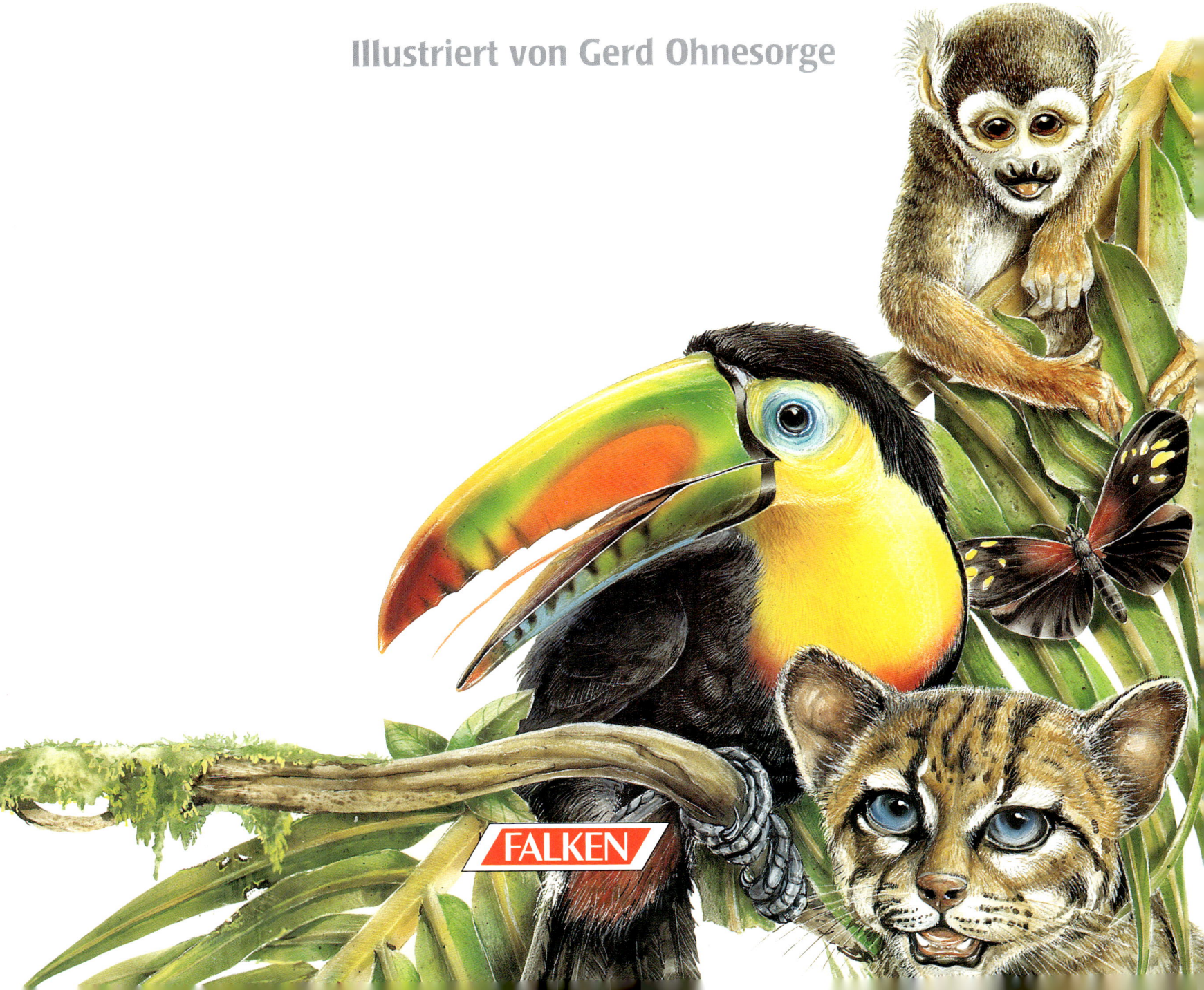

FALKEN

Inhaltsverzeichnis

Gliederfüßer 6
Skorpione und Spinnen 8
Krebse 10
Insekten oder Kerbtiere 12

Weichtiere und Stachelhäuter 14
Kraken, Tintenfische,
Seesterne und Seeigel 16
Schnecken und Muscheln 18

Fische 20
Haie und Rochen 22
Aalwanderung, Plattfisch-
entwicklung 24
Korallenriff 26
Angriff und Verteidigung 28

Lurche 30
Frösche und Kröten 32
Molche und Salamander 34

Kriechtiere 36
Schildkröten 38
Krokodile 40
Echsen und Eidechsen 42
Schlangen 44

Vögel 46
Schnäbel, Federkleid
und Krallen 48
Laufvögel 50
Albatrosse, Sturmvögel und
andere Vagabunden der Meere 51
Pinguine 52
Pelikane und Tölpel 54

Reiher 55
Storchenvögel 56
Flamingos 58
Greifvögel 59
Neuweltgeier 62
Gänsevögel 64
Hühnervögel 66
Kraniche 68
Tauben 69
Watvögel 70
Möwenvögel 72

Papageien 74
Eulen 76
Kuckucksvögel 78
Segler und Nachtschwalben 79
Kolibris 80
Spechtvögel 82
Rackenvögel 84
Sperlingsvögel 85
Lerchen, Stelzen, Pieper
und Nachtigallen 86
Schwalben 88
Stare, Pirole und Beos 89
Drosseln, Meisen, Zaun-
könige und Wasseramseln 90
Astrilde und Amadinen 92
Paradies- und Laubenvögel 94
Rabenvögel 95

Fledertiere	114
Zahnlose und Schuppentiere	116
Nagetiere	118
Hörnchen- und Mäuseverwandte	120
Stachelschweine und Baumstachler	122
Chinchilla, Meerschweinchen & Co.	123
Land- und Wasserraubtiere	124
Barten- und Pottwale	126
Delphine	128

Säugetiere	96
Eierlegende Säugetiere	98
Die Beuteltiere	100
Insektenfresser	102
Halbaffen	103
Affen Südamerikas	104
Meerkatzenverwandte	106
Affen Asiens	108
Gorillas und Schimpansen	110
Siamang und Gibbons	112

Wildpferde, Wildesel und Zebras	156
Nashörner	158
Tapire	160
Flußpferde	161
Schweine	162
Neu- und Altweltkamele	164
Die Wiederkäuer	166
Giraffen und Okapis	167
Rehe, Hirsche, Elche & Co.	168
Rinder	170

Marderartige	130
Bärenartige	132
Schleichkatzen und Hyänen	134
Hundeartige	136
Kleinkatzen	140
Löwen und Geparde	142
Tiger und Leoparden	144
Ohrenrobben und Walrosse	146
Seehunde und See-Elefanten	148

Antilopen und Gazellen	172
Ziegenartige	176
Böcke und Schafochsen	178
Glossar	180
Register	188

Hasentiere und Kaninchen	150
Seekühe	152
Schliefer	153
Elefanten	154

Zu den Gliederfüßern gehören drei Viertel aller heute auf der Erde lebenden Tierarten. So unterschiedliche Tiere, wie die winzigen Wasserflöhe und die großen Hummer, Ameisen, Läuse und Maikäfer, Skorpione, Weberknechte und Vogelspinnen sind in diesem Tierstamm vereinigt. Bei aller Verschiedenheit lassen sich aber doch übereinstimmende Merkmale feststellen. Auf den ersten Blick erkennt man bei den meisten Arten schon die Beine als Gliedmaßen, die durch Gelenke mit dem Körper verbunden und durch Gelenke nochmals unterteilt und beweglich sind. Der weiche und empfindliche Körper wird durch verhärtete Ringe geschützt, die ebenfalls durch Gelenkhäute beweglich miteinander verbunden sind. Dieser „Panzer" kann sich nicht dehnen, also nicht mit dem Tier mitwachsen. Darum müssen sich Gliederfüßer hin und wieder häuten und aus ihrem alten, zu klein gewordenen Panzer herausschlüpfen. Unter dem alten Panzer ist eine neue, noch dehnbare Haut gewachsen, die an der Luft oder im Wasser schnell hart wird. Der Stamm der Gliederfüßer wird unterteilt in vier Unterstämme: die ausgestorbenen urtümlichen Dreilapper, Spinnenverwandte, Krebstiere und Tracheentiere.

Glieder-füßer

Spinnentiere und Verwandte

Skorpione und Spinnen – mehr als 50 000 Arten haben die ganze Welt erobert

Rund 50 000 Arten von Spinnentieren, zu denen man auch die Milben, die Weberknechte und die Skorpione zählt, wurden bis heute entdeckt und beschrieben. Mit Sicherheit gibt es aber noch weitere, bisher unbekannte Arten.

Spinnen und Skorpione sind vielen Menschen unheimlich, obwohl nahezu alle Arten für uns ungefährlich und sehr nützlich sind.

Ein Spinnenfaden ist viel feiner als ein Menschenhaar, aber ungemein stark und dehnbar

Tanz der Skorpione

Skorpione gehören zu den ältesten noch lebenden Landtieren der Welt. Schon vor über 400 Millionen Jahren lebten sie in warmen Gebieten, während nahe Verwandte, die Seeskorpione mit einer Länge bis zu 180 cm, vor über 200 Millionen Jahren ausstarben. Die landbewohnenden Arten – es gibt deren rund 600 – sind über weite Gebiete der Tropen und Subtropen verbreitet. Die kleinsten messen nur 4 cm; sie leben im Mittelmeerraum und in Südeuropa. Ihr nördlichstes Verbreitungsgebiet liegt im südlichen Österreich und im schweizerischen Kanton Tessin. Die größten Arten aus dem westlichen und südlichen Afrika erreichen eine Länge von 20 cm und mehr.

Fast alle Skorpione führen ein nächtliches Leben. Tagsüber halten sie sich, je nach Art, in selbstgegrabenen Sandhöhlen auf, in Felsspalten und -löchern, unter der dürren Rinde abgestorbener Bäume sowie unter flachen, schattenspendenden Steinen.

Skorpione haben ein sehr interessantes Hochzeitsritual. Männchen und Weibchen stehen sich gegenüber und fassen den Partner an seinen Tastscheren. Dann gehen sie gemeinsam vor-, rück- und seitwärts, drehen sich im Kreis herum und wippen mit den stachelbewehrten Schwänzen. Dieser „Tanz" dient dazu, etwaige Angriffslust abzubauen. Das Skorpionweibchen bringt etwa 40 Junge zur Welt, die gleich nach der Geburt auf den Rücken der Mutter klettern und dort die ersten Lebenstage verbringen.

Giftig wie ein Skorpion

Viel ist über die Gefährlichkeit der Skorpione erzählt worden. Sie haben in der Tat in ihrem Schwanzstachel ein starkes Gift, das sie jedoch keinesfalls dazu benutzen, Menschen anzugreifen. Fast immer werden Menschen dann gestochen, wenn sie unvorsichtigerweise Steine hochheben und dürres Holz sammeln, in den Tropen im Freien nächtigen oder gar nachts barfuß auf einen Skorpion treten. Die Stiche der meisten Skorpionarten sind mit Wespen- oder Bienenstichen vergleichbar; der Schmerz soll allerdings bedeutend länger, nämlich 3 oder 4 Stunden, anhalten.

Skorpione ernähren sich vorwiegend von Insekten und anderen Gliederfüßern, die sie mit ihren Zangen packen und festhalten. Große Arten sind in der Lage, auch Eidechsen und Nagetiere zu erbeuten, die sie oft mit ihrem Giftstachel lähmen.

Ein Afrikanischer Skorpion beim Vertilgen einer Wanderheuschrecke

Spinnen sind Weltbürger
Spinnen gibt es auf der ganzen Welt. Sie leben an Waldrändern, in Wüsten, an Gewässern und in den höchsten und unwirtlichsten Bergregionen, in trockenen Steppen und feuchten Urwäldern; es gibt keinen Lebensraum, den sie nicht erobert haben.

Die größte Gruppe bilden die Webspinnen, die Netze, Nester, Wohnhöhlen und Trichter weben. Sie besitzen Spinnwarzen, die sich an der Unterseite des Hinterleibes befinden und die bis zu 400 winzige Spinndüsen aufweisen, aus denen die Fäden gepreßt werden. Diese sind mehr als tausendmal dünner als ein Menschenhaar, aber ungeheuer dehnbar und fest. Mit diesen Fäden fertigen die Spinnen Netze an, in denen sich Fluginsekten fangen. Oder sie benützen einen klebrigen Faden als Lasso, mit dem sie ihre Beute fangen und fest verschnüren. Manche Zwergspinnenarten lassen sich an ihren meterlangen, hauchdünnen Fäden durch die Luft tragen. So konnten nur 3 mm kleine Spinnen über den Ozean nach Amerika reisen!

Bei fast allen Spinnen sind die Weibchen vier- bis zehnmal größer als die Männchen. Sie pflanzen sich je nach Art fort, indem sie zahlreiche Eier zu einem Kokon schnüren, oder durch das Gebären lebender und vollentwickelter Junger.

Aus der riesigen Anzahl der Spinnentiere wollen wir noch einige Vertreter erwähnen. Einer der bekanntesten ist die weitverbreitete Kreuzspinne, die ein auffallend gleichmäßiges, schönes Netz baut; eine andere die Hausspinne. Ihr Netz findet sich meist in einer Zimmerecke und endet in einem dicht verwebten Trichter.

Zu den Webspinnen rechnet man auch die tropischen Riesenradnetzspinnen, deren Netze einen Durchmesser von mehr als 1 m erreichen und die oft zu Dutzenden Büsche und große Bäume „einspinnen".

Die gefürchtete Schwarze Witwe
Ebenfalls in den Tropen leben die Vogelspinnen, die bis zu 10 cm messen können und bei vielen Menschen Angst und Ekel hervorrufen, obwohl sie völlig harmlos sind. Sie kommen häufig in Bananenstauden

Das Weibchen der tropischen Riesenradnetzspinne ist um vieles größer als das Männchen

aus Mittel- und Südamerika nach Europa. Vogelspinnen haben zwar, wie die meisten Spinnentiere, ein hochwirksames Gift, das sie für den Beuteerwerb einsetzen, sie werden jedoch uns Menschen nicht gefährlich. Das trifft übrigens für nahezu alle Arten zu. Eine Ausnahme bilden die Schwarzen Witwen. Sie kommen in allen warmen Gebieten der Welt vor, das südliche Europa eingeschlossen, und fehlen lediglich in den Urwäldern. Obwohl die größten Tiere nur 12–15 mm erreichen, haben sie ein äußerst wirksames Nervengift, das starke Schmerzen und Krämpfe hervorrufen kann. Kleine Kinder unter sechs Jahren und ältere, geschwächte Menschen sind schon am Gift einer Schwarzen Witwe gestorben.

Vogelspinnen können durch ihr Gift Mäuse und Ratten überwältigen

Bewaffnet und gepanzert – die Krebse

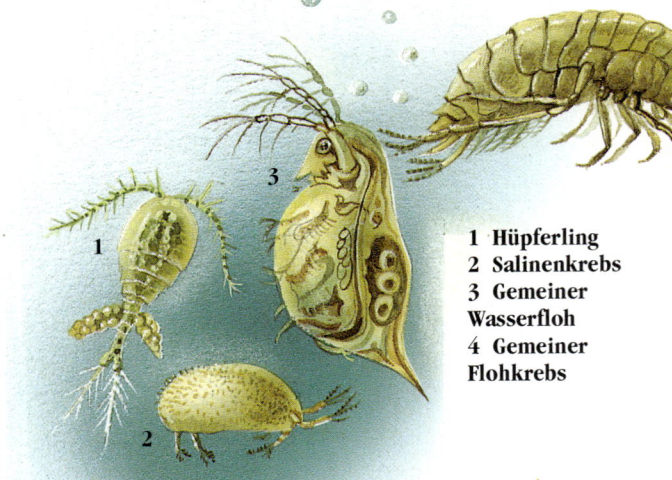

1 Hüpferling
2 Salinenkrebs
3 Gemeiner Wasserfloh
4 Gemeiner Flohkrebs

Der Amerikanische Flußkrebs lebt, wie der Name schon sagt, im Süßwasser

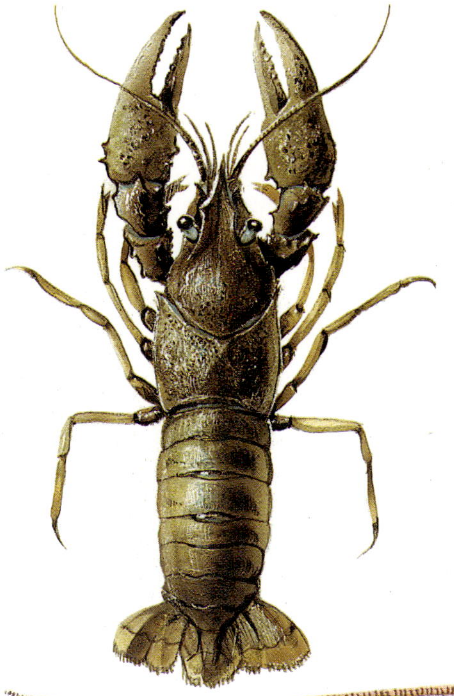

Krebstiere sind die einzige Klasse des Unterstamms der Zweiantennen-Tiere im Stamm der Gliederfüßer, zu dem noch Trilobiten, Scherenfüßer und Tracheentiere gehören. Krebse sind uralt, schon im frühen Erdaltertum, vor rund 300 Millionen Jahren, bewohnten sie die Erde. Damals gab es unsere „modernen" Krebse noch nicht, aber die Gruppe der Muschelschaler aus der Unterklasse der Blattfußkrebse, deren Gehäuse wie Muschelschalen aussehen und die noch heute in Bächen, Flüssen und Teichen leben, hat sich fast nicht verändert. Muschelschaler, Muschelkrebse und Rankenfüßer sind die urtümlichsten Gruppen; in der Unterklasse der „Höheren Krebse" sind die „modernen" Zehnfußkrebse, Ritterkrebse, Eigentliche Langschwanzkrebse und Echte Krabben zusammengefaßt.

Von vielen Tierklassen, die schon so lange die Erde bevölkern, gibt es nur noch wenige Vertreter. Nicht aber so bei den Krebsen, von denen heute etwa 35 000 Arten bekannt sind. Weitaus die meisten leben im Meer, aber viele bevorzugen Süßwasser, und einige wenige sind ausgesprochene Landtiere geworden.

Einsiedlerkrebse leben oft mit Seeanemonen in einer Symbiose. Auch Seepocken und Entenmuscheln sind Krebstiere

Getarnte Krebse

Obwohl es Krebse gibt, die gar nicht so aussehen, haben doch alle einen einheitlichen Bauplan. Der Körper wird in Kopf, Brust und Hinterleib unterteilt. Der Kopf trägt zwei Antennenpaare sowie Ober- und zwei Unterkiefersegmente, oft noch Brustringe mit „Kieferfüßen". Am Brustabschnitt, manchmal auch am Hinterleib, finden wir Spaltfüße zum Laufen oder Schwimmen. Wer ein Aquarium hat, kennt die Wasserflöhe aus der Unterklasse der Blattfußkrebse. Natürlich sind es keine Flöhe, sie heißen so, weil sie sich genauso hüpfend im Wasser fortbewegen wie die lästigen Plagegeister. Wasserflöhe kann man gerade noch mit bloßem Auge wahrnehmen, aber ihre ganze Schönheit zeigen sie erst unter dem Mikroskop. Man erkennt das schlagende Herz, die pulsierende, farblose Blutflüssigkeit und den Brutraum mit den Eiern und den noch nicht fertig entwickelten Jungen. Bei vielen Arten kann man „Temporalvariationen" beobachten. Das heißt, daß im Lauf eines Jahres die Tiere der gleichen Art ganz unterschiedlich aussehen. Bei verschiedenen Arten findet man im Frühling und Sommer nur Weibchen, die sich jungfräulich vermehren. Erst im Spätsommer und Herbst findet man auch die viel kleineren Männchen.

Komische „Typen" gibt es bei den Rankenfüßern: Entenmuscheln, Seepocken und Wurzelkrebse. Entenmuscheln siedeln massenhaft auf Treibholz oder an Schiffsrümpfen und bilden ein Kalkskelett, das aussieht wie die Schalen einer Muschel. Auch Seepocken bilden große Kolonien und haften auf Riffen,

Muschelbänken oder an Schiffen. Wurzelkrebse sind zu Parasiten geworden. In einem frühen Entwicklungsstadium als Naupliuslarve dringen sie in einen anderen Krebs ein und entwickeln sich erst dort zu einem ausgewachsenen Wurzelkrebs, der das Innere des anderen Krebses ausfüllt und zum Teil zerstört.

…und „richtige Krebse"

Tiere, wie wir uns „richtige" Krebse vorstellen, finden wir in der Ordnung der Zehnfußkrebse, von denen es etwa 8500 Arten gibt. Zu ihnen gehören alle Garnelen, die wir Menschen teilweise „zum Essen" gern haben, und andere, einfach wunderschön aussehende, wie z.B. die Gespensterkrabbe oder die Harlekingarnele.

Jedem Feinschmecker wohlbekannt sind die Nordseegarnele und die entfernt verwandten Langusten, Hummer und Flußkrebse. Langusten und Hummer unterscheiden sich hauptsächlich durch die großen Scheren, die die erstgenannten nicht haben. Während Langusten und Hummer in den Weltmeeren leben, ist das Verbreitungsgebiet der Flußkrebse auf die nördliche Hälfte der Erde beschränkt. Alle Familien sind als Delikatesse begehrt, und einige Arten sind gerade deswegen in ihren Beständen sehr stark zurückgegangen. Wer schon einmal einen Hummer, eine Languste oder einen Flußkrebs gegessen hat, weiß, daß das leckere Muskelfleisch im hart gepanzerten Hinterleib sitzt. Einsiedlerkrebse aus der Unterordnung der Mittelkrebse haben dagegen einen sehr weichen, verletzlichen Hinterleib. Aus diesem Grund suchen sie sich einen Panzer für ihr weiches Hinterteil. Mit jedem Wachstumsschub bzw. mit jeder Häutung brauchen sie ein größeres Schneckenhaus. Zur Unterordnung der Echten Krabben gehören Strandkrabben, Taschenkrebse, Wollhandkrabben und Winkerkrabben, die durch ihr eigentümliches Paarungsverhalten auffallen. Die Männchen beeindrucken die Weibchen mit großen, bunt gefärbten Scheren.

Die Männchen der Winkerkrabben imponieren den Weibchen mit einer großen Schere

Der Europäische Hummer ist bei Feinschmeckern sehr beliebt

Insekten oder Kerbtiere – auf Umwegen vom Ei zum fertigen Insekt

Insekten gibt es so ziemlich überall auf der Welt: in den furchtbarsten Wüsten unter glühender Sonne und im ewigen Eis der Pole, in den tiefsten Urwäldern und sogar im Meer, in der Luft, im Wasser, auf der Erde. Es gibt Insektenlarven, die sich in 55 °C heißem Wasser weiterentwickeln und andere, die sich in den Petroleumpfützen von Ölfeldern pudelwohl fühlen, sie leben im und vom (für uns) ekligsten Dreck, in Aas, faulen Pflanzen und stinkenden Wasserlöchern, aber auch auf blühenden Wiesen, von duftenden Gräsern und herrlichen Blüten, wo sie durch Bestäubung dafür sorgen, daß Samen und Früchte wachsen.

Daß die Insekten sich so verbreiten konnten, verdanken sie der Tatsache, daß sie in ihrem Leben ganz verschiedene Entwicklungsstadien durchmachen und da unterschiedliche Ansprüche stellen. Ein Käfer kommt nämlich nicht als fertiger Käfer, eine Fliege nicht als Fliege und ein Schmetterling nicht als Schmetterling auf die Welt. Auch Ameise, Floh, Biene, Hirschkäfer, Eintagsfliege oder Marienkäfer beginnen ihr Leben erst einmal als Ei.

... und platzt aus allen Nähten
Bei einigen Arten können die Eier mehrere Jahre lang einfach liegenbleiben und darauf warten, daß zum Beispiel das Wetter besser wird und daß die aus dem Ei schlüpfenden Larven gut leben können. Die Larven wachsen und häuten sich mehrmals. Das ist eine praktische Einrichtung. Die äußere Haut der Larven wächst nämlich nicht mit. Stell dir vor, du wächst in alle Richtungen und deine Lieblingshose wird dir zu eng. Du quetschst dich aber jeden Tag wieder in die Hose hinein, bis sie platzt. So ähnlich ist es bei den Insektenlarven – nur ist bei denen unter der alten schon eine neue Hose, nein: Haut gewachsen. Ist die Larve ausgewachsen, dann schlüpft aus der letzten Hülle das fertige Insekt, wie es das Bild von der Heidelibelle zeigt.

Fast schon Zauberei
Während die Libellenlarve wächst, kann man schon erkennen, wie das fertige Insekt aussehen wird. Ganz anders ist es bei den sogenannten höheren Insekten, zum Beispiel bei Käfern und Schmetterlingen. Da verpuppt sich die fast ausgewachsene Larve, und eine ganze Zeit lang scheint gar nichts zu passieren, manchmal vom Herbst bis zum nächsten Frühjahr. Bei Schmetterlingspuppen kann man dann, wenn man gut aufpaßt, eines Tages beobachten, wie die Puppe von innen aufgestemmt wird und ein herrlicher Falter seinem Verwandlungskäfig entsteigt.

Königinnen und Arbeiterinnen
Ameisen gehören mit Bienen, Wespen und Termiten zu den staatenbildenden Insekten. Je nach Art gibt es Staaten mit nur wenigen Tieren und andere, zu denen Millionen gehören. Mittelpunkt des Staates ist die Königin, die nichts anderes tut, als Eier legen – manchmal mehrere tausend am Tag. Alle Arbeiterinnen haben bestimmte Aufgaben zu erfüllen. Einige kümmern sich um die Eier, andere versorgen die Larven, wieder andere bringen Futter oder übernehmen die Verteidigung des Staates gegen Feinde.

1 Heidelibellen bei der Paarung
2 Eintagsfliege
3a Große Königslibelle
3b räuberische Libellenlarve
3c schlüpfende Libellenlarve
4 Wasserläufer
5a Gelbrandkäfer (männlich)
5b Larve des Gelbrandkäfers
6 Larve und Raupe einer Stechmücke
7 Rückenschwimmer
8 Köcherfliegenlarve
9 Fraßspuren der Borkenkäferlarve
10a Bockkäferlarve
10b Eichenbock
11 Totenkopf
12 Maulwurfsgrille
13a Maikäferlarve
13b Maikäfer
14 Warzenbeißer
15a Rote Waldameise (Königin, Eier)
15b Larven
15c Puppen
15d Vorratskammer
15e Nahrungstransport
15f Ameise melkt eine Blattlaus
16 Feuerwanze
17 oberirdisches Wespennest
18 Hirschkäfer
19 Eichenspinner
20 verschiedene Gallen
21 Eichenzipfelfalter
22 Spannerraupe
23 Marienkäfer (Siebenpunkt)

Weichtiere sind uns allen schon begegnet: die Schnirkel- oder Nacktschnecken im Garten oder im Wald, Muscheln an den Meeresküsten, vielleicht auch als Delikatesse auf der Speisekarte in den Ferien: Kalmari oder Tintenfisch, Kraken, Austern, Miesmuscheln oder Weinbergschnecken. Gemeinsam ist allen: Sie haben keine Knochen wie die Wirbeltiere, kein inneres Skelett, auch keinen Chitinpanzer wie die Insekten, sondern ein Außenskelett, eine Schale oder Hülle, eine sehr feste, harte Haut oder einen Schulp wie die Kopffüßer. Einige Weichtiere, z.B. die Kraken, gehören zu den höchstentwickelten Lebewesen auf der Erde, die in ihrer Anpassung an den Lebensraum Meer vollkommen sind.

Anders als Weichtiere leben die Stachelhäuter nur im Meer. In diesem Stamm finden wir wunderschöne, blumenähnliche Tiere, die Seelilien, nicht zu verwechseln mit Seerosen oder -anemonen. Seelilien sind mit den Seesternen verwandt. Anders als diese sitzen die erwachsenen Seelilien auf langen Stielen. Sie leben bis in sehr große Meerestiefen. Die etwa 7 cm hohe Zirrenlose Seelilie wurde in 4800 m Tiefe festgestellt, eine kleinere Art dringt gar bis 8300 m in die Tiefsee hinunter! Kiemen, Lungen oder Tracheen gibt es bei den Stachelhäutern nicht. Sie „atmen" über ganz dünne Hautstellen, wie sie z.B. die zahlreichen Füßchen darstellen, einige Arten haben ganz besondere Hautfalten.

Alle Stachelhäuter legen Eier, aus denen Larven schlüpfen. Bei den erwachsenen Tieren spricht man von einem fünfstrahlig-radiärsymmetrischen Bauplan. Das schwierige Wort bedeutet, daß z.B. ein Seestern fünf Arme hat, die alle gleich aussehen. Der gleiche Bauplan findet sich auch bei den Seeigeln. Nur den länglich-walzenförmigen Seegurken oder Seewalzen sieht man auf den ersten Blick an, daß sie dem nicht ganz entsprechen.

Weichtiere und Stachelhäuter

Skelette innen und außen

1 Sepia (Gemeiner Tintenfisch)
2 Gemeiner Krake
3 Nautilus (Perlboot)
4 Pfeilkalmar
5 Tiefseekrake
6 Purpurseeigel
7 Lanzenseeigel
8 Sonnenstern
9 Purpurseestern öffnet eine Muschel
10 Seelilie
11 Gänsefußseestern
12 kletternde Seewalze
13 Schlangenstern/Fadenstern
14 Zirrenlose Seelilie

Das Bild oben zeigt eine Tintenschnecke, die einen Angreifer mit einer dunklen Wolke verwirrt.

Tintenfische gibt es genauso wenig wie Walfische. Wale sind keine Fische, und Tintenfische sind Schnecken. Systematisch zählen sie, zusammen mit Perlbooten, zur Klasse der Kopffüßer und diese, neben Käferschnecken, Schnecken und Muscheln, zum Stamm der Weichtiere. Alle Tintenschnecken, angefangen vom „Gemeinen Tintenfisch" oder Sepia bis zu den großen Kraken, haben kein äußeres Skelett aus Kalk wie die Muscheln und viele Schnecken. Trotzdem sind sie nicht schutzlos, sondern haben Anpassungs- und Verteidigungsformen entwickelt, die die fehlende Schale ersetzen. Unter der durchsichtigen, den Körper umhüllenden und stark mit Drüsen durchsetzten Haut liegt eine weitere dicke Hautschicht, die je nach Art wie Leder oder Gallert aussieht und die aus farbstoffhaltigen Zellen besteht. Diese Hautschicht hilft den Tintenschnecken, sich ihrer Umgebung auf dem Meeresboden anzupassen. Wie es dort aussieht, erkennen sie einmal dank ihrer sehr guten Augen, die feinste Abstufungen von hell und dunkel, aber auch einige Farben wahrnehmen können. Ebenfalls nützlich sind lichtempfindliche Zellen auf der Haut und ein gut entwickelter Tastsinn mit Hilfe der Saugnäpfe auf den Fangarmen.

Angriff und Verteidigung
Ein Kalmar, der Appetit auf einen Krebs verspürt, legt sich auf den Meeresboden, gräbt sich leicht ein und nimmt Farbe und Muster seiner Umgebung an. Taucht ein Krebs auf und kommt nicht nahe genug, daß der Kalmar ihn mit seinen langen Fangarmen erreichen kann, verläßt der Räuber sein sandiges Versteck und bewegt sich, nur durch das Fächeln seiner Saumflossen, auf sein Opfer zu, um es zu packen.

Ihrer besten Waffe verdanken die Tintenschnecken ihren Namen: dem dunkelbraunen Farbstoff, Sepia, der in einer Drüse beim Darmausgang gebildet und bei Gefahr ausgestoßen wird. In ihrer dunklen Wolke gelingt es den Kraken oder

Kraken, Tintenfische, Seesterne und Seeigel – zu Hause in kalten und warmen Meeren

Kalmaren dann manchmal, ihren Angreifern zu entkommen.

Einige Arten, die in den tiefsten Tiefen der Ozeane leben, in denen auch schwarze Tintenwolken nichts mehr verdunkeln können, mischen ihrer „Tinte" Leuchtbakterien bei, so daß der Feind geblendet wird.

Meeresungeheuer aus der Tiefsee

Es gibt furchtbare Geschichten von Riesenkraken, die große Segelschiffe angriffen, mit ihren Armen umschlangen und in die Tiefe zogen. Wahrscheinlich handelt es sich dabei um Seemannsgarn, aber man weiß heute, daß in den Tiefen der Meere tatsächlich Riesenkraken leben. Pottwale sind Erzfeinde der Riesenkraken und haben diese „zum Fressen" gern. In Pottwalmägen hat man Krakenaugen mit einem Durchmesser von 40 cm gefunden – die größten Augen eines Lebewesens! Solche Augen lassen darauf schließen, daß das lebende Tier etwa 25 m lang gewesen ist und mehrere Tonnen gewogen hat! 1933 wurde in der Nähe der Insel Neuseeland ein Riesenkrake erbeutet, der 22 m maß! „Normale" Kraken aber, wie zum Beispiel der Nordatlantikkrake, werden nur bis 2 m lang. Da Kraken als sehr intelligente Tiere gelten und sich normalerweise friedlich verhalten, gehört der angriffslustige, mörderische Krake in den Bereich der Schreckensgeschichten.

Innen weich, außen stachelig ...

Zwei Stachelhäuter sind jedem bekannt, der schon einmal Ferien am Meer verbracht hat: die Seesterne mit ihrer schönen Gestalt und die nicht weniger schönen, aber vielleicht mit schmerzhaften Erinnerungen verbundenen Seeigel. In die Gruppe der Seesterne gehören die Haarsterne und die Schlangensterne, während die kugeligen Seeigel mit den Seewalzen verwandt sind.

So ein Stachelhäuter besteht, oberflächlich betrachtet, aus drei Schichten: einer sehr dünnen, äußeren Haut, unter der sich eine dicke, kräftige Bindegewebsschicht befindet, die das Skelett enthält. Auch die dritte, innerste Hautschicht ist sehr fein. Sie kleidet die Leibeshöhle aus und bedeckt die Organe. Außer den Seewalzen, die sich in die Richtung fortbewegen, in der ihr Mund liegt, ist es bei den Stachelhäutern schwierig festzustellen, wo „vorne" und „hinten" ist. Seesterne und Seeigel können sich nämlich nach jeder Seite fortbewegen.

Schnecken und Muscheln – Wunder an Farben und Formen

Eine ganze Wunderwelt an Farb- und Formenreichtum eröffnet sich uns im Reich der Schnecken und Muscheln. Schon in alten Kulturen gab es Liebhaber ganz besonders schöner Kalkskelette, und in manchen Gegenden der Welt dienten Muschel- oder Schneckenschalen als Geld, wie etwa die prächtigen Kauri- oder die zierlichen Treppenschneckenhäuser. Weitaus die meisten der etwa 25 000 Muschelarten leben im Meer, nur eine kleine Anzahl bewohnt Süßwasser. Wer schon einmal eine Muschel – nicht nur die Schale, sondern mit „Inhalt" – genau angeschaut hat, hat sich sicher gefragt, wo denn da „oben" und „unten", „vorne" oder „hinten" ist. Für Muscheln gibt es so komplizierte Begriffe gar nicht. Sie ernähren sich, indem sie die im Atemwasser befindlichen Nährstoffe herausfiltern und zurückbehalten. Dort, wo bewegtes Wasser ihnen genügend Nährstoffe „vor die Haustüre" bringt, heften sie sich an oder vergraben sich im Boden und lassen nur die Atemöffnung herausschauen. Für diese „bequeme" Lebensweise brauchen sie weder Kopf noch Zähne oder hochentwickelte Sinnesorgane. Sie ziehen sich einfach in ihre Schale zurück und „warten", was das Wasser bringt. Die zweiteilige Schale wird von den Mantellappen gebildet, die vom Rücken her das ganze Tier einhüllen. Auf der Rückseite – wenn wir die Öffnungsseite als vorne bezeichnen wollen – sind die Schalen durch zwei ineinandergreifende Zähne beweglich miteinander verbunden. Hast du schon einmal versucht, eine lebendige Muschel zu „knacken", also die Schale zu öffnen? Ohne Messer oder brutale Gewalt geht das nicht. Die Muschelschalenhälften passen mit ihren Rändern genau aufeinander und werden von quergelagerten, starken Muskeln zusammengehalten. Sie öffnen sich nur, wenn die Muschel das „will" und der Muskelzug nachläßt.

„Wanderer" und „Seßhafte"

Einige Arten können „umziehen", also ihren Standort verändern. Das Tier schiebt dann den beilförmigen Fuß zwischen den Schalenhälften hindurch, verankert ihn am Boden und richtet sich daran auf. Manche können den Fuß sogar zu einer Art Kriechsohle umfunktionieren. Bei den seßhaften Arten scheidet die Byssusdrüse am Hinterende des Fußes zähe, seidige Fäden ab, die

1 Hainbänderschnecke
2 Egelschnecke
3 Heideschnecken im „Trockenschlaf"
4 Rote Wegschnecke
5 Weinbergschnecken bei der Paarung
6 Flußmuschel mit Perle
7 Posthornschnecke
8 Gemeine Teichmuschel
9 Schlammschnecke

schnell hart werden und das Tier am Untergrund festkleben.

Muscheln und Schnecken unterscheiden sich dadurch, daß die Gehäuse der Schnecken einteilig und Muschelschalen zweiteilig sind. Aber es gibt keine Regel ohne Ausnahme: die Nacktschnecken z.B. haben überhaupt kein Haus, es ist soweit zurückgebildet, daß nur noch eine kleine, versteckte Kalkplatte vorhanden ist. Die Schalen der Muscheln werden durch den Mantel gebildet. Eine besondere Zellschicht in der Rückenhaut sorgt dafür, daß die Schale nicht nur groß, sondern auch dicker und stabiler wird. Die Schale besteht aus drei Schichten, die allerdings nicht bei allen Tieren zu erkennen sind, weil die innerste, die Perlmuttschicht, bei einigen Arten zurückgebildet ist. Diese Schicht sorgt dafür, daß alle Arten, bei denen sie vorhanden ist, Perlen bilden können. Leider dauert es sehr lange, bis eine Perle entstanden ist, viele Weichtiere haben aber eine zu kurze Lebensdauer. Austern sind nicht nur Leckerbissen, sondern auch Perlenproduzenten. Sie können zwanzig und mehr Jahre alt werden und haben genug Zeit, eine Perle wachsen zu lassen.

Die Schnecken
Mit etwa 90 000 Arten sind die Schnecken die größte Gruppe der Weichtiere. Auch die meisten Schnecken leben im Meer, besonders in den Küstenzonen, doch auch im Süßwasser ist eine stattliche Artenzahl vertreten, und einige Arten sind sogar zu Landbewohnern geworden. Das sind Lungenschnecken, die das nasse Element verlassen konnten, weil sie „ihren See" sozusagen ständig mit sich herumtragen. Ihre Fußdrüsen sondern eine schleimige Flüssigkeit ab, über die sie mit wellenförmigen Bewegungen hinweggleiten.
Bei den Schnecken erkennt man sehr gut den Kopf mit ein oder zwei zurückziehbaren Fühlerpaaren, von denen eines die Blasenaugen trägt. Die wulstige, knorpelige Zunge hat eine mit vielen tausend Zähnchen besetzte Platte und arbeitet wie eine Raspel. Der breite Fuß ist zu einer Kriechsohle entwickelt. Bei vielen Meeresschnekken sind die Seitenränder wie Flügel verbreitert und erlauben ein wunderschön gleitendes Schwimmen. Viele Wasserschnecken können ihr Gehäuse mit einem hornigen oder kalkigen Deckel verschließen und so auch Trockenzeiten überstehen. Landschnecken bilden zu diesem Zweck ein Schleimhäutchen oder einen Kalkdeckel.

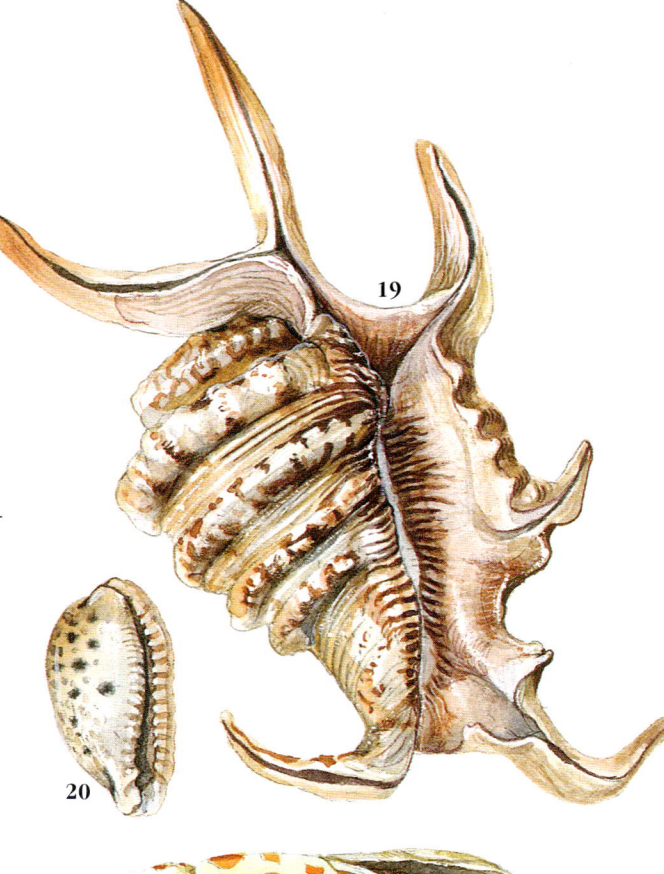

19 Flügelschnecke
20 Porzellanschneckenart
21 Bischofsmütze

10 Käferschnecke
11 Fadenschnecke
12 eingegrabene Herzmuschel
13 Messerscheide
14 Große Strandschnecken
15 Steindattel oder Seedattel aus dem Mittelmeer
16 Napfschnecken
17 Wellhornschnecke mit Gelege
18 Miesmuscheln

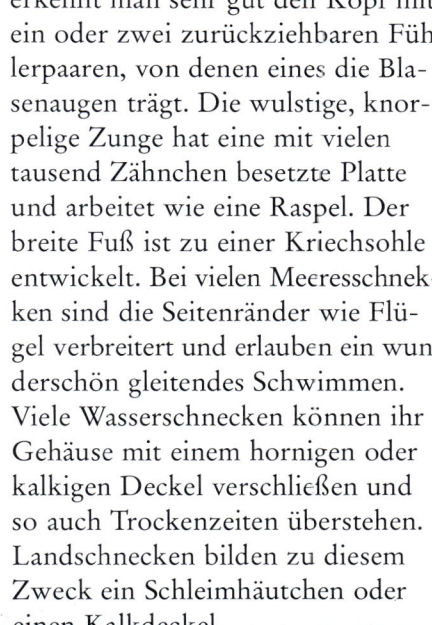

„Munter wie ein Fisch im Wasser" sagen wir, wenn sich jemand besonders wohl fühlt in seiner Haut. Fische sind die Lebewesen, die sich so perfekt dem Leben im Wasser angepaßt haben, daß nur wenige Arten ausnahmsweise außerhalb des Wassers leben können. Sie sind Wirbeltiere, haben meist einen spindelförmigen Körper, Flossen als Gliedmaßen und eine Haut, die mit Schuppen bedeckt, manchmal auch nackt ist oder Knochenzähnchen trägt.

Fische sind in allen Wassern zu Hause: im Salzwasser der Meere von den Polen bis zu den Tropen, in der Tiefsee und im Flachwasser der Küsten, im Süßwasser von Flüssen, in Seen und Teichen und im Brackwasser.

Es gibt Arten, die im Lauf ihrer Entwicklung von Salz- zu Süßwasser wechseln können, und für einige spielt es keine Rolle, ob ihre Umgebung süß oder salzig ist. Die ältesten, bisher festgestellten Versteinerungen von Fischen sind 450 Millionen Jahre alt. Heute unterscheiden wir etwa 25000 Arten mit einer Vielfalt von faszinierenden Farben, Formen und Lebensweisen. Manche Fische sehen gar nicht so aus, als ob sie dazugehören, wie die zierlichen Seepferdchen oder Seenadeln oder ein aufgeblasener Kugelfisch. Einige Exemplare aus der wunderbaren Welt der Fische wollen wir auf den nächsten Seiten ein bißchen genauer betrachten.

Fische

Mit allen Wassern gewaschen

Haie und Rochen – die Schrecken der Meere

Haie und Rochen sind Knorpelfische. Ihr Skelett besteht nicht aus Knochen, wie bei der großen Klasse der Knochenfische, sondern aus Knorpelmasse. Trotzdem haben auch Knorpelfische Knochen: auf der Haut. Wer mit der Hand die Haut eines Haifischs berührt, hat das Gefühl, Schmirgelpapier anzufassen. Die Haut ist mit winzigen Zähnchen übersät, deren Spitzen aus Zahnbein mit Zahnschmelz überzogen sind und die mit Knochenplatten in der Haut verankert sind. Bei den Rochen finden sich weniger, aber wesentlich größere „Hautzähne", die auf dem Rücken oder dem Schwanz manchmal richtige Stacheln bilden. Die Zacken auf den langen Schnauzen der Sägehaie oder Sägefische sind ebenfalls Hautzähne. Eine besondere Einrichtung ist das Gebiß der Haie. Die Zähne gleichen den Hautzähnen, aber Haie sind „Vielzähner", und wer einmal einen Blick in das zähnegespickte Maul eines Haifischs tun konnte, der möchte einem solchen Gesellen sicher nicht beim Baden begegnen. Hinter jedem der messerscharfen Zähne an der vordersten Front befinden sich, zurückgeklappt, immer kleiner werdende Zähne. Geht ein Zahn verloren, dann stellt sich einfach der nächste auf und nimmt diese Position ein.

Der Riesenhai – größter lebender Fisch

Haie gibt es seit etwa 300 Millionen Jahren. Sie folgten den noch älteren Panzerfischen, und es gab solche Riesen unter ihnen, daß selbst der größte unserer heutigen Arten, der bis zu 14 m lange Riesenhai, dagegen ein Zwerg ist. Der Riesenhai ist der größte lebende Fisch, dicht gefolgt vom Riesenmanta, der eine Spannweite von 7 m erreicht und bis zu 4 m lang werden kann.

Rochen bilden neben den Haien eine eigene Ordnung in der Unterklasse der Plattenkiemer und sind als Abkömmlinge der Haie noch recht „jung". Die Unterscheidung – Hai oder Rochen – ist manchmal nicht einfach. Es gibt Haie, die eher wie Rochen aussehen und umgekehrt. Das sicherste Bestimmungsmerkmal ist die Lage der Kiemen. Bei den Haien befinden sie sich seit-

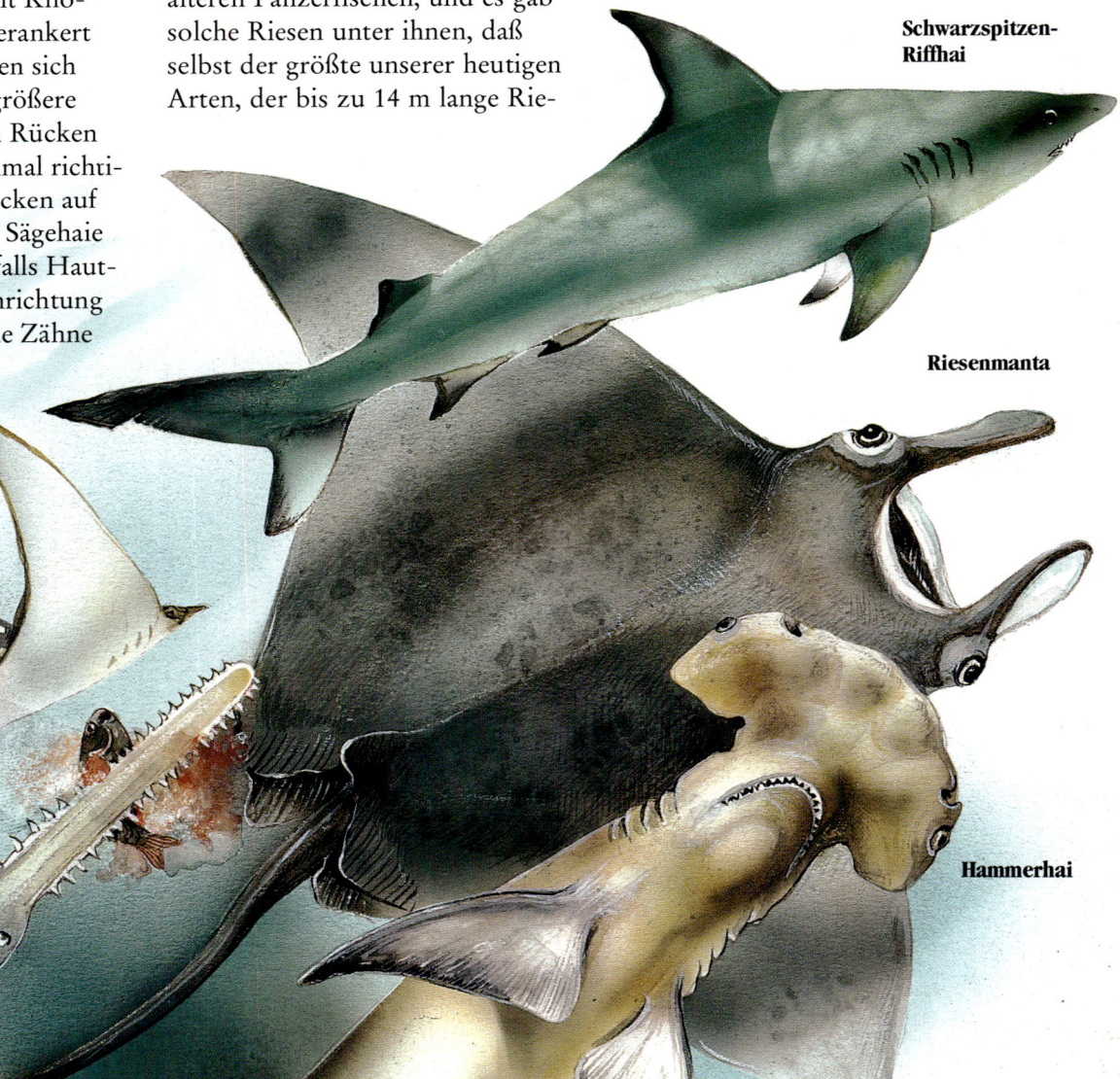

Schwarzspitzen-Riffhai

Riesenmanta

Adlerrochen

Sägefisch

Hammerhai

lich am Vorderkörper, bei den Rochen auf der Unterseite, unterhalb der Brustflossen.

Babykannibalen
Knorpelfische haben keine Schwimmblase, und Haie und Rochen müssen sich ständig bewegen, damit sie nicht auf den Boden sinken. Haie schwimmen mit seitlichen Wellenbewegungen des Körpers und hauptsächlich der Schwanzflosse. Einige können das Atemwasser mit Druck aus den Kiemen pressen und sich durch den so erzeugten Rückstoß fortbewegen. Die dreieckige Rückenflosse hält den Körper im Gleichgewicht, während die Brustflossen wie Tragflächen als Höhenruder dienen. Ganz anders bewegen sich die Rochen mit ihrem abgeplatteten Körper. Ihr Rückgrat ist steif, und sie können keine Seitwärtsbewegungen machen. Statt dessen sind die Flanken mit den breiten Brustflossen verwachsen, mit denen sie senkrechte Wellenbewegungen ausführen können. Ein großer, schwimmender Rochen oder eine ganze Schule, die völlig lautlos im Meer dahingleitet, sind ein majestätischer Anblick.

Die meisten Rochen und Haie vermehren sich durch Eier. Diese

Weißer Hai

Eier haben eine sehr feste Hornschale und sind viereckig. An jeder Ecke befindet sich ein langer, gewundener Faden, der sich um den nächstbesten Gegenstand wickelt und daran festhält, bis das Junge schlüpft. Das kann sechs Monate bis zwei Jahre dauern. Bei einigen Knorpelfischen bleiben die Eier und auch die geschlüpften Jungen noch einige Zeit im Mutterleib. Besonders interessant ist die Fortpflanzung bei den lebendgebärenden Hochseehaien. Die Jungen entwickeln sich in einer Art Gebärmutter, die sie mit Nährstoffen versorgt. Kurz vor der Geburt aber genügen diese Nährstoffe nicht mehr, und die größeren Babyhaie fressen ihre kleineren Geschwister auf.

Blauflecken-Stechrochen

Beim Heringshai und beim Sandhai konnte man feststellen, daß die größten Jungen alle unbefruchteten Eier und alle jüngeren Keimlinge fressen, so daß bei diesen Arten immer nur zwei Junge geboren werden.

Wer mag wen lieber?
Es gibt tatsächlich Menschenfresser unter den Haien, aber allgemein sind Haie bei Menschen wesentlich beliebter als umgekehrt! Unter den Haien gibt es keine Menschenjäger. Ein Mensch, der zufällig im Meer umherpaddelt, ist genauso Nahrung wie ein Seehund oder Fisch. Überhaupt sind Knorpelfische zwar alle Jäger, aber es gibt Arten, die beim Beutefang nicht wählerisch sind. Umgekehrt gelten Haie und Rochen vielerorts als Delikatesse und werden darüber hinaus wirtschaftlich genutzt. Aus der Leber der großen Arten wird Lebertran gewonnen, und die Haut von Blauhai, Hammerhai und Grönlandhai wird zu Leder verarbeitet.

Die verschiedenen Stufen der Aalentwicklung

Aalwanderung, Plattfischentwicklung und Fischkindergarten

Erst seit Beginn unseres Jahrhunderts ist das Geheimnis der Aalwanderung und der Fortpflanzung der Aale weitgehend gelöst. Ihre Laichplätze liegen im tiefen, sehr salzhaltigen Sargassomeer, in der Nähe der Westindischen Inseln. Im März und April laichen die Fische und sterben. Aus den frei im Wasser schwebenden Eiern schlüpfen millimeterkleine durchsichtige Weidenblatt-Larven mit langen, spitzen Zähnen. Der Golfstrom treibt die Larven langsam ostwärts, Richtung Europa. Je älter sie werden, desto mehr ähneln sie einem Weidenblatt. Im Herbst ihres dritten Lebensjahres sind sie auf der Höhe von Spanien und Irland angekommen und messen etwa 7 cm. Die Larve verwandelt sich nun zum „Glasaal". Die nadelspitzen Zähnchen werden durch kleine, kegelförmige Zähne ersetzt. Im April oder Mai des vierten Lebensjahres erreichen sie die Küste Norddeutschlands, im Juli die Ostseeküste. Mit der Ankunft vor den großen Flußmündungen werden die Glasaale zu „Steigaalen". Ein Teil bleibt in den Mündungsgebieten, der größere Teil aber „steigt" die Flüsse hinauf. Sie bilden nun Hautfarbstoff, sogenannte Pigmente, und werden dunkler, bekommen einen dunkel olivbraunen Rücken und gelbliche Seiten.

Über alle Hindernisse
Beim „Steigen" schwimmen die Aale in dichten Gruppen in der Nähe des Ufers und überwinden dabei alle Hindernisse: Wasserfälle, Stromschnellen, Wehre, Staumauern ... sie können streckenweise sogar über feuchte Wiesen und sumpfige Weiden gehen. Nach dem fünften Lebensjahr bleiben die Männchen in den Unterläufen der Flüsse zurück. Sie werden höchstens 50 cm lang und wiegen etwa 150 Gramm. Die Weibchen steigen oft bis in die Quellgebiete der Flüsse. Sie können bis zu 1,5 m lang werden und bis zu 6 kg wiegen. Zwischen dem neunten und dem 15. Lebensjahr machen Aale eine neuerliche Umwandlung durch: Der Gelbaal wird zum „Blank- oder Silberaal" mit schwarzem Rücken, silbrigen Seiten und spitzem Kopf. Die Tiere nehmen jetzt keine Nahrung mehr zu sich und leben von ihren Fettreserven. Eines Nachts im Spätsommer oder Herbst beginnen sie dann ihre letzte große Wanderung. Sie ziehen die Flüsse hinunter und folgen dabei dem gleichen Trieb, der sie vor Jahren alle Hindernisse flußaufwärts überwinden ließ. Sie gelangen ins Meer und kehren zurück in die Sargassosee, in ihre „Kinderstube", wo sich der Kreislauf eines langen Aallebens schließt.

Ein Männchen des Dreistachligen Stichlings am Nest

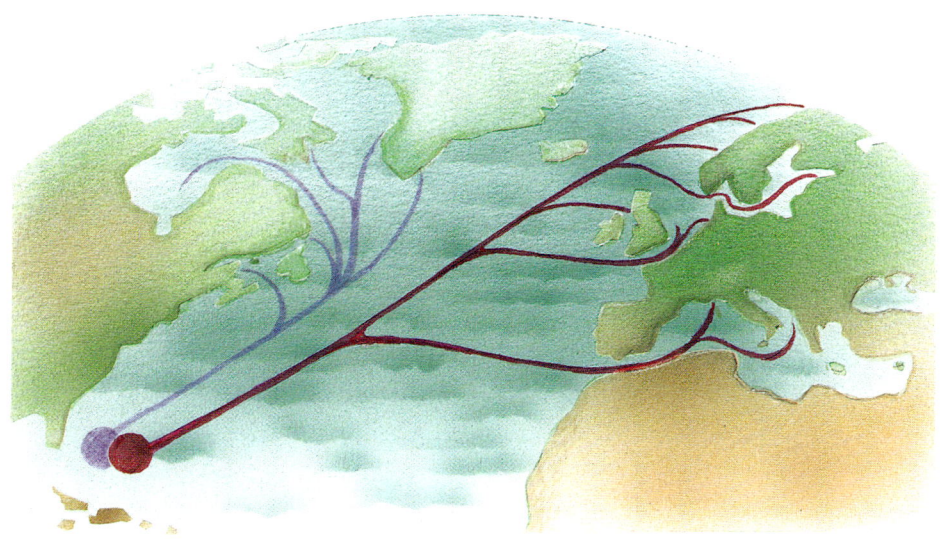

Das Sargassomeer und die Wanderungsrichtung der Aale nach Europa und Nordamerika

Die Entwicklung einer Scholle vom Ei über die Larve bis zum bodenlebenden Fisch

Der „Umbau der Plattfische"

Fast einen Umbau durchleben die Plattfische während ihrer Entwicklung von der Larve zum fertigen Butt, zur Scholle oder Flunder. Die Ordnung der Plattfische ist vorwiegend in den flachen Küstengewässern der warmen und gemäßigten Breiten vertreten. Sie sind nicht, wie zum Beispiel die Rochen, einfach „in die Breite" gegangen, mit dem Rücken oben und dem Bauch unten, sondern sie liegen auf der Seite. Geschlüpfte Plattfischlarven sind winzig klein und sehen ganz „normal" wie andere Fische aus. Der „Umbau" beginnt im Innern der Larve mit der Entwicklung einer Darmwindung. Erst dann wird auch äußerlich die Veränderung sichtbar: Ein Auge wandert – es wandert richtig! – von einer Körperseite auf die andere, und Schädelknochen sowie Mund verschieben sich. Ob die Verschiebung nach rechts oder links eintritt, ist erblich festgelegt. Der erwachsene Plattfisch geht zum Bodenleben über. Die Unterseite bleibt hell, während sich auf der Oberseite Pigmentflecken bilden. Plattfische können die Farbe ihrer Oberseite fast perfekt ihrer Umgebung anpassen. Sie sehen die Farbe des Untergrunds und können über das Nervensystem ihrer Oberseite eine hellere oder dunklere, stärker oder schwächer gefleckte Färbung geben. So getarnte Fische liegen auf dem Boden eines Priels oder im flachen Wasser und verlassen sich völlig auf ihre Tarnung. Manchmal graben sie sich mit wellenförmigen Bewegungen ihrer Seitenflossen sogar noch leicht in den Boden ein.

Anders als bei Aalen und Plattfischen schlüpfen aus den Eiern des Dreistachligen Stichlings keine Larven, sondern „fertige" Jungfische. Der Vater kümmert sich nicht nur um den Bau des walnußgroßen Nestes, sondern bewacht auch die Jungen, so lange sie in der Nähe des Nestes bleiben. Wenn Gefahr droht, sammelt er die Brut mit dem Mund ein und spuckt sie ins Nest zurück.

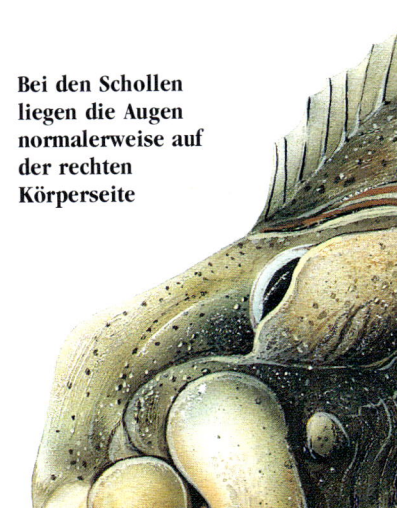

Bei den Schollen liegen die Augen normalerweise auf der rechten Körperseite

Korallenriff – Farbenzauber und Formenreichtum unter Wasser

Ein Blick in ein Korallenriff ist ein Blick in eine verzauberte Welt! Ob wir nun durch die Scheibe eines Glasbodenbootes Einblick gewinnen können oder ob wir selbst mit Schnorchel und Flossen oder gar mit Taucherausrüstung und Sauerstoffflaschen in die bunte und geheimnisvoll schweigende Welt hinabsteigen, es ist ein unbeschreibliches Erlebnis: pastellfarbige, mit Seerosen und mit Seeanemonen übersäte Felsen, auf denen Röhrenwürmer in Rot, Blau und Gelb prangen. Leuchtend gefärbte Nacktschnecken gleiten wie schwerelose Tänzer vorüber, Seesterne und Seeigel bewegen sich im Zeitlupentempo, Riesenmuscheln öffnen ihre gewellten, samtigen Lippen und Fische, Fische, Fische in allen Formen und Farben!

Millimeterkleine Baumeister
Bevor wir uns näher mit den Fischen befassen, wollen wir einen kurzen Blick auf das Riff selbst werfen. Korallenriffe gibt es nur in warmen Meeren. Vor vielen Millionen Jahren war das Klima auf unserer Erde noch ganz anders, und weite Teile Europas waren von Meeren bedeckt. Damals gab es auch bei uns Korallenriffe. Die Dolomiten in den Südtiroler Alpen sind Reste solcher Riffe, die bei der Entstehung der Alpen hochgehoben wurden. Auf dem fast 2600 m hohen Säntis in der Schweiz findet man noch heute Überbleibsel von Korallenbänken. Die Erbauer dieser Riffe sind die millimeterkleinen Korallenpolypen und die nicht viel größeren Kalkalgen. Diese beiden Winzlinge haben durch ihre Kalkausscheidungen die größten, je von Lebewesen errichteten Bauwerke geschaffen.

Farben als Signale
Wie als Ausgleich für das große Schweigen, das im Wasser zu herrschen scheint, sind die meisten Riffbewohner bunt gefärbt, zum Beispiel der Picasso-, der Koffer- und der Doktorfisch – so als wollten sie dadurch auf sich aufmerksam machen. Tatsächlich haben die auffallenden Farben vieler Fische genau

1 Rotfeuerfisch
2 Picassofisch
3 Halfterfisch
4 Preußenfische
5 Blauer Kofferfisch
6 Pinzettfisch
7 Zackenbarsch mit Putzerlippfischen

diese Funktion. Sie sagen dem Art- und Geschlechtsgenossen: Verschwinde! Hier ist mein Revier, der Platz ist besetzt! Oder dem Geschlechtspartner zur Paarungszeit: Hier ist Platz für dich, komm doch her!

Genau die umgekehrte Wirkung haben die Farben bei den Fischarten, die in Schwärmen zusammenleben; sie sollen dem Zusammenhalt und dem gegenseitigen Erkennen dienen, ähnlich wie die Trikots einer Fußballmannschaft.

Beim prachtvollen Rotfeuerfisch dient die auffallende Färbung sowohl der Warnung als auch der Tarnung. Er besitzt ein sehr starkes Gift, das sich in Drüsen am Ansatz der Rückenstacheln befindet. Mit den großen, abspreizbaren Brustflossen jagt er seine Beute in einen Winkel, aus dem es kein Entkommen gibt.

Die Glühkohlen-, Orange- oder Anemonenfische leben in enger Gemeinschaft mit Seeanemonen. Die „Blumentiere" verfügen über Nesselzellen mit Gift, das für andere Fische tödlich ist. Einem gesunden Anemonenfisch macht das nichts, er kuschelt sich in die Fangarme einer Seeanemone und stiehlt ihr Nahrungsbrocken.

Fast unheimlich sehen die bis zu 1 m langen Muränen aus. Beim Beißen entleeren sich die Giftdrüsen an der Basis der Zähne, so daß die Beute gelähmt wird.

Ein toller Trick
Wenn der Igelfisch in Gefahr ist, schluckt er blitzschnell so viel Wasser, daß er so dick wie ein Fußball wird. Dem erschreckten Räuber vergeht schnell der Appetit!

Einen besonderen Service bietet der kleine, gestreifte Putzerfisch dem gefräßig aussehenden Zackenbarsch. Er befreit ihn von Parasiten und hat dabei überhaupt keine Angst vor den scharfen Zähnen.

8 **Orange-Anemonenfische an Seeanemonen**
9 **Muräne**
10 **Doktorfisch**
11 **Igelfisch**
12 **Seeigel**
13 **Wimpelfisch**

Wie die einen angreifen und die anderen sich verteidigen

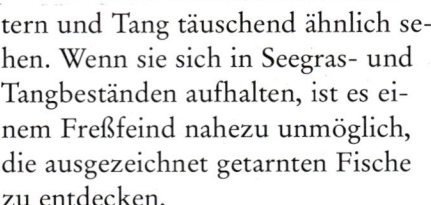

Betrachten wir die Mechanismen der Natur in bezug auf Räuber und Beute etwas näher. Kein Lebewesen läßt sich freiwillig auffressen, und die Natur hat ihm die Möglichkeit gegeben, aus eigener Kraft zu überleben. Es kann z. B. fliegen, sehr schnell laufen oder schwimmen. Oder es hat ein Tarnkleid, das es gegen fremde Blicke beinahe unsichtbar macht. Wir denken dabei vor allem an das Chamäleon, das seine Farbe ändern und seiner Umgebung anpassen kann. Oder an die sogenannten Plattfische, deren Oberseite dem Meeresgrund so hervorragend angepaßt ist, daß man den Fisch erst sieht, wenn man fast auf ihn tritt.

Tarnung und Verstecke

Manche Plattfischarten graben sich zudem in den Sand ein und sind buchstäblich unsichtbar. Die Großen Fetzenfische tarnen ihren Körper mit Hautauswüchsen, die Blättern und Tang täuschend ähnlich sehen. Wenn sie sich in Seegras- und Tangbeständen aufhalten, ist es einem Freßfeind nahezu unmöglich, die ausgezeichnet getarnten Fische zu entdecken.

Aber nicht nur Beutetiere bedienen sich der Tarnung. Eine ganze Anzahl Räuber lauert gut getarnt auf ahnungslose Beute. Der Engelhai z. B. ist flach und mit vielen Hautlappen versehen und hat außerdem ein geflecktes und gepunktetes Tarnkleid, das die Farbe des Meeresgrundes hat, auf dem er liegt. Völlig bewegungslos wartet er, bis ein Fisch in die Nähe seines Kopfes kommt. Dann reißt er blitzschnell sein riesiges Maul auf, und durch den entstehenden Sog wird der Fisch ins Maul des Räubers gesaugt! Die meisten Fische sind dann rettungslos verloren und enden im Magen des Hais. Einige Arten aber besitzen lange und sehr spitze Rückenflossen, die sie im Maul des Engelhais aufrichten, worauf dieser die stachelige Beute unbeschädigt wieder ausspuckt.

Schutz durch Warnfarben

Eine ganze Reihe von Tieren lassen es gar nicht so weit kommen, daß sie verschluckt werden. Sie melden ihren

1 Die Fächerfische können ihre Beute mit einer Geschwindigkeit von 100 km/h verfolgen

2 Laternenangler locken mit ihren Leuchtorganen kleine Fische an

3 Der Zitteraal kann starke elektrische Schläge austeilen

4 Der Anglerfisch besitzt eine natürliche „Angelrute"

Seenadeln „hängen" unbeweglich im Wasser und werden von Feinden übersehen

Der Große Fetzenfisch tarnt sich hervorragend

Schützenfische schießen mit gezieltem Wasserstrahl nach Landinsekten

Werden Fliegende Fische von Thunfischen gejagt, springen sie oft aus dem Wasser und gleiten 100, 200 m weit

Feinden im voraus „rühr mich ja nicht an", und zwar vor allem mit sogenannten Warnfarben. Das sind meist auffällig leuchtende, rote oder gelbe Körperfärbungen, wie sie z. B. die Rotfeuerfische und die mittel- und südamerikanischen Farbfrösche, aber auch die einheimischen Wespen mit dem gelbschwarzen Warnkleid besitzen. Bei der Warn- und Schreckfärbung der genannten Tiere handelt es sich um passiven Schutz, der nur dann wirkt, wenn der mögliche Feind bereits schlechte Erfahrung mit diesen vermeintlichen Beutetieren gemacht hat. Diese verfügen nämlich meist auch über einen aktiven Schutzmechanismus.

Bei den Rotfeuerfischen sind das hohle Rückenflossen, an deren Basis sich äußerst wirksame Giftbehälter befinden. Bei den Wespen sind es Stachel und Gift und bei den Farbfröschen ein Drüsengift, das durch die Haut abgesondert wird und das so wirksam ist, daß es manche Indianerstämme als tödliches Pfeilgift benutzen. Diese auffällig gefärbten Tiere „sagen" also nicht nur „rühr mich nicht an", sondern zugleich „ich bin giftig" oder „ich steche". Jeder Räuber, der einmal Bekanntschaft mit Gift und Stachel gemacht hat, wird sich in Zukunft davor in acht nehmen.

Eine ganz besonders raffinierte Art des Beuteerwerbs üben Zitteraale und Zitterwelse aus. Sie verfügen über elektrische Organe, die es ihnen ermöglichen, starke elektrische Schläge von bis zu 550 Volt auszusenden. Damit können sie kleinere Beutetiere lähmen und dann leicht fangen. Zugleich dienen die elektrischen Entladungen dazu, sich Feinde vom Leib zu halten. Eine geradezu geniale Methode, Fliegen und andere Landinsekten zu erwischen, wendet der malaysische Schützenfisch an: er schießt sie treffsicher mit einem starken Wasserstrahl, den er durch Zunge und Obergaumen preßt, von ihrem Sitzplatz und schnappt sie, wenn sie auf die Wasseroberfläche fallen.

Besser als ihr Ruf

Die gefürchteten südamerikanischen Piranhas oder Sägesalmler können mit ihrem riesigen, messerscharfen Gebiß kranke Fische oder verwundete Tiere, die sich ins Wasser begeben, in kurzer Zeit völlig vertilgen. Die Schreckensgeschichten über „Mörderpiranhas", die Menschen und Rinder bis auf das Skelett abnagen, gehören allerdings ins Reich der Legenden.

Anglerfisch und Laternenangler, beide Meeresbewohner, haben besondere Methoden entwickelt, Beutetiere anzulocken. Erstere haben einen angelähnlichen Hautfortsatz auf dem Kopf, dessen wurmähnliches Ende sie vor ihrem Mund hin und her bewegen. Kommt ein Fisch auf Beutesuche herangeschwommen, wird er – schwupp – verschluckt. Der Laternenangler, der in den Meerestiefen lebt, hat seinen Köder sogar mit einem Leuchtorgan ausgestattet.

Angriff und Verteidigung ziehen sich durch das ganze Tierreich. Dort, wo ein ungestörtes Gleichgewicht zwischen Jägern und Gejagten herrscht, nehmen weder die einen überhand, noch werden die anderen in ihrem Bestand ernsthaft gefährdet.

Piranhas oder Sägesalmler haben ein messerscharfes Gebiß

Wir wissen, daß alles Leben im Wasser entstanden ist und daß die Urahnen der Wirbeltiere, die heute Land und Luft bevölkern, vor Jahrmillionen aus dem Wasser gekommen sind. Um diesen Wechsel des Lebensraums vom Wasser ans Land und in die Luft möglich zu machen, waren viele Umwandlungen nötig. Daß sie nötig waren, sieht man zum Beispiel, wenn ein Goldfisch an die Luft kommt oder wenn ein Spatz oder eine Maus ins Wasser fällt: Der Fisch als Kiemenatmer erstickt an der Luft, und Vogel und Maus als Lungenatmer ertrinken im Wasser.

Den Übergang vom kiemenatmenden Wassertier zum lungenatmenden Landtier schafften als erste die Lurche, die direkten Nachkommen der urtümlichen Quastenflosser.

Dieser Übergang, der in der Entwicklungsgeschichte der Lebewesen viele Millionen Jahre dauerte, vollzieht sich noch heute in der Entwicklung der amphibischen, das heißt doppellebigen Lurche in nur wenigen Wochen oder Monaten. Viele erwachsene Lurche leben an Land und atmen durch Lungen. Doch selbst als Landtier braucht der Lurch meist eine feuchte Umgebung und ist zur Fortpflanzung weitgehend auf das Wasser angewiesen. Die meisten Arten vertrauen ihre Eier dem Süßwasser an. Aus den Gelegen schlüpfen kiemenatmende Larven, die durch eine stufenweise Verwandlung, Metamorphose, zum lungenatmenden Landtier werden. Die Klasse der Lurche oder Amphibia wird in drei Ordnungen unterteilt: Schwanzlurche, Blindwühlen und Froschlurche mit insgesamt etwa 3000 Arten und einer Größe zwischen weniger als 1 cm und mehr als 1,5 m.

Lurche

Vom Wasser zum Land

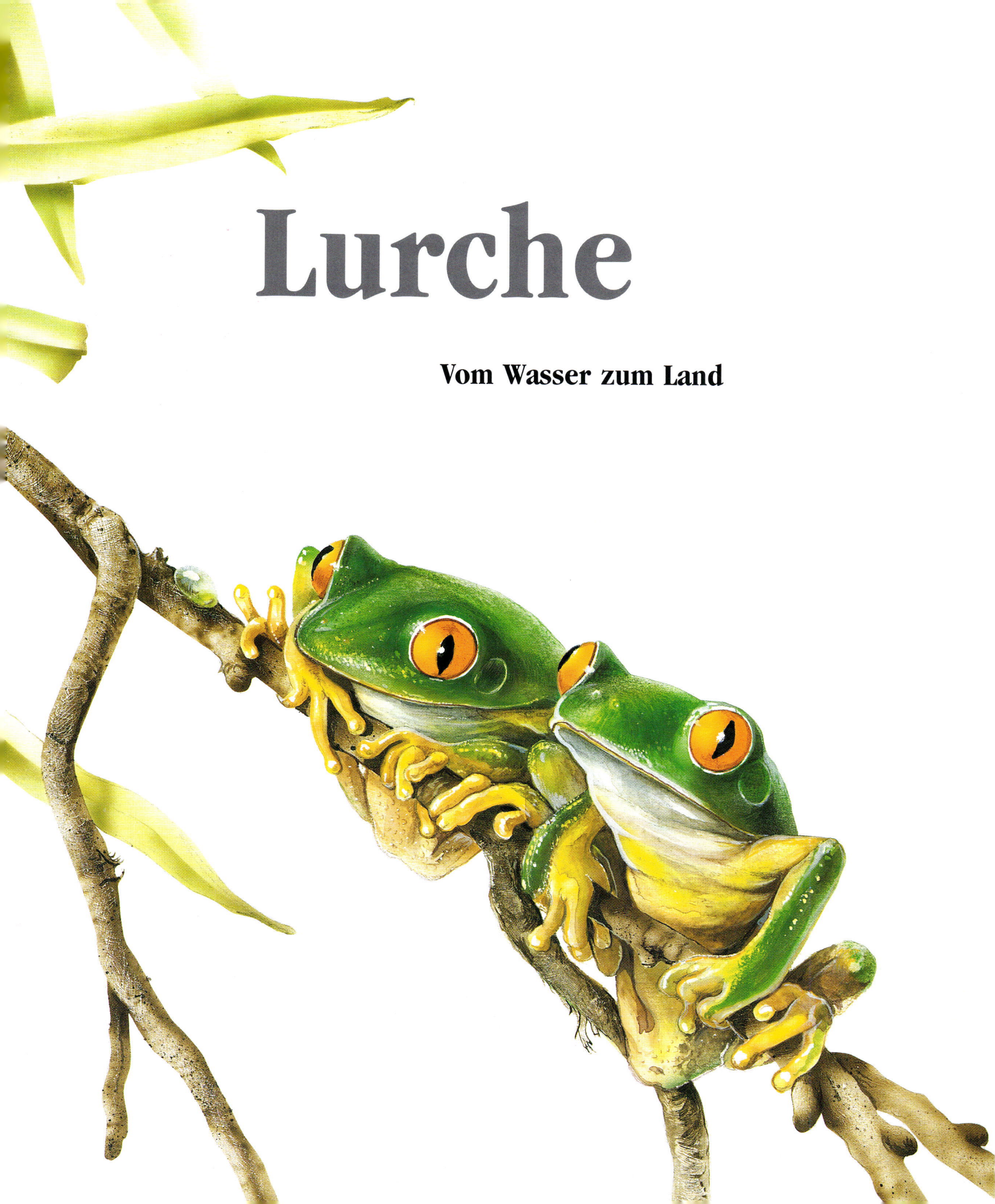

Frösche und Kröten

Erdkröten bei der Paarung. Die Männchen sind bei allen Froschlurchen etwas kleiner als die Weibchen

Frosch ist Frosch bzw. Froschlurch, wie die ganze Ordnung heißt, zu der die riesige, bis zu 20 cm lange Agakröte und der 1,7 cm lange Zwerg-Panamabaumsteiger gehören. Man sieht jedem Froschlurch sofort an, daß er zu dieser Ordnung gehört. Alle haben sie die typische Gestalt: der schwanzlose Körper ist mehr oder weniger breit, kurz, flach und gedrungen und geht fast ohne Hals direkt in den Kopf über. Das Maul ist meist rund, stumpf und außergewöhnlich groß, eine richtige „Futterluke", aus der die muskulöse, drüsenreiche Zunge blitzschnell vorschießen, eine Beute „festkleben" und hereinholen kann. Die Augen sind groß, vorgewölbt, beweglich und sehen recht gut. An der Spitze der Schnauze liegen die Nasenlöcher, die durch Klappen verschlossen werden können. Froschlurche haben vier Gliedmaßen, die hinteren sind besonders kräftig und dienen zum Abstoßen am Land und im Wasser. Die Haut ist nackt, glatt oder mit Warzen bedeckt, trägt immer viele Drüsen und fühlt sich darum schlüpfrig an.

Es gibt Froschlurche, die ihr Leben in den Bäumen verbringen, und andere, die immer unter der Erde bleiben; Arten, die niemals freiwillig das Wasser verlassen, und andere, die kurze Zeit mit einer winzigen Pfütze zufrieden sind. Frösche leben im Gebirge und am Meer, in Steppen und Savannen, sogar in Halbwüsten, wo sie in eine Art Trockenschlaf verfallen können. So verschieden die Lebensräume, so unterschiedlich sind die Anpassungs-, Fortpflanzungs-, Verteidigungs- und Nahrungsgewohnheiten der einzelnen Arten.

Achtung: giftig!

Nicht nur hübsch, sondern auch interessant sind die Baumsteiger- oder Farbfrösche aus den amerikanischen Tropen. Es sind höchstens wenige Zentimeter lange, auffallend gefärbte Tiere, die sich durch ihre giftigen Hautabsonderungen gegen Feinde wehren. Das Gift ist so wirksam, daß die Indios ihre Pfeile damit vergiften. Zu diesem Zweck spießen sie einen Frosch auf einen Stock und halten ihn über das Feuer. Unter der Hitzeeinwirkung tritt das Gift in Tropfen aus der Haut und wird in einem Gefäß aufgefangen. Nach kurzer Weiterverarbeitung werden die Pfeilspitzen in das Gift getaucht. Ein getroffener Affe oder Vogel ist nach kurzer Zeit gelähmt. Noch aus einem weiteren Grund sind die Baumsteiger erwähnenswert: Einige Arten sind selbst zur Fortpflanzungszeit weitestgehend unabhängig von ständigen Gewässern. Nach der Ablage der 15–30 Eier an einem geschützten Ort, der weit entfernt von der nächsten Wasserstelle sein kann, bleibt das Männchen beim Gelege. Die geschlüpften Larven klettern auf den mit zähem Schleim bedeckten Rükken des Vaters und kleben sich mit ihren flachen Bäuchen dort fest. Mit seiner schweren Last kriecht der Vater zur nächsten Wasserstelle und setzt seine Jungen dort ab. Dazu genügt der Kelch einer Blütenpflanze, in dem sich Regenwasser gesammelt hat. Wenn der Vater Schwierigkeiten hat, eine geeignete Wasserstelle zu finden, macht das den Larven noch lange nichts aus.

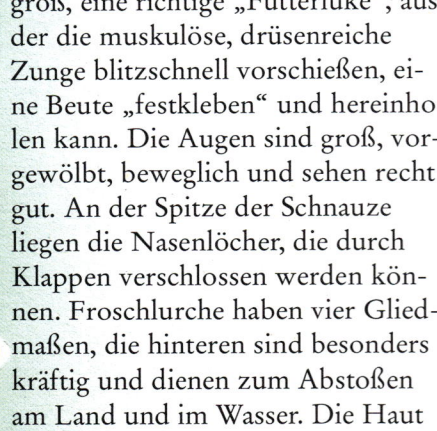

Die Entwicklung einer Kröte von der Laichschnur über verschiedene Larvenstadien bis zur fertigen Kröte

Die Larven der Wabenkröte entwickeln sich in „Waben" in der Rückenhaut der Mutter bis zur fertigen kleinen Kröte

Die Schallblase des Laubfroschs ist ein dehnbarer Kehlsack

Sie haben aus dem Ei einen Dottervorrat mitgebracht, von dem sie sich notfalls auch auf Vaters Rücken ernähren können.

Väter als Babysitter
Bei der Unterfamilie der Seychellenfrösche versucht der Vater gar nicht erst, seine Jungen loszuwerden. Sie verbringen die ganze Entwicklungszeit bis zum fertigen Frosch auf Vaters Buckel und leben dabei nur von ihrem Dottervorrat aus dem Ei. Noch eigenartiger ist das Fortpflanzungsverhalten der Geburtshelferkröte, bei der das Männchen dem Weibchen die befruchteten Eischnüre abnimmt, das Weibchen „entbindet" wie eine Hebamme und sich selbst die Eischnüre um die Hinterbeine wickelt. Erst wenn der Krötenmann merkt, daß die Larven schlupfbereit sind, begibt er sich nachts ans Wasser und hält sein Hinterteil mit den Eischnüren ins Wasser. Innerhalb weniger Stunden sind alle Kaulquappen, wie die Larven der Froschlurche heißen, geschlüpft, und der Vater streift die leeren Schnüre ab.

Noch eigenartiger verhalten sich die immer im Wasser lebenden Wabenkröten aus Südamerika, bei denen die Jungen das Larvenstadium in der angeschwollenen Rückenhaut der Mutter verbringen. Wie in einer Wabe sitzt jede Larve in einer kleinen Kammer und beginnt nach etwa zweieinhalb Monaten, ein Bein oder den Kopf herauszustrecken, um vorbeischwimmende Wasserflöhe oder andere Nahrung zu fangen. Sie verlassen ihre Waben nach 3–4 Monaten als fertige, winzige Krötchen.

Während die Schwanzlurche recht stumm sind, können Froschlurche quaken. Zur Paarungszeit hört man an unseren Teichen und Seen, Flüssen und sumpfigen Wiesen das Liebeslied der Frösche, laute, manchmal sogar richtig schöne Töne, mit denen die Männchen, bei einigen Arten auch die Weibchen, nach einem Partner rufen. Zur Stimmverstärkung haben viele Arten eine Schallblase. Sie kann aus der dehnbaren Kehlhaut bestehen wie bei unserem Laubfrosch, es können aber auch zwei Blasen hinter den Mundwinkeln vorhanden sein, wie beim Wasserfrosch. Einen Grasfrosch, der keine äußere Schallblase hat, hört man etwa 50 m weit, der Wasserfrosch mit äußerer Schallblase quakt dagegen 500 m weit; das Erdkrötenmännchen ohne Schallblase tönt 150 m weit, das Kreuzkrötenmännchen mit Schallblase ist noch aus 1 km Entfernung zu hören!

Der größte und der kleinste Froschlurch: Agakröte und Baumsteigerfrosch

Schwanzlurche: Molche und Salamander

Der Rote Wiesensalamander lebt im Osten Nordamerikas

Von Laien werden Schwanzlurche gelegentlich mit Reptilien verwechselt. Bei näherem Hinsehen erkennt man schnell die Unterschiede. Lurche haben einen länglich-walzenförmigen Körper mit langem Schwanz. Vor allem die Haut unterscheidet sich total von der der Reptilien. Die Lurchhaut ist nackt, hat viele Schleimdrüsen und kann glatt, gekörnt oder mit Warzen bedeckt sein. Die einzige Waffe, mit der sich Lurche gegen Feinde wehren können, sind die weißlichen, giftigen Ausscheidungen bestimmter Hautdrüsen. Einige Arten atmen außer durch Lungen oder Kiemen auch durch die Haut und nehmen so auch die lebensnotwendige Feuchtigkeit auf. Aus diesem Grund können Lurche nie lange „auf dem Trockenen" sitzen. Als wechselwarme Tiere brauchen sie zwar Wärme und Sonne, aber nur in Verbindung mit Feuchtigkeit, wie in den ausgedehnten, feuchtheißen Urwäldern um den Äquator, wo die meisten Amphibienarten leben. Doch auch in kälteren und trockenen Gebieten gibt es Lurche, und es genügt ihnen, wenn es wenigstens hin und wieder warm und feucht ist. Während der kalten oder trockenen Zeit halten die Tiere eine Art Winter- oder Trockenschlaf.

Eine zweite Geburt

Wo immer ein Lurch lebt – während der Paarungszeit sucht er das nächstgelegene Gewässer auf, um sich hier fortzupflanzen. Aus den Eiern schlüpfen bei allen Lurchen Larven, die durch Kiemen atmen. Es ist eine Eigenart der Schwanzlurchlarven, daß sich ihre Vorderbeine zuerst entwickeln, nicht, wie bei den Froschlurchen, die Hinterbeine. Unvorstellbar viel passiert in der kurzen Entwicklungszeit in solch einer Lurchlarve: Herz und Hirn der Larve sind einfach gebaut, Darm, Blutkreislauf sowie Wasserdruck- und andere Sinnesorgane ähneln denen der Fische und sind dem Leben im Wasser angepaßt. Während der Umwandlung der Larve zum Lurch wird ein neues Tier geboren: Herz und Blutgefäße, Mund- und Darmdrüsen, Ausscheidungs-, Fortpflanzungs- und Sinnesorgane verändern sich oder werden völlig neu gebildet. Sogar das Gehirn ist plötzlich in der Lage, die neuartigen Eindrücke eines landbewohnenden Tieres aufzunehmen. Aus der schlammschaufelnden Larve, die sich rein vegetarisch ernährt, wird ein gefräßiger Räuber, der alles frißt, was er bewältigen kann.

Das „Wassermonstrum"

Ein ganz eigenartiger Geselle ist der Axolotl aus der Gattung der Querzahnmolche. Der Axolotl lebt wild nur in einem See in der Nähe der mexikanischen Hauptstadt. Sein Name kommt aus der Aztekensprache und heißt „Wassermonstrum". So sieht der bis zu 30 cm lange Lurch auch aus mit seinem dicken Kopf, den kleinen Augen und den büscheligen Feder- oder Quastenkiemen. Eine Eigenart des Axolotl und einiger anderer Querzahnmolche ist, daß sie selten „richtig" erwachsen werden, obwohl sie bis zu 25 Jahre alt werden und damit das „normale" Molchsalter erreichen können. Die Larven wachsen sehr schnell und können sich im Larvenstadium fortpflanzen, während andere Larven gerade erst mit der Umwandlung zum erwach-

Albino-Axolotl kommen häufig in Gefangenschaft vor. Den Albinos fehlen die Farbstoffe in der Haut

senen Tier beginnen. Daß die Umwandlung auch beim Axolotl möglich ist, kann man nur selten in Freiheit beobachten. Bei Versuchen im Aquarium konnten Wissenschaftler feststellen, daß die Umwandlung herbeigeführt werden kann, wenn man dem Axolotl ein bestimmtes Hormon gibt. Wildlebende Axolotl sind dunkelolivbraun gefärbt, in Gefangenschaft sind ganz weiße Tiere, Albinos, häufig.

Hexensalamander?

Zur großen Unterordnung der Salamanderverwandten gehört die Familie der Echten Salamander und Molche mit den bei uns wohlbekannten Arten Feuer- und Alpensalamander sowie die verschiedenen Wassermolche. Der schöne Feuersalamander mit seiner samtschwarzen Haut und den gelben Flecken ist in verschiedenen Rassen über Nordwestafrika, Süd- und Mitteleuropa bis nach Vorderasien verbreitet. Er lebt in feuchten, schattigen Gebieten von Hügel- und Bergwäldern, in der Nähe von Bächen, Quellen und sumpfigen Wiesen. Tagsüber hält er sich meist in feuchten Verstecken verborgen und wird erst nachts aktiv. Nur während warmer Sommerregen, im Frühling, wenn er die Laichplätze aufsucht oder im Herbst, auf dem Weg in die Winterquartiere, kann der bis zu 20 cm lange Salamander auch in den Tagesstunden beobachtet werden. Bei Gefahr wehrt er sich mit einem scharf ätzenden Drüsensaft. Wegen seiner versteckten Lebensweise ist er vielen Menschen unheimlich, und im Mittelalter glaubte man, daß Hexen ihn zur Zubereitung von Zaubertränken benutzten. Die Eier entwickeln sich im Leib der Mutter so weit, daß ganz kurz nach dem Legen schon die Larven ausschlüpfen. Junge, die im Spätsommer schlüpfen, machen einen „Entwicklungsstopp" und überwintern als Larven.

Ganz nah mit den Salamandern verwandt sind die Echten Wassermolche, von denen bei uns Kammmolch, Bergmolch und Teichmolch vorkommen. Wassermolche haben ein sehr hohes Regenerationsvermögen, das heißt, sie können verlorengegangene Gliedmaßen und sogar Organe wieder neu bilden.

Der auffallend gefärbte Feuersalamander

Der Bergmolch lebt nicht nur in den Bergen, sondern ist in ganz Europa weit verbreitet

Die Männchen des Kammolches haben während der Paarungszeit einen schönen Rückenkamm

Unten: Teichmolche leben auch in kleinsten Pfützen und Tümpeln

Echsen sind wechselwarme Tiere, deren Körpertemperatur abhängig ist von der Außentemperatur. Dennoch konnten sie sich über die ganze Erde verbreiten und sich an die verschiedensten Lebensräume anpassen. Die Fortpflanzung geschieht durch Eierlegen wie bei den Vögeln, aber es gibt Arten, bei denen die Jungen noch im Mutterleib ausgebrütet werden und lebendig zur Welt kommen. Schildkröten, von vielen Menschen als Haustiere geliebt, sind fast stumm – aber keinesfalls dumm; sie sind unglaublich zäh und widerstandsfähig und ertragen grausame Qualen. Bei Gefahr ziehen sie sich „in sich selbst" zurück und verschließen den Panzer mit ihren Beinen. Krokodile werden seit alten Zeiten verehrt und gehaßt. Die Weibchen sind sorgsame und liebevolle Mütter, und die Kleinen haben es schwer, groß zu werden. Dafür frißt ein großes Krokodil alles, was es ins Wasser ziehen kann. Die Tuatara oder Brückenechse hat sich seit 100 Millionen Jahren nicht verändert, ebenso wenig wie Eidechsen einen Feind „hereinlegen", und das Chamäleon sich versteckt. Schließlich sind viele Schlangen zwar wirklich giftig, aber auf keinen Fall böse oder falsch.

Kriechtiere

Die modernen Saurier

"Geschlossene" Steppenschildkröte

Schildkröten sind anpassungsfähig und anspruchsvoll

Schildkröten sind aus der Klasse der Kriechtiere oder Reptilien die beliebtesten Haustiere geworden. Diese zweifelhafte Ehre hat verschiedene Gründe: Sie bewegen sich langsam und gemächlich und rennen nicht weg, sie wirken nicht „glitschig", wie es manche Leute z.B. von den Schlangen sagen, sondern im Gegenteil, warm und trocken. Schließlich sind sie angeblich pflegeleicht und überhaupt nicht empfindlich, vielleicht ein bißchen dumm, aber sie nehmen nichts übel.

Extrem widerstandsfähig und zäh

Wahre Schildkrötenkenner und -freunde wissen, daß zumindest letztere Behauptungen nicht stimmen. Schildkröten sind zwar wirklich extrem widerstandsfähig und zäh und können tage- und wochenlang ohne Wasser und Nahrung auskommen. Diese Zähigkeit nutzten früher die Matrosen der Segelschiffe aus. Sie sammelten die arglosen Tiere auf Inseln ein, stapelten sie in den Vorratsräumen der Schiffe übereinander und hatten so immer Frischfleisch, das außerdem noch hervorragend schmeckte.

Jüngere Tiere können selbst schwerste Verletzungen überleben. Das wertvolle Schildpatt gewinnen die Fischer der tropischen Meere aus den Rückenpanzern der Karettschildkröten, indem sie die Panzer der lebendigen Tiere in kochendes Wasser halten. Das Schildpatt läßt sich anschließend leicht lösen, und die Tiere werden wieder frei gelassen. Viele Landschildkröten überleben die Waldbrände in Südfrankreich, Spanien und anderen trockenheißen Regionen trotz schlimmer Verbrennungen.

Tiere, die solche Qualen aushalten, sterben selbst bei schlechtester Haltung oft erst nach jahrelanger Leidenszeit – ohne daß jemand merkte, wie qualvoll sie ihr Leben fristeten.

Wer Schildkröten wirklich artgerecht halten will, muß sich beim Fachmann genauestens nach den optimalen Haltungsbedingungen erkundigen.

Ein fast perfekter Schutz

Eine Riesenschildkröte von den Galapagos- oder Seychellen-Inseln, die erhobenen Hauptes und auf hohen Beinen durch die Landschaft „eilt", sieht aus wie ein urweltlicher Panzerwagen mit überhöhtem Fahrgestell. Tatsächlich ist der Panzer bei den meisten Arten ein hervorragender Schutz gegen Feinde, mit dem die nicht gerade wehrhaften Reptilien üppig ausgestattet sind.

Galapagos-Riesenschildkröte

Rotwangen-Schmuckschildkröte

Neben den „normalen" Schildkröten mit Panzern aus sehr harten Hornplatten gibt es noch die Familien der Weich- und Lederschildkröten, bei denen die Panzer von einer dicken lederartigen Haut bedeckt sind.

Die Panzer selbst bestehen aus Rücken- und Bauchpanzer und den Seitenplatten. Sie sind Teil des Skeletts und hängen mit den Rückenwirbeln und den Rippen zusammen. Der ganze Körper und die empfindlichen Organe sind vom Panzer geschützt. Nur Kopf, Hals, Schwanz und Beine schauen heraus und sind beweglich. Eine Schildkröte, die sich in ihren Panzer zurückgezogen und die Beine vor den Eingang geklappt hat, bildet eine fast uneinnehmbare Festung. Allerdings gibt es einige „Schildkrötenliebhaber" im Tierreich, die sogar einen solchen Panzer knacken können.

In Indien sahen wir Schmutzgeier, die kleine Schildkröten aus großer Höhe auf den harten Boden aufschlagen ließen – so lange, bis der Panzer zerbrach.

Die Unechte Karettschildkröte erkennt man an dem hakenförmig gebogenen Kiefer. Sie lebt in allen wärmeren Meeren

Die geschlüpften Jungen der bis zu 200 kg schweren Suppenschildkröte versuchen nachts, so schnell wie möglich das Meer zu erreichen

Zwischen Angst und Verehrung – wie Menschen Krokodile sehen

Aus der Zeit der Dinosaurier scheinen die Krokodile übrig geblieben zu sein. Tatsächlich reicht ihre Stammesgeschichte bis zu den Sauriern zurück. Die heute lebenden Familien der Echten Krokodile, der Alligatoren und Gaviale sind nur noch die kümmerlichen Reste der einst so mächtigen Ordnung der Krokodile. Außer in Europa gibt es Krokodile in allen Kontinenten. Die meisten Arten leben in den ufernahen Zonen der großen Flüsse, also im Süßwasser. Einige Arten konnten aber auch die Meere erobern und leben teils im offenen Meer, teils im Brackwasser von Küsten und Inseln.

Unter den Krokodilen oder Panzerechsen finden wir die größten Reptilien unserer Zeit. Das Nilkrokodil und das im Meer und Brackwasser lebende Leistenkrokodil können bis zu 7 m, angeblich sogar noch länger, werden, allerdings bekommt man solche Riesen heute kaum noch zu sehen. In Gefangenschaft erreichten Krokodile schon ein Alter von 50 bis 60 Jahren, aber wahrscheinlich können sie in Freiheit, wenn sie nicht gejagt werden, über 100 Jahre alt werden.

Der Ganges-Gavial lebt in den Flüssen Vorder- und Hinterindiens und ist der einzige Vertreter der Familie der Gaviale

Krokodile – geheiligt, gehaßt und gejagt

Die Beziehungen zwischen Menschen und Krokodilen waren schon immer sehr zwiespältig. Viele alte Kulturen kannten Krokodile als heilige Tiere. In Ägypten wurden ihnen Opfer gebracht, und ihre einbalsamierten Leichen wurden als Mumien aufbewahrt. In den Tempeln von Kôm Ombo am Nil sind sie zu besichtigen. In der Nähe der pakistanischen Hauptstadt Karatschi gibt es einen heiligen Teich. Die darin lebenden Sumpfkrokodile werden von den Pilgern als Priester verehrt. Wo die Panzerechsen nicht gerade heilig sind, werden sie gehaßt und gefürchtet. Nicht nur, weil sie an den Tränken den Haustieren auflauern, sondern weil sie auch vor Menschen nicht haltmachen. In einigen Gegenden der Erde wird behauptet, daß Krokodile dort mehr Menschen getötet haben als alle anderen Raubtiere und Giftschlangen zusammen.

Krokodile können unheimliche Jagdtechniken entwickeln. Sie liegen an Viehtränken, Wasserschöpfstellen oder unter überhängenden Böschungen völlig regungslos im Wasser. Die nach oben gerichteten Nasenöffnungen und die hoch liegenden Augen, vielleicht noch ein kleines Stück Rückenpanzer, sind nur sichtbar, wenn man ganz aufmerksam hinsieht. Kommen Mensch oder Tier zum Wasser hinunter, kann es geschehen, daß er/es in Bruchteilen von Sekunden verschwindet, unter Wasser gezogen wird und ertrinkt. So schwerfällig und plump Krokodile wirken, wenn sie sich, auf dem Bauch rutschend oder hochbeinig stelzend, über Land bewegen, so unglaublich schnell, behende und stark sind sie im Wasser. Sie bewegen sich haupt-

Der Krokodilwächter hat keine Angst vor dem riesigen Nilkrokodil

sächlich mit Schlägen des seitlich zusammengedrückten Schwanzes. Die uralte Angst haben die heutigen Menschen mit ihren modernen Waffen den Krokodilen mehr als heimgezahlt. Die Echsen wurden, nicht zuletzt wegen der wertvollen Häute in einigen Gegenden der Welt schon ausgerottet. Damit Liebhaber trotzdem eine Tasche oder einen Gürtel aus Krokodilleder tragen können, hat man Farmen eingerichtet, in denen die Echsen gezüchtet werden. Man traut es den urweltlichen Krokodilen eigentlich gar nicht zu, daß sie Brutfürsorge betreiben

und daß sich die Mütter liebevoll um die geschlüpften Jungen kümmern. Die Weibchen der Mississippi-Alligatoren bauen Bruthügel aus Blättern, Stengeln, Gras und faulenden Pflanzenresten. Die Gärung der Fasern regelt die Bruttemperatur, und dadurch, daß das Weibchen das Nistmaterial immer wieder wendet und neu schichtet, trocknen die Eier nie aus. Nil- und Leistenkrokodile graben Gruben über der Wasserlinie und bis zu 30 m vom Ufer entfernt. Nachdem das Nilkrokodil-Weibchen etwa 40 Eier gelegt hat, bewacht es während der Brutzeit, 11 bis 14 Wochen lang, das Gelege vor Räubern: vor Nilwaranen, Mangusten, Hyänen, Marabus und sogar vor Ameisen. Noch im Ei verständigen sich die Jungen quäkend mit der Mutter, die zur Schlupfzeit

Das Spitzkrokodil aus den warmen Gebieten Amerikas wird bis zu 7,2 m lang und gehört zu den größten Panzerechsen

die steinhart gewordene Erde von der Nestgrube wegschieben muß.

Wie eine Entenmutter führt das Weibchen die kleinen Nilkrokodile, die beim Schlüpfen etwa 30 cm lang sind.

Sie ernähren sich in den ersten Lebensmonaten durch einen Dottersack, so groß wie ein Hühnerei, den sie als Notvorrat aus dem Ei mitbringen.

Unzählige Gefahren und Feinde lauern auf die jungen Krokodile. Wissenschaftler nehmen an, daß nur ein bis fünf Jungtiere von hundert erwachsen werden.

Das Weibchen des Mississippi-Alligators trägt seine gerade aus dem Ei geschlüpften Jungen zum Wasser

Echsen und Eidechsen lieben Hitze und Sonne

Die meisten Geckoarten haben Haftfüße, mit denen sie sogar auf senkrechten Glasscheiben laufen können

Die Tuatara oder Brückenechse aus Neuseeland ist ein sehr urtümliches Reptil und hat sich seit etwa 200 Mio. Jahren nicht verändert

An einem kühlen Sommermorgen kann man manchmal eine wie tot wirkende Eidechse oder Blindschleiche finden. Sie sind, wie alle Reptilien, wechselwarme Tiere, die nicht wie Warmblüter ihre Körpertemperatur selbst regulieren können. Wenn es kalt ist, wird auch ihr Körper kalt, das Herz schlägt langsamer, sie bewegen sich langsamer und werden starr. Es ist fast ein Wunder, daß Echsen, die ohne Wärme und Sonne nicht leben können, mit etwa 3000 Arten auf der ganzen Erde verbreitet sind: auf tropischen Inseln und im feuchtheißen Urwald, in der Wüste und in den Bergen. Sie leben auf Bäumen, im Sand, unter Steinen, in Höhlen, auf Lavafelsen und an Meeresküsten – nur im ewigen Eis von Nord- und Südpol fehlen sie. Geckos, Warane, Leguane, Agamen, Skinke und andere tropische Echsen haben es gut: bei ihnen ist es fast immer warm, es kann ihnen höchstens zu heiß werden. Arten, die in besonders heißen Gebieten leben, verstecken sich tagsüber und kommen erst nachts heraus, um auf Beutefang zu gehen.

Jedes Jahr ein neues Kleid

Ganz anders geht es da unseren einheimischen Zauneidechsen, die in Europa von den Pyrenäen bis Westasien und vom Mittelmeer bis nach Schweden in allen Lebensräumen, von den Meeresküsten bis ins Hochgebirge vorkommen. „Richtig leben" können sie eigentlich nur in den warmen Monaten, wenn der Boden nicht gefroren ist und die Tage warm sind. In dieser kurzen Zeit müssen sie alles tun, wozu die in den warmen Gebieten lebenden Echsen das ganze Jahr Zeit haben: Sie müssen sich häuten, das heißt, die zu klein gewordene Haut des letzten Jahres abwerfen. Die Häutung ist eine ganz tolle Einrichtung bei den Echsen und Schlangen. Die Haut dieser Tiere ist zwar ziemlich dehnbar, aber irgendwann wird sie doch zu klein, reißt auf und löst sich in Fetzen vom Körper ab, was aber überhaupt nicht weh tut. Darunter ist inzwischen eine völlig neue, prächtig gefärbte und etwas größere Haut gewachsen. Außerdem müssen unsere heimischen Echsen sich in der kurzen Zeit fortpflanzen und genügend Nahrung finden, um den nächsten Winter überleben zu können. Übrigens: Die meisten Echsen und Schlangen vermehren sich zwar durch Eier, aber es gibt auch einige Arten, die lebendige Junge zur Welt bringen wie z.B. die Bergeidechse, die Kreuzotter und viele Vipern.

Der Trick mit dem Schwanz ...und andere

Die meisten Echsen ernähren sich von Insekten und anderen Kleintieren, einige nehmen gemischte Kost, und nur wenige bevorzugen rein pflanzliche Nahrung. Wer schon einmal eine Eidechse

Die Warnfarben Gelb-Schwarz und Rot-Schwarz warnen eventuelle Feinde: Laß mich in Ruhe, ich bin giftig! Die Krustenechsen sind die einzigen Echsen mit Giftzähnen

gefangen hat und wen sie in die Hand gezwickt hat, wird sicher bemerkt haben, daß sie nicht besonders fest beißt. Echsen können sich gegen Feinde nicht gut mit ihren Zähnen verteidigen, viele können nicht besonders fest kratzen, und fast alle haben kein Gift. Nur die Skorpions- und die Gila-Krustenechsen, beide im südlichen Nordamerika und in Mexiko beheimatet, lähmen oder töten ihre Beute mit Hilfe der Giftzähne im Unterkiefer. Auch für Menschen kann das Gift der Krustenechsen tödlich sein. Die Echsen, die sich nicht verteidigen können, setzen auf Flucht oder Tarnung. Chamäleons sind Meister im Versteckspielen, sie können ihre Farbe verändern. Allerdings nicht nur wie oft erzählt wird, je nach Umgebung, sondern auch nach Laune. Außerdem können sie nicht jede Farbe annehmen, sondern müssen Regeln einhalten, die die Natur bestimmt. Dafür kann ein Chamäleon noch etwas anderes! Könnten wir mit dem rechten Auge in die linke Gesäßtasche unserer Jeans schauen, ohne dabei den Kopf zu drehen? Chamäleons könnten das – wenn sie Jeans tragen würden – und dabei noch mit dem linken Auge nach der Fliege an der Decke schielen, so unabhängig voneinander können sie ihre Augen bewegen. Außerdem kann ein Chamäleon auf der Pirsch sich bewegen wie ein Blatt im Wind und ein Insekt mit der klebrigen Keulenzunge aus einiger Entfernung „leimen". Es kann also eine ganze Menge – aber es kann nicht schnell fliehen.

Das können die Flugdrachen mit den großen Hautlappen an den Körperseiten, die über längere Strecken wie Gleitschirme zum Segeln dienen. Die bis zu 80 cm langen Basilisken aus Mittelamerika können ihren Feinden sogar auf dem Wasser davonlaufen. Einen ganz besonderen Trick, um Feinde zu täuschen, haben die Geckos und die Echten Eidechsen entwickelt. Wenn sie sich bedroht fühlen, können sie einfach – klick! – dem Feind ihren Schwanz vor die Füße werfen und sich – während der Räuber sich mit dem zappelnden Schwanz vergnügt – schleu-

Wenn der Rotkehl-Anolis sich aufregt, kann er seine auffallend gefärbte Kehlwamme weit spreizen. Es sieht aus, als ob er sich aufbläst

Chamäleons sind Meister der Anpassung

Die Zauneidechse entkommt dem Mauswiesel, indem sie ihren Schwanz abwirft

42/43

Wir Menschen können nur die erwachsenen Männchen der Basilisken unterscheiden. Sie tragen – je nach Art – kennzeichnende Helme. Besonders schön ausgeprägt sind Kopf- und Rückenschmuck beim Stirnlappenbasilisk

Der Flugdrache kann nicht fliegen wie ein Vogel, sondern nur gleiten, indem er die Segelhäute an seinen Körperseiten ausbreitet

nigst in Sicherheit bringen. Das ist nicht ganz so einfach, wie es sich liest, aber sehr wirksam! Jede Echte Eidechse hat am sechsten Schwanzwirbel eine bestimmte Stelle, die sich durch ruckartiges Zusammenziehen der Ringmuskeln löst. Ein abgeworfener Schwanz kann einmal nachwachsen, wird aber nicht mehr so lang wie das Original. Bei erneuter Verletzung kann es sein, daß mehrere sogenannte Gabelschwänze nachwachsen.

Schlangen – gefürchtet und gehaßt

Spätestens seit Adam und Eva gelten Schlangen nicht nur als Sinnbild des Bösen, als gemeine und gefährliche Verführer, als hinterlistig und falsch, sondern sollen auch glitschig, feucht und kalt sein. Wer einmal eine Schlange in der Hand halten oder berühren durfte, der weiß, daß das alles Unsinn ist. Wie bei allen wechselwarmen Tieren ist die Körpertemperatur der Schlangen abhängig von ihrer Umgebung. Schlangen, die in Wasser und Feuchtigkeit leben, sind natürlich naß oder feucht. Die Schlangen aber, die in trockenen Gegenden oder in Wüsten leben, haben eine angenehm warme, trockene und seidige Haut und sind keineswegs eklig. Zu den anderen Vorurteilen kann man nur sagen: Wie kommen wir denn dazu, den Schlangen unsere eigenen schlechten Eigenschaften anzudichten? Kein Tier ist böse, falsch, hinterlistig, oder wer weiß was – das schaffen nur Menschen. Trotzdem ist die Angst vor Schlangen da, und sie ist ansteckend!

Sind Schlangen eklig?
In Zoos konnten wir oft beobachten, wie Eltern mit ihren Kindern vor dem Terrarium standen und quietschten: „Iiihh! Guck mal, eine Schlange!" Klar, daß die Kinder Schlangen eklig finden. Wir haben immer versucht, unserem Sohn die Schönheit aller Lebewesen zu zeigen. Mit Erfolg! Eines Tages in Afrika kam der Sechsjährige gerannt: „Mami, Mami, komm schnell, ich habe eine tolle Speikobra unter den Platten im Garten gefunden!" Da hatten wir wohl vergessen, unserem Sohn zu sagen, daß man auch vorsichtig sein muß! Einen sehr guten Grund gibt es also doch, bestimmten Schlangenarten mit Vorsicht zu begegnen: das Gift! Die meisten Schlangen haben wirkungsvolle Waffen für die Jagd,

Die Größenangaben der Riesenschlangen sind in vielen farbigen Abenteuerberichten maßlos übertrieben. Immerhin können die Tigerpythons aus Indien und Südostasien bis zu 8 m lang werden

Eierschlangen sind nicht nur Nahrungsspezialisten, sondern auch Feinschmecker. Durch Befühlen mit der Zunge können sie nicht nur die Eigröße feststellen, sondern auch, ob das Ei frisch oder ausgebrütet ist

Die amerikanischen Klapperschlangenarten rasseln zur Warnung mit ihrer „Klapper" am Schwanzende, die aus Hornringen besteht

aber auch zur Verteidigung entwickelt. Es gibt Arten, die sind groß und stark wie die Riesenschlangen, die ihre Beute umschlingen und ersticken. Andere haben Gift, mit dem sie Beutetiere und Feinde lähmen und töten können. Wieder andere tun so, als ob sie dies ebenfalls könnten, und leben vom schlechten Ruf ihrer giftigen Verwandten, denen sie sehr ähnlich sehen.

Tödliches und heilendes Gift

Unsere Ringelnatter hat Giftzähne, aber sie benutzt sie selten. Ihre bevorzugte Speise, Frösche und Kröten, verschlingt sie lebend und wehrt sich gegen Feinde mit Hilfe ihrer Stinkdrüse, die sie entleert, sobald sie angegriffen oder in die Hand genommen wird. Einige Schlangengifte gehören zu den stärksten Waffen im Tierreich. Das Gift wird in umgewandelten Oberlippen- bzw. Speicheldrüsen gebildet und durch Giftzähne in eine Bißwunde gespritzt, wo es seine verheerende Wirkung entfaltet. Schlangengifte wirken unterschiedlich: sie zerstören die roten Blutkörperchen oder führen zu Nerven- und Muskellähmungen, andere rufen schwere Schockzustände, Kreislaufstörungen, Herz- und Atemstillstand hervor, und eine weitere Gruppe zerstört das Gewebe rings um die Bißstelle. Die Wirkung eines Bisses hängt nicht nur davon ab, welche Schlange gebissen hat, sondern auch vom „Opfer", z. B. vom körperlichen und seelischen Zustand eines Menschen. Ein großer Teil der Gebissenen stirbt vor Angst und Schreck, auch wenn das Gift eigentlich nicht tödlich wäre. Der Biß der bis zu 4 m langen Königskobra kann innerhalb von 15 Minuten einen Menschen töten, ein Elefant stirbt nach etwa drei Stunden. Sehr giftig sind der australische Taipan, die afrikanischen Mambas, Puffottern und viele andere. Die meisten Unfälle mit Schlangen passieren, weil der Mensch nicht aufpaßt. Normalerweise würde eine Schlange einen Menschen nie beißen, wenn sie sich nicht gestört oder bedroht fühlte. Der Mensch ist für eine Schlange keine Beute, er ist zu groß, und wenn er nicht gerade auf sie tritt, sie erschreckt oder ihr jede Fluchtmöglichkeit nimmt, dann beißt eine Schlange nicht. Von der südostasiatischen Krait ist bekannt, daß sie fast nie beißt, auch nicht, wenn man sie sehr ärgert. Da sie aber nur „fast" nie beißt, sollte man es mit dem Ärgern vielleicht nicht zu bunt treiben. Übrigens: Viele Schlangengifte sind inzwischen unentbehrlicher Bestandteil der Medizin. Und gegen Bisse von Giftschlangen gibt es oft nur ein einziges Gegenmittel, das aus dem Gift der speziellen Schlange gewonnen wird.

Baumschnüffler

Wenn Mungos und Kobras aufeinandertreffen, kann es zum Kampf kommen

Warum können Vögel überhaupt fliegen? Und welcher fliegt am höchsten, am schnellsten, am weitesten? Wie findet die Brieftaube zurück nach Hause und woher kennen die Wildgänse ihren Weg? Unsere gefiederten Freunde stellen uns viele Fragen, von denen wir noch längst nicht alle beantworten können. Dennoch sind die Tatsachen, die wir heute von den Vögeln wissen, ganz erstaunlich. So ist zum Beispiel der größte lebende Vogel so groß und so schwer, daß er gar nicht mehr fliegen kann. Dafür ist er ein ausgezeichneter Langstreckenläufer. Der kleinste wiegt nur wenige Gramm und kann so schnell mit den Flügeln flattern, daß ... aber das kommt erst später!

Es gibt Vögel, die regelrechte Apartmenthäuser bauen, es gibt Jungvögel, die sich aus schwindelnder Höhe ins Meer stürzen, es gibt ... so viel Erstaunliches, Wissenswertes, Phantastisches, daß wir ganze Bücher allein über die Vögel unserer Erde schreiben könnten. Einige der interessantesten werden in diesem Kapitel in Wort und Bild gezeigt.

Vögel

Von Königen der Lüfte,
pfeilschnellen Seglern
und fliegenden Edelsteinen

Schnäbel, Federkleid und Krallen

Das Gefieder

Ein Vogelkörper ist – bis auf Ausnahmen – der Fortbewegung und dem Leben in der Luft vollkommen angepaßt. Auch die Federn dienen hervorragend diesem Zweck, sind darüber hinaus noch ein mindestens so gutes Wärmepolster wie der dickste Winterpelz, schützen gegen Hitze und Austrocknung und sind dazu noch wasserdicht. Je nach Funktion ist Feder nicht gleich Feder.

Die Schwungfedern (A) an den Flügeln dienen unmittelbar dem Fliegen und sind besonders fest und widerstandsfähig. Ähnlich aufgebaut sind die Schwanzfedern (B), die den Vögeln als „Steuerruder" dienen. Borsten (E) können Zierfedern sein, Deckfedern (C) schützen gegen Wind und Wetter, und Flaumfedern oder Daunen (D) halten warm. Das Federkleid wird stark beansprucht und mindestens einmal im Jahr, in der Mauser, völlig ausgewechselt.

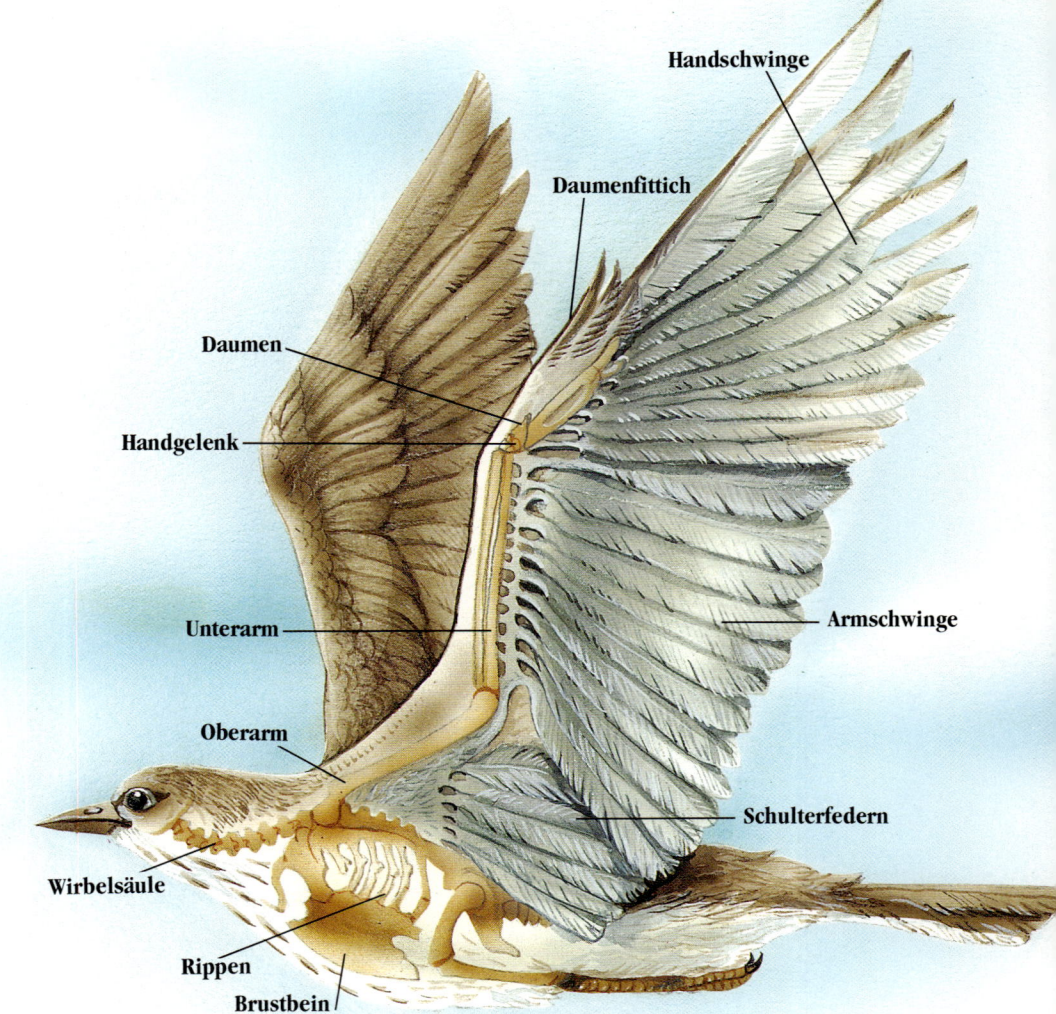

Der Vogelkörper

Obwohl ein Vogel völlig anders aussieht als ein Fisch, eine Eidechse, ein Löwe oder ein Mensch, haben alle Wirbeltiere den gleichen Bauplan. Zwar können die Gliedmaßen je nach Art der Beanspruchung – die von der Lebensweise und dem Lebensraum abhängt – unterschiedlich geformt sein, aber das Grundsystem bleibt gleich: Kopf, Rumpf und daran die Gliedmaßen.

Das Vogelbein

Der Marabu (rechts oben) hockt nicht, er kniet nicht, sondern er steht einfach ganz „normal" auf seinem großen, langen Fuß. Der Vogelfuß hört nämlich nicht da auf, wo die Zehen aufhören, sondern dort, wo das Knie sein müßte. Wenn wir mit „Röntgenaugen" durch den Marabu hindurchschauen könnten, würden wir erkennen, daß Oberschenkel und Kniegelenk

1 Greiffuß
2 Kletterfuß
3 Lauffuß
4 Stelz- oder Watfuß
5 Schwimmfuß
6 Tauchfuß

im Körper verborgen sind. Sein langes Bein ist nur der Unterschenkel, und wo wir das Knie vermuten, ist die Ferse. Die Mittelfußknochen sind zusammengewachsen, und nur die Zehen sind weit spreizbar.

Der Vogelfuß
Da Vögel nicht immer in der Luft sind, sondern auch mit dem Boden und dem Wasser in Kontakt kommen, und da sie dafür ihre Füße brauchen, müssen diese den verschiedenen Ansprüchen gerecht werden und sind darum sehr unterschiedlich gebaut. Schließlich geht der Mensch auch nicht mit Schwimmflossen zum Bergsteigen oder mit Fußballschuhen zum Schnorcheln. Greiffüße (1) dienen dem Ergreifen und Schlagen der Beute, wir finden sie bei Eulen und Greifvögeln. Bei den Kletterfüßen (2) sind zwei Zehen nach vorne und zwei nach hinten gerichtet. So können Papageien und Spechte sich hervorragend halten. Der Lauffuß (3) von Straußen, Emus und Kasuaren ist groß und kräftig. Die hintere Zehe ist zurückgebildet, da sie beim Laufen stören würde. Der Stelz- oder Watfuß (4) ist bei Watvögeln, Reihern und Störchen zu finden. Enten, Schwäne und Gänse haben Schwimmfüße (5) mit Schwimmhäuten zwischen den Zehen, während der Tauchfuß (6) bei Tauchern und mit Schwimmlappen bei Bläßhühnern zu finden ist.

Der Schnabel
Ähnlich unterschiedlich wie beim Fuß sind auch die Ansprüche, die an den Vogelschnabel gestellt werden. Amseln und Drosseln als Allesfresser (1) haben einen Schnabel, der allen Ansprüchen gerecht wird und mit dem sie sowohl Früchte picken als auch Regenwürmer aus dem Boden ziehen und Kerbtiere packen können. Kernbeißer (2), die wirklich von „harter" Kost leben, brauchen einen dicken, kräftigen und harten Schnabel, während der Löffler (3), der Schlamm und Gewässerböden nach Wassergetier durchwühlt, seinen löffelartig verbreiterten Schnabel besser zu nutzen versteht. Tukane (4) sind Liebhaber von mehr oder weniger weichen Früchten. Bei ihnen ist der Schnabel zugleich Schmuck wie bei anderen Arten ein besonders prachtvolles Federkleid. Kolibris (5) werden auch „Blütenküsser" genannt, ihr Schnabel ist lang, zart und gebogen, oft sogar der Form ihrer Lieblingsblüte angepaßt. Greifvögel, wie der Milan (6), können mit ihrem Schnabel Beutetiere festhalten, rupfen und in mundgerechte Stücke zerteilen. Wie einen Kescher benutzen Pelikane (7) ihren Schnabel zum Fischfang, während Flamingos (8) ihren Lamellenschnabel fast wie ein Sieb gebrauchen. Der Schnabel der Kormorane (9) eignet sich zum Festhalten der glitschigen Fischbeute. Papageien (10) brauchen ihre großen, kräftigen Schnäbel zum Knacken von hartschaligen Früchten sowie als Werkzeuge zum Schälen von Ästen und Zweigen.

Laufvögel – schnell, kräftig und flugunfähig

Von den nahezu 9000 Vogelarten unserer Erde können nur ungefähr ein Dutzend nicht fliegen. Sie haben ihr Flugvermögen entweder durch das Fehlen von Feinden verloren, wie das bei manchen Insel-Rallen der Fall ist, weil sie schwimmen wie die Pinguine oder weil sie zu schwer geworden sind. Hierzu zählen die Laufvögel, die zu den ältesten bekannten Vogelgruppen gehören. Sie haben ein weit verstreutes Verbreitungsgebiet: in Südamerika leben die Nandus, in Australien die Emus, auf Neuguinea und der Halbinsel York die Kasuare, auf Neuseeland die Kiwis und in Afrika die Strauße. Nandus, Emus und Strauße kommen in offenen Busch- und Graslandschaften vor, Kasuare und Kiwis dagegen im dichtesten Regenwald. Bis auf den Kiwi sind die Laufvögel Tagtiere. Der Kiwi aber schläft tagsüber in einer Höhle und wird erst nachts so richtig aktiv. Im Gegensatz zu fast sämtlichen Vogelfamilien haben die Kiwis einen gut ausgebildeten Geruchssinn, der ihnen bei der Nahrungssuche – sie fressen Insekten, Würmer und Waldfrüchte – zustatten kommt.

Der afrikanische Strauß ist der größte und schwerste aller lebenden Vögel. Mit einer Scheitelhöhe von mehr als 250 cm und einem Gewicht von weit über 100 kg bietet er einen beeindruckenden Anblick. Er hält sich in kleineren bis mittelgroßen Gruppen in den trockenen und heißen Gras- und Buschsavannen Afrikas südlich der Sahara auf. Dank seiner langen, überaus muskulösen Beine ist er einer der schnellsten und ausdauerndsten Läufer im Tierreich. Er kann eine Spitzengeschwindigkeit bis zu 70 km/h erreichen. Das ist mehr, als die schnellsten Rennpferde leisten. Und der Strauß ist erstaunlich ausdauernd. Offensichtlich ohne Anstrengung hält er ein Tempo von 50 km/h 30, ja 40 Minuten lang durch, ohne langsamer zu werden.

In den afrikanischen Savannen sind Strauße oft mit Huftieren zusammen, z. B. mit Zebras, Gnus und Kuhantilopen. Die Tiere bilden eine Art Schutzgemeinschaft. Strauße sehen außerordentlich gut, und die Huftiere haben einen ausgezeichneten Gehör- und Geruchssinn. So hat ein Feind es schwer, sich unbemerkt einer gemischten Gesellschaft von Straußen und Antilopen zu nähern.

Die braungrauen Straußenweibchen brüten tagsüber und die schwarzen Männchen nachts

Wozu der hornige Kopfschild des Helmkasuars dient, kann noch nicht überzeugend erklärt werden

Die jungen Laufvögel (Bild: Helmkasuarküken) tragen ein längsgestreiftes Tarnkleid

Vagabunden der Meere

Wer auf einem Schiff den Atlantik oder einen der südlichen Ozeane überquert, sieht möglicherweise riesige Albatrosse und möwenähnliche Eissturmvögel oder kleine, rußfarbene Sturmschwalben. Diese drei Gruppen haben zwei Gemeinsamkeiten. Sie gehören zu den vorzüglichsten und ausdauerndsten Fliegern der ganzen Vogelwelt und haben eine spezielle Nasenkonstruktion, dank der sie in der Lage sind, das mit dem Meerwasser und Futter aufgenommene und für den Körper tödliche Salz auszuscheiden. Mit heftigem Kopfschütteln schleudern sie die austretende, hochgradig konzentrierte Salzlösung weg.

Röhrennasen – Rätsel für die Wissenschaft

Auf der Oberseite ihres kräftigen Schnabels haben sie hornige Röhren, deren Bedeutung uns noch nicht bekannt ist. Die Vertreter dieser Vogelgruppe – gut 90 verschiedene Arten – werden wissenschaftlich Röhrennasen genannt. Sie sind Bewohner der offenen, endlosen Meere, ausgesprochene Vagabunden, die jedes Jahr viele zehntausend Kilometer auf Wanderschaft sind. An der Innenseite des Oberschnabels haben Röhrennasen eine oder mehrere Drüsen, in denen sich die erwähnte, hochkonzentrierte Salzlösung bildet, die über den Schnabel abfließt.

Vor allem die Albatrosse gehören zu den Vogelarten mit dem besten Flugvermögen. Kein Wunder bei Flügelspannweiten, die je nach Art zwischen 200 und gut 330 cm liegen!

Albatrosse, aber auch Sturmvögel und Sturmschwalben sind wahre Vagabunden der Meere. Sie ziehen den überwiegenden Teil ihres Lebens kreuz und quer über die Ozeane und kommen nur zur Brutzeit für einige Monate ans Festland. Manche Arten wie die Sturmschwalben brüten in selbstgegrabenen Erdhöhlen, Eissturmvögel auf Felsbändern und -simsen und Albatrosse in oft riesigen Kolonien auf kleinen, unbewohnten Inseln, wo sie sozusagen Kopf an Kopf nebeneinander auf einem einzigen Ei sitzen. Die großen Arten wie Königs- und Wanderalbatros brüten bis zu 80 Tage lang, wobei sich Männchen und Weibchen im Abstand von vier bzw. sechs Tagen ablösen. Nach dem Schlüpfen dauert es bis zu neun Monate, bis der Jungvogel flügge ist und sich selbst in die Luft schwingen kann! In den ersten drei bis fünf Wochen ist er fast ganz auf die Fürsorge der Eltern angewiesen, braucht viel Wärme und jeden Tag Futter. Kurz vor dem Flüggewerden gleicht der junge Albatros einem vollgestopften Sack. Dann kommen die Altvögel in immer größeren Abständen zum Nest. Manchmal kann eine Woche vergehen, bis Mutter oder Vater mit Nahrungsbrocken auftauchen. Der Jungvogel zehrt in der Zwischenzeit von der dicken Fettschicht, die er sich dank der sehr reichhaltigen und gehaltvollen Nahrung – Fische, Kopffüßer und kleinere Vögel – zulegen konnte. Ist der junge Albatros einmal flügge, vergehen zwei bis drei Jahre, bis er zum Brutplatz zurückkehrt und selbst zur Fortpflanzung schreitet.

Albatrosse – wie dieser Wanderalbatros – können wochen- und monatelang auf dem offenen Meer bleiben

Bei diesem Eissturmvogel sieht man gut, weshalb er zur Gruppe der Röhrennasen gezählt wird

Pinguine – Brutgeschäft bei minus 50 °C: Ein Nest aus warmen Füßen und weichen Bauchfalten

Den meisten von uns sind Pinguine aus dem Zoo oder aus der Werbung bekannt: drollige, schwarzweiße Vögel, die aufrecht durch Eis und Schnee laufen oder zumindest in gekühlten Häusern wohnen oder in Freiheit in der Antarktis, also am Südpol, leben.

Entgegen der weitverbreiteten Meinung kommen Pinguine nicht nur in Eis und Schnee des Südpols vor, sondern auch an den subtropischen Küsten Australiens und Südafrikas und sogar auf den Galapagosinseln, direkt unter dem Äquator.

Vögel, die nicht fliegen
Es gibt einige Eigenschaften, die alle Angehörigen der Ordnung Pinguine aufweisen: Sie können nicht fliegen, sie sind hervorragende Schwimmer, ernähren sich ausschließlich aus dem Meer, und sie trinken das stark salzhaltige Meerwasser.

Es wird viel gerätselt über die Schwimm- und Tauchkünste der Pinguine, denn da sie ihre Nahrung im Meer fangen, müssen sie besser schwimmen können als ihre Beute, die Fische. Pinguine schwimmen meist an oder dicht unter der Meeresoberfläche, es wurden Geschwindigkeiten bis zu 36 km pro Stunde gemessen. Vergleichen wir einmal, wie schnell ein Mensch schwimmt.

Nicht nur im Wasser, auch an Land können sich die Vögel mit den schwarzweißen Fräcken sehr geschickt bewegen. Weicher Schnee, hartes Eis, blanke Felsen, Geröll, Sand und sogar Schlamm bereiten ihnen keine Schwierigkeiten: sie wandern, watscheln, hüpfen oder rutschen einfach über sämtliche Hindernisse weg.

Adeliepinguine beim Sprung ins kalte Eismeer

Der Kaiserpinguin brütet sein Ei in einer Bruttasche am Bauch aus

Kaiserpinguine auf Wanderschaft

Ein eingebauter „Thermoanzug"

Eine weitere Gemeinsamkeit aller Pinguine ist die fast gleiche Form der Federn. Sie überlagern einander wie Dachziegel und bilden nach außen eine stark wasserabweisende Schicht. Die darunter liegenden Flaumfedern (Daunen) bilden ein ebenfalls wasserabweisendes „Unterkleid".

Um in den tiefen Temperaturen des Südpols überleben zu können, haben die Pinguine besondere „Überlebensstrategien" entwickelt. Eine sehr wichtige Rolle spielt dabei das isolierende Federkleid. Der Wärmeschutz funktioniert so ausgezeichnet, daß Schneeflocken darauf liegenbleiben. Die zweitwichtigste Hilfe ist eine 2-3 cm dicke Fettschicht, die es den Tieren sogar erlaubt, lange Hungerzeiten schadlos zu überstehen.

Aber wie ist das unter dem Äquator? Da müßten die Vögel doch in ihrer eigenen Isolierschicht verschmachten! Die Pinguinarten der Subtropen und der Tropen haben als Anpassung eine wesentlich dünnere Fettschicht und auch ein viel dünneres Federkleid. Darüber hinaus haben alle Pinguine besondere Körperflecken, die sehr stark durchblutet sind und der Abgabe von zuviel Körperhitze dienen. Diese „Schwitzflecken" sind die inneren Flächen der Flügel, die Oberfläche der Füße und der bei manchen Arten vorhandene Brustfleck.

Ganz besondere „Nester"

In der Antarktis kann ein Pinguin kein Nest bauen, weil es kein Nistmaterial gibt. Besonders eindrucksvoll zeigen uns die Kaiserpinguine, wozu ein Pinguin fähig ist.

Im antarktischen Herbst, sobald die Küsten zufrieren, gehen die Tiere an Land. Die Weibchen legen ihre Eier und kehren unmittelbar darauf ins Meer zurück. Die Männchen besorgen das Brutgeschäft allein. Sie drängen sich dicht zusammen, um den Stürmen des polaren Winters zu trotzen, und brüten das einzige Ei auf ihren Füßen aus. 90 Tage stehen die männlichen Kaiserpinguine auf dem Eis, wärmen das Ei, wehren dem Sturm und nehmen während der ganzen Zeit keine Nahrung zu sich, sondern leben von ihrem als „Notvorrat" angelegten Fettpolster.

Sobald die Jungen geschlüpft sind, lösen die Weibchen die Männchen ab. Untereinander finden sich die Partner durch Rufen wieder. Die Männchen gehen nun ins Meer, wo sie sich „so richtig vollfressen". Jetzt übernehmen die Weibchen ihren Anteil an der Jungenaufzucht und füttern die Kleinen etwa fünf Monate lang, bis sie selbst ihr Futter suchen können.

Die Zwergpinguine, die an der Südküste Australiens und Tasmaniens brüten, haben mit ganz anderen Problemen zu kämpfen als die Kaiserpinguine. Ihnen wird es viel eher zu heiß, denn Frühling und Sommer im australischen Süden können ganz schön warm werden.

Der Australische Zwergpinguin kommt erst in den Abendstunden an Land

Pelikane schwimmen wie Korken, Tölpel tauchen wie Steine

Pelikane sind zwar dank ihrer Größe und eindrucksvollen Gestalt sehr auffallende Vögel, aber die Tölpel, ihre kleineren Verwandten, haben uns durch ihre Jagdtechnik viel mehr imponiert. Unser kleines Schiff lag in einer stillen Bucht bei einer Galapagosinsel (Südamerika), und wir hatten am späten Nachmittag Gelegenheit, von Deck aus fischende Blaufußtölpel zu beobachten. Dutzende der lang- und spitzschnäbeligen Vögel flogen in 10–15 m Höhe über die Meeresoberfläche und starrten unablässig auf das leicht gewellte Wasser. Ganz plötzlich ließen sie sich wie auf ein Kommando schweren Steinen gleich und in unglaublicher Geschwindigkeit vom Himmel fallen, Kopf und Hals dabei weit vorgestreckt, die Flügel nahezu ganz an den Körper gelegt. Kurz vor dem Eintauchen schlossen sie die Schwingen ganz und tauchten wie Torpedos ins weiß hochspritzende Wasser. Wenige Augenblicke später kamen sie wieder hochgeschossen. Manche hatten einen kleinen Fisch im Schnabel, andere gingen leer aus.

Der Braune Pelikan ist ein sogenannter Sturztaucher, der aus Höhen von 20–30 m kopfüber ins Meer taucht

Andere Sturztaucher

Tölpel, die zu den Ruderfüßern gehören, sind nicht die einzigen Vertreter der Gruppe der Sturztaucher. Ein naher Verwandter, der Braune oder Meerespelikan, jagt auf die gleiche Art. Da er sehr viel Luft in seinen Knochen und im Gefieder hat, muß er noch mehr Anlauf bzw. Anflug nehmen, d.h. höher hinauffliegen als die Tölpel, damit er einige Meter tief ins Meer eintauchen kann. Kaum ist er im Wasser untergetaucht, kommt er schon wieder wie ein Korken hochgeschossen. Längst nicht bei jedem Tauchvorgang haben Tölpel und Pelikane Erfolg. Manchmal benötigen sie acht bis zehn Versuche, bis sie endlich einen Fisch erwischen.

Kormorane und Schlangenhalsvögel

Andere Mitglieder der Ruderfüßer-Ordnung, wie Kormorane und Schlangenhalsvögel, tauchen auch nach Fischen, aber sie tun das nicht im Sturzflug, sondern von der Wasseroberfläche aus und verfolgen ihre Beute im Wasser über eine gewisse Strecke. Und die Pelikane (mit Ausnahme des Meerespelikans, siehe oben) wiederum bilden Formationen von zehn und mehr Teilnehmern und treiben die Fische gemeinsam in seichtes Wasser, wo sie ihrer leicht habhaft werden. Pelikane gehören zu den schwersten Vögeln überhaupt, und hätten sie nicht große Luftkammern in den Knochen sowie Luftpolster unter den Flügeln, würden sie wohl heute zu den flugunfähigen Arten zählen. Ruderfüßer heißt diese Vogelordnung übrigens wegen der kräftigen, mit Schwimmhäuten versehenen Füße, mit denen sich prächtig rudern läßt. Besonders auffallende Füße haben die Rot- und die Blaufußtölpel der bereits erwähnten Galapagosinseln. Ihre Füße sind wirklich – je nach Art – leuchtend rot oder blau. Die Tölpel haben für diese auffällige Farbe auch eine besonders nette Verwendung: Sie gebrauchen ihre Füße bei der Balz, heben sie, strecken sie vor, wackeln hin und her. Vielleicht lassen große, schön rote oder blaue Füße auf besondere Qualitäten des Besitzers schließen.

Der Blaufußtölpel lebt in den tropischen Gebieten

Sechs der sieben Pelikanarten – hier der europäische Rosapelikan – sind Gruppenjäger, die ihre Beute gemeinsam zusammentreiben

Der Glockenreiher macht sich mit seinen eigenen Flügeln Schatten und kann so die Beute unter der Wasseroberfläche besser erkennen

Reiher fressen nicht hauptsächlich Fische!

Zur mehr als 60 Arten umfassenden Familie der Reiher gehören auch die Rohrdommeln, deren tiefer, trommelnder Balzruf im Frühling aus dichtem Schilf schallt und ihnen zur lokalen Bezeichnung „Moor- oder Rinderochse" verholfen hat.

An einem stillen Waldweiher, einem Fischteich oder an einem ruhigen Seeufer kann man den einheimischen Graureiher beobachten, wie er dasteht und auf Beutetiere wartet. Im Gegensatz zu einem weit verbreiteten Irrtum sind das aber nicht in erster Linie Fische, sondern fischschädigende Wasserinsekten und deren Larven. Lediglich 100 g Fisch nehmen Graureiher pro Tag durchschnittlich zu sich, dabei handelt es sich nicht etwa um begehrte Speisefische, sondern um wirtschaftlich kaum nutzbare Arten, die wiederum an Edelfischbrut große Schäden verursachen können.

Graureiher sind zu gewissen Jahreszeiten geradezu spezialisiert auf Mäuse und helfen so, die schädlichen Nager zu bekämpfen. Man hat schon 30 Mäuse im Magen eines Graureihers gefunden! Die Mehrzahl der Reiherarten lebt in Feuchtbiotopen, also in und an Sümpfen, Teichen und Seen, während sie die Fließgewässer weniger schätzen, denn beim Beutefang sollte die Wasseroberfläche möglichst unbeweglich sein, damit die Jäger Insekten und Kleinfische genau lokalisieren und mit blitzschnellem Zustoß packen können. Einige wenige Arten trifft man auch weitab von jedem feuchten Fleck an, etwa in der afrikanischen Savanne, wo Schwarzhals- und Kuhreiher vorkommen. Erstere fangen Insekten und kleine Reptilien, die sie beim langsamen Schreiten durch das Gras entdecken. Kuhreiher sind oft in Begleitung von Wildtieren wie Elefanten, Nashörnern, Büffeln, Zebras und Antilopen. Diese scheuchen beim Äsen im Gras Insekten hoch, die die Kuhreiher sehr geschickt fangen. Eine ganz besonders interessante Jagdart übt der unscheinbare Glockenreiher in Afrika aus. Bei der Suche nach Wasserinsekten breitet er die Flügel so aus, daß er wie unter einer Glocke steht und dadurch störende Lichtreflexe vom Wasser fernhalten kann.

Die Beute des Graureihers besteht höchstens zu 30 % aus Fischen, und zwar aus wirtschaftlich wenig genutzten Arten

Störche bringen keine Kinder, aber Ibisse sind heilig

Jeder von uns kennt die Kleinkindererzählung vom Klapperstorch, der die Babys bringt. Natürlich ist die Mär längst überholt, aber so alte Überlieferungen halten sich und sind ein Stück lebendige Kulturgeschichte.

Ibismumien und der „Vater des Schuhs"

Andere, viel ältere Kulturen als die unsrige haben schon vor über 3000 Jahren einem Ibisvogel höchste Ehren erwiesen. Im alten Ägypten wurde der schwarzweiße Ibis als heiliges Tier betrachtet. Der Grund dafür ist einleuchtend: die Bevölkerung am Nil war angewiesen auf das alljährliche Ansteigen des Flusses, der dann ihre Felder unter Wasser setzte und erst fruchtbar machte. Kurz bevor die Fluten aus Zentralafrika, aus dem Ruwenzorigebirge, nahten, trafen die Heiligen Ibisse im Kulturland am Nil ein und galten bald als Götterboten, denn sie zeigten den nahenden Wassersegen an. Die Ägypter hielten die Ibisse so hoch in Ehren, daß sie ihnen Schreine (Altäre) errichteten und viele von ihnen den verstorbenen Pharaonen, den Gottkönigen, balsamiert mit ins Grab gaben. Heute allerdings gelten die Heiligen Ibisse nicht mehr als heilig – sie heißen nur noch so.

Unter den Storchenvögeln gibt es einen besonders interessanten und seltsamen Vertreter, den Schuhschnabel oder Abu Markub, wie ihn die Araber nennen. Er lebt in den unermeßlichen Sümpfen des oberen Nil im südlichen Sudan, und bis vor kurzem hatte noch kein weißer Mensch ein Schuhschnabelnest mit Eiern oder Jungen gesehen. Deutschen Naturfilmern, den Brüdern Moeller, gelang es erstmals, dank der Unterstützung der Einheimischen, eine Schuhschnabelbrut zu filmen und so das Fortpflanzungsgebaren des großen Vogels zu dokumentieren.

Auf unseren Reisen durch alle Erdteile haben wir die verschiedensten Storchenarten gefunden – selbst im fernsten Südamerika, des-

In ganz Europa ist der Weißstorch selten geworden und nahezu aus unseren Dörfern verschwunden

Störche fliegen, im Gegensatz zu den Reihern, mit ausgestrecktem Hals und Beinen

sen Tierwelt in vielen Bereichen so völlig anders ist als die der übrigen Kontinente. Die meisten Storchenarten gibt es in Afrika. Zu ihnen gehören neben dem bereits erwähnten Schuhschnabel der Klaffschnabel, der Nimmersatt, der Abdim-, Wollhals- und der riesige Sattelstorch, aber auch der wohlbekannte Marabu, der wegen seiner Lebensweise bei den meisten Menschen wenig angesehen ist, denn er ernährt sich zu einem großen Teil von Aas und Abfällen. In Südamerika kommen der Jabiru und der Maguaristorch vor, in Asien der Nimmersatt, der Marabu und der Schwarzschnabelstorch und in Europa der Weiß- und der Schwarzstorch.

Wanderung der Störche
Die beiden sind die einzigen Arten, die jedes Jahr extrem weite Reisen unternehmen. Da sie sich von Insekten, Würmern, Amphibien und Nagetieren ernähren, müssen sie das Winterhalbjahr, wenn das Futter sehr knapp wird, in südlichen Gefilden verbringen. Nach der Brutzeit versammeln sich die Störche oft in großen Scharen und brechen gemeinsam zu ihren Winterquartieren auf. Dabei benutzen sie wie Flugzeuge bestimmte Flugstraßen, denen auch die Jungen folgen, die meist vor ihren Eltern nach Afrika ziehen und ihr Ziel mit unerklärlicher Sicherheit finden, obwohl sie den weiten und gefahrvollen Weg zum ersten Mal unter die Flügel nehmen. Die europäischen Weißstörche folgen zwei Zugrichtungen. Die eine führt über das südwestliche Europa und die Meerenge von Gibraltar nach Westafrika, die andere von Osteuropa über den Bosporus nach Ost- und Südafrika. Dort, in den Savannenlandschaften mit ihrem unermeßlichen Nahrungsangebot, halten sie sich ab Oktober/November bis in den Februar hinein auf, ohne jedoch zu brüten. Das ist ganz erstaunlich, denn klimatisch und von der Menge des vorhandenen Futters her wäre eine Brut in Afrika wohl erfolgversprechender als in Europa. Im März treffen die Störche wieder bei uns ein und beziehen ihre Horste vom letzten und vorletzten Jahr. Sie sind in Baumkronen und auf Hausdächern gebaut. Die Männchen treffen etwas vor den Weibchen ein, nehmen ein Nest in Besitz und balzen jedes vorbeifliegende Weibchen mit lautem Schnabelklappern an. Hat eine Störchin Gefallen an einem Männchen und seinem Horst gefunden, kommt es zur Paarbildung und anschließend zur Brut. Leider sind sowohl Weiß- wie Schwarzstörche in unserer überbevölkerten Welt selten geworden, denn sie finden nur noch mit Mühe genügend Futter und ungestörte Nistplätze.

Zur Ordnung der Stelzvögel gehören u.a. der Heilige Ibis (ganz oben), der Rosalöffler (oben), der Marabu (Mitte), der Sattelstorch als die größte Storchenart (unten) und der Schuhschnabel (ganz unten)

Flamingos bauen Kegelnester und brüten in Kolonien

Flamingos sind eine Vogelordnung, deren Vertreter man auf den ersten Blick erkennt. Sie haben lange, dünne Beine, einen ebensolchen Hals und einen klobigen, recht stark gebogenen Schnabel. Ihre Gefiederfarbe ist rosarot oder rosa und weiß, während die Handschwingen bei den meisten der fünf Arten schwarz sind. Flamingos treten stellenweise in riesigen Scharen auf, sie sind ausgesprochene Gesellschaftsvögel, die Artgenossen brauchen, um sich wohlzufühlen.

Sie leben in tropischen und subtropischen Ländern Südamerikas, Afrikas, Asiens und Südeuropas und sind auf Salz- oder Brackwasser angewiesen, wo sie ihr Futter finden. Dieses besteht je nach Art aus einzelligen Lebewesen, kleinsten Salinenkrebschen und bestimmten Algen. Weil diese so winzig sind, hat die Natur alle Flamingos mit einem sinnreich konstruierten Schnabel ausgestattet. Er ist auf der Innenseite mit einer Vielzahl feinster Lamellen belegt, die wie ein Filter wirken.

Auffliegende Rosarote Flamingos zeigen das dunkle Rot ihrer Flügeldecken

Rosarote (Hintergrund) und Rote Flamingos brüten kolonienweise, bauen Kegelnester und ziehen ein einziges Küken auf

Bei der Nahrungssuche in seichten Seen lassen Flamingos das Wasser durch ihren leicht geöffneten Schnabel strömen und pressen ihre dicke Zunge gegen die Lamellen, in denen Algen und Krebschen hängenbleiben.

In der Brutzeit sind die Farben des Gefieders intensiver als in der Ruhezeit. Die Vögel tanzen auf engstem Raum in großen Trupps umeinander herum, was die Verhaltensforschung als „Gruppenbalz" bezeichnet. Sie dient wahrscheinlich der Paarbildung. Leider gibt es in der ganzen Welt nur noch wenige große Brutplätze der Flamingos, denn sie benötigen viel Platz, weil sie in riesigen Kolonien brüten und sich nicht zu nahe kommen wollen.

Die Küken der Flamingos

Im seichten Wasser bauen sie ein 30 bis 40 cm hohes Nest aus Schlamm und Pflanzenresten, in das eine Mulde für das einzige Ei gedrückt wird. Auf dieser flachen Schale brütet das Weibchen in etwa vier Wochen sein Ei aus. Das Küken gleicht einer Flaumkugel, und beide Eltern füttern es längere Zeit mit einem dünnflüssigen Nahrungsbrei aus dem Kropf. Mit etwa zwei Jahren ist das Junge ausgewachsen, aber es dauert noch einmal drei oder vier Jahre, bis es einen Brutplatz aufsucht und sich selbst fortpflanzt.

Greifvögel, die Herrscher des Luftraums

Mit über 200 Arten sind die Greifvögel eine große Gruppe – mit drei typischen Merkmalen: erstens leben sie fast oder ausschließlich von Fleischnahrung, zweitens haben sie stark gekrümmte Hakenschnäbel, die zum Töten und/oder Zerkleinern der Beute dienen, und außerdem haben sie starke Fänge (Füße), mit denen sie ihre Beute greifen, also fangen. Früher nannte man diese Vögel Raubvögel, aber da man eine von der Natur bestimmte Art des Nahrungserwerbs nicht als „Raub" bezeichnen kann, hat man sie in Greifvögel umbenannt. Die kleinsten Greife, die Zwergfalken, messen lediglich 14 cm vom Schnabel bis zum Schwanz, während die größten wie Kondor und Bartgeier eine Gesamtlänge von 115 bis 130 cm und eine Flügelspannweite von knapp 300 cm erreichen!

Es ist bekannt, daß Greife hervorragende Flieger und Gleiter sind, die stundenlang in der Luft bleiben können. Man denke nur an den Steinadler in unseren Bergen, der so hoch in den Himmel fliegt, daß man ihn mit bloßem Auge nicht mehr erkennen kann, oder an einen rüttelnden Turmfalken, an einen blitzschnell zustoßenden Sperber oder an einen ausdauernd kreisenden Milan. Die Luft ist das Reich der Greife, und manche Arten, wie der Wanderfalke, holen sich ihre Beute im Flug, wobei sie die unglaubliche Geschwindigkeit von 300 km/Std. erreichen können.

Jäger und Aasfresser

Die meisten Greifvögel sind Jäger, die andere Tiere im Flug oder am Boden, ja sogar im Wasser erbeuten. Die einen haben sich auf kleine Vögel spezialisiert, die anderen auf Reptilien und manche auf Nagetiere. In Asien gibt es eine Adlerart, den Affenadler, der sich nur von Affen ernährt, und in Afrika, Europa, Amerika und Asien eine Gruppe, die Geier, die ausschließlich von Aas, von toten Tieren, lebt. Der Schmutzgeier hat sogar gelernt, ein Werkzeug zu gebrauchen, was nur von ganz wenigen Tieren bekannt ist. Er liebt nämlich den Inhalt von Straußeneiern, und weil er sie mit seinem relativ dünnen und schwachen Schnabel nicht öffnen kann, holt er sich in der Savanne faustgroße, kantige Steine, die er so lange auf das Ei wirft, bis die Schale bricht! Dann schlürft er den Inhalt aus oder macht sich über den Embryo (ungeschlüpftes Jungtier) her. Greifvögel sind als Aasvertilger, Gesundheitspolizei und Schädlingsbekämpfer außerordentlich nützlich.

Der Steinadler jagt Hasen, Kaninchen und Flugwild, vergreift sich aber nie an kleinen Kindern, wie das jahrhundertelang behauptet wurde

Alle Greife haben Hakenschnäbel. Falken (links) durchbeißen ihrer Beute mit dem „Falkenzahn" das Genick, Geier (Mitte) reißen mit dem kräftigen Schnabel einen Kadaver auf, und See- und Fischadler (rechts) zerschneiden die Beute

Adler, Falken und andere gewandte Jäger

Ähnlich wie den Raubtieren unter den einheimischen Säugern und den Eulen erging es den Tagraubvögeln oder Greifen, die noch vor gar nicht allzu langer Zeit von vielen Jägern als eine „Meute gemeiner Meuchelmörder" bezeichnet wurden und die – je nach Art – angeblich Kinder, Steinböcke, Gemsen, Hirsche, Rehe, Hasen, Hühner, Schafe usw. raubten.

Adler, Falken, Milane, Habichte, Bussarde, Sperber und Weihen wurden abgeschossen, vergiftet, ihre Nester wurden zerstört, und die stolzen Könige der Lüfte endeten als verstaubte Stopfpräparate in Museen oder im Wohnzimmer auf dem Kamin.

Bis vor wenigen Jahren gab es in Mitteleuropa von der einst artenreichen Greifvogelwelt nur noch Mäusebussard, Habicht, Sperber und Turmfalken. Erst als die Greife fast ausgerottet waren, merkten Jäger und Bauern, Hühnerzüchter und Kleingärtner, welche Rolle diese „Räuber" als Schädlingsvertilger und Gesundheitspolizei im Haushalt der Natur spielen. Bussarde und Turmfalken ernähren sich hauptsächlich von Mäusen, anderen Nagern und Insekten.

Der Habicht stellt in erster Linie den Todfeinden der Singvögel, Mardern, Eichhörnchen, Eichelhähern, Elstern und Krähen, nach; der Sperber jagt alle Kleinvögel, aber da Haus- und Feldsperlinge die häufigsten Arten sind, hilft er, deren Bestände zu regulieren. Meist fallen den Greifen die kranken, schwachen oder langsamsten Tiere zum Opfer. Auf diese Weise helfen die „Räuber", die Tierbestände gesund zu erhalten.

Der Wanderfalke als Stoßjäger erreicht bei der Jagd Geschwindigkeiten bis zu 300 km in der Stunde

Tödliche Fänge und Krummschnäbel
Ihren alten und neuen Namen „Greife" oder Greifvögel trägt die ganze Vogelordnung nach der Art des Beuteerwerbs, der sich nur bei den Neu- und Altweltgeiern grundsätzlich von dem anderer Arten unterscheidet. Tagraubvögel „schlagen" – so der Fachausdruck – ihre Beute, indem sie sie mit vorgeworfenen Fängen, mit ausgestreckten Beinen und weit gespreizten Zehen, mit den zweischneidig geschärften Krallen ergreifen. Bei vielen Arten bedeutet bereits dieser Zugriff den Tod für das Beutetier; nur die Falken setzen oft noch zusätzlich den „bezahnten" Krummschnabel als Tötungswaffe ein. Fast alle Jagdmethoden können bei den Greifen beobachtet werden. Der Wanderfalke als Stoßjäger stürzt sich im Flug auf seine ebenfalls fliegende Beute, Bussarde warten auf dem „Anstand" auf Mäuse oder andere Nager, und Habichte oder Weihen streifen auf Beutesuche fliegend an Waldrändern entlang, durch Büsche und durch Bäume, Schilf oder durch Sträucher. Fischadler, Schreiseeadler, Weißkopfadler, das Wappentier Amerikas, und andere haben sich auf den Fischfang spezialisiert, den sie meisterhaft beherrschen. Im günstigen Lichteinfallwinkel streifen sie über die Wasseroberfläche dahin und stoßen blitzschnell nieder, ergreifen ihre oft kiloschwere Beute mit den Fängen im Flug und steigen wieder empor, um Lachs oder Karpfen, Aal oder Tilapia an einem ruhigen Ort zu verzehren. Greife haben starke Schwingen, sind geschickte Flieger und oft auch ausgezeichnete Segler, die während der Paarungszeit herrliche Flugspiele vollführen oder sich von warmen Aufwinden in große Höhen tragen lassen. Schnelligkeit und Gewandtheit,

Mäusebussarde bauen ihre Nester aus Zweigen bevorzugt in hohen Bäumen. Männchen und Weibchen beteiligen sich am Nestbau

Der Sperber kann mit seinen relativ kurzen Flügeln auch zwischen Bäumen und im Gebüsch schnell und sicher seinen Weg finden

Kraft und Ausdauer, Mut und Stolz sind menschliche Eigenschaften, die wir den Greifen zusprechen. Die Falkenjagd oder Falkenbeiz war königlicher Sport, und gute Falkner, die die Greife pflegen und abrichten konnten, waren an Fürstenhöfen angesehene Leute.

Die Ordnung Greife
Alle Greife haben einen kräftigen, gedrungenen Körper mit großem, rundem Kopf. Der hakenförmige Oberschnabel greift scherenartig über den Unterschnabel hinweg. Lauf und Fänge sind kräftig, der Lauf manchmal befiedert. Augen und Gehör sind außerordentlich gut entwickelt und sehr leistungsfähig. Bei den meisten Arten sind die Weibchen größer als die Männchen. Paarbindungen halten oft lebenslang, und meist bauen die Partner gemeinsam am Nest. Die Männchen beteiligen sich in der Regel nicht am Brutgeschäft, versorgen aber das Weibchen mit Futter. Da die Jungen nicht alle gleichzeitig schlüpfen, kann es vorkommen, daß ältere Geschwister die jüngeren auffressen. Greifvögel sind in vier Familien über die ganze Welt verbreitet: Neuweltgeier, Sekretäre, Habichtartige und Falkenartige.

Alle Greife haben arteigene, typische Flugbilder und können anhand der Silhouette von den Beutetieren erkannt werden. Links die Flugsilhouette eines Mäusebussards, rechts des Roten Milan

Der Weißkopfseeadler ist der Wappenvogel der Vereinigten Staaten von Amerika. Er wurde trotzdem in den Staaten fast ausgerottet

Neuweltgeier – Müllabfuhr und Gesundheitspolizei

Die mächtigen Schwingen des Andenkondors tragen ihn auf Höhen bis über 6000 m empor

Neu- und Altweltgeier aus Amerika einerseits und Asien, Afrika und Europa andererseits haben zwar den gleichen Familiennamen, aber sie haben nicht mehr miteinander zu tun als zum Beispiel unser Turmfalke mit einem Fischadler, sie gehören lediglich alle zur Ordnung der Greifvögel. Obwohl also Neu- und Altweltgeier hinsichtlich Körperbau, Muskulatur und Organen gar nicht näher miteinander verwandt sind, sehen sie sich mit ihren nackten Köpfen und Hälsen doch sehr ähnlich. Eine solche Ähnlichkeit kann entstehen durch ähnliche Lebens- und Ernährungsweise, man nennt das eine konvergente Entwicklung. So sind beide Geiergruppen in ihrer jeweiligen Heimat Ordnungspolizei und Müllabfuhr. Sie beseitigen Abfälle und Unrat und ernähren sich von toten Tieren. Bei dieser für uns eher unappetitlichen Nahrung haben sich nackte Hälse und kahle Köpfe als äußerst vorteilhaft erwiesen. Normalerweise wird das Gefieder ziemlich mit Schmutz und Blut verschmiert. Bauch-, Rücken-, Schwung- und Schwanzfedern können die Vögel gut erreichen und säubern, indem sie die Federn durch den Schnabel ziehen. Um aber Hals- und Kopffedern auf diese Art putzen zu können, da müßten sie schon wahre Akrobaten sein! Wesentlich praktischer ist es also, wenn an diesen unerreichbaren Stellen gar nichts oder nur ein dünner Flaum wächst.

Die Nachkommen des „unglaublichen Vogelungeheuers"

So wurde nämlich ein Kondor genannt, der während der Eiszeiten im Süden Amerikas gelebt haben muß. Die gefundenen Knochenüberreste lassen darauf schließen, daß dieses „Ungeheuer" eine Flügelspannweite von mindestens 5 m gehabt haben muß!

Heute gibt es noch zwei Kondorarten, den Andenkondor in Südamerika und den Kalifornischen Kondor, der früher in ganz

Rabengeier beseitigen so ziemlich alle Arten von Abfällen

Nordamerika verbreitet war und den es heute nur noch in einem kleinen Gebiet in Kalifornien gibt. Beide erreichen eine Flügelspannweite von fast 3 m, sind also nicht gerade als Hausvogel geeignet.

Außerdem ist der Kalifornische Kondor ganz streng geschützt. Früher kam er in ganz Nordamerika vor, aber er wurde durch Jagd, vergiftete Köder und Zerstörung seiner Lebensräume so reduziert, daß es heute nur noch wenige Paare gibt. Kondore vermehren sich sehr langsam: nur alle zwei Jahre wird ein Junges ausgebrütet.

Kondore leben nicht nur im Hochgebirge. Der Andenkondor taucht oft auch in den Seevogelkolonien an der peruanischen Küste auf, wo er Vogeleier stiehlt, hin und wieder auch einen Vogel überwältigt oder sich von angetriebenen, toten Tieren ernährt.

In jeder Hinsicht eine Ausnahme ...

... ist der Königsgeier, er ist nämlich richtig schön mit seinem nackten Hals, dem prächtig gefärbten Kopf und dem fast pastellfarbigen Gefieder. Das ist nicht die einzige Besonderheit, die den Königsgeier von den anderen Neuweltgeiern abhebt.

Im Gegensatz zu den Kondoren sowie Raben- und Truthahngeiern, die am liebsten in weiten, offenen Landschaften wohnen, lebt er in den tiefen, dichten Urwäldern in Mittel- und Südamerika. Bis auf den Truthahngeier suchen die anderen Arten ihre Nahrung mit den Augen. Sie kreisen hoch oben am blauen Himmel und erspähen mit wahrhaftem Geierblick jede verendete Maus. Im dichten Urwald ist das natürlich nicht möglich, darum nehmen die Wissenschaftler an, daß der Königsgeier gut riechen kann – und das ist eine ziemlich seltene Eigenschaft im Reich unserer gefiederten Freunde.

Überall zu Hause:
Raben- und Truthahngeier

Diese beiden sind die häufigsten Neuweltgeier. Ihnen konnte der Mensch bis heute nichts anhaben, im Gegenteil: Rabengeier nutzen die Abfallberge in der Nähe von menschlichen Siedlungen und treten am Rande von Großstädten manchmal in riesigen Schwärmen auf.

Sie sind nicht besonders wählerisch mit dem Essen und verzehren so ziemlich jeden Unrat, den wir wegwerfen.

Der häufigste Geier Amerikas ist der Truthahngeier, der fast den ganzen Kontinent, außer Alaska, besiedelt hat. Dort, wo ihm die Winter zu kalt werden, brütet er im Sommer und zieht im Winter in den warmen Süden.

Auch er findet seine Nahrung durch den Geruchssinn. Auf Nahrungssuche fliegt der Truthahngeier dicht über dem Boden und „erschnüffelt" so alles, was ihm schmecken könnte.

Der farbenprächtige Königsgeier lebt im Urwald

Gänsevögel – stolzer Schwan und häßliches Entlein

Die Kanadagans ist heute die größte europäische Gans

Ziehende Graugänse erzeugen durch ihren Flügelschlag einen Pfeifton

1 Die weitverbreiteten Stockenten, hier ein Erpel, sind typische Schwimmenten, die „gründelnd" nach Nahrung suchen

2 Tauchenten, wie diese Schellente, liegen viel tiefer im Wasser als Schwimmenten. Sie können völlig unter Wasser tauchen

3 Wie alle Sägerarten ernährt sich auch der Mittelsäger von Fischen. Er taucht nach seiner Nahrung und hält sie mit dem „Sägeschnabel" fest

Auch Großstadtbewohnern, sogar jenen, die noch nie in den Ferien verreisen konnten, sind eine ganze Anzahl Vertreter der Ordnung der Gänsevögel bekannt. Auf jedem Stadtparkteich schwimmen Gänse, Enten oder Schwäne, und selbst in verschiedenen Ländern und Sprachen kennt man das Märchen vom häßlichen Entlein, das sich zum stolzen Schwan mauserte.

Diese Ordnung umfaßt zwei Familien gänse- oder hühnerähnlicher Vögel, die am Wasser leben und ins Wasser hineingehen. In der ersten Familie, den Wehrvögeln aus Südamerika, sind gänsegroße, hühnerähnliche Vögel zu finden, die keine Schwimmhäute haben. Sie tragen ihren Namen nach den scharfen Flügelspornen, die zwar auch bei Paarungskämpfen als Waffen dienen, mit denen aber vor allem Feinde wirkungsvoll in die Flucht geschlagen werden. Sogar Jagdhunde nehmen sich vor den wehrhaften Vögeln in acht.

In der zweiten Familie, den Entenvögeln mit den Unterfamilien Spaltfußgänse, Gänseverwandte und Entenverwandte, sind vielfältige und farbige Arten vertreten: von der winzigen Zwergglanzente bis zum über 13 kg schweren Trompeterschwan, von den schlichten Graugänsen bis zu den prächtig gefärbten Braut- und Mandarinenten, von den fast nur auf dem Land lebenden Hühner- und Hawaiigänsen bis zu Enten und Gänsen, die ihr Leben ausschließlich am und im Wasser verbringen.

Allen gemeinsam: Bürzeldrüse und Siebschnabel

Bei aller Vielfalt gibt es aber übereinstimmende Merkmale, die für die nahe Verwandtschaft aller Arten sprechen. Alle Entenvögel haben eine im Verhältnis zum Körper sehr große Bürzeldrüse, mit deren Absonderung das Gefieder ständig eingefettet werden muß. Vor einigen Jahren gab es eine Spülmittelreklame, in der so nebenbei die Bedeutung des eingefetteten Entengefieders klar wurde: Die Ente im spülmittelfreien Wasser schwamm obenauf, während die Ente nach dem Zusatz des Mittels unterging. Außerdem fror das bedauernswerte Tier nach dem Versuch sicher, denn das fettlose Gefieder diente nicht mehr als Wärmepolster. Wenn nach einer Ölpest die verölten Vögel gewaschen werden, dürfen sie nicht sofort wieder in Freiheit entlassen werden, sondern müssen mindestens warten, bis das Gefieder wieder gut eingefettet ist. Das zweite gemeinsame Merkmal aller Entenvögel ist der Bau des Schnabels, in dem Hornleisten oder Hornzähne, sogenannte Lamellen, hintereinander aufgereiht sind, die wie ein feinmaschiges Sieb wirken.

Entenerpel sind die Schönsten...

Männchen und Weibchen sind bei Gänsen und Schwänen gleich gefärbt und unterscheiden sich äußerlich nur dadurch, daß die Männchen, etwas größer sind. Die meisten Angehörigen dieser Unterfamilie mausern nur einmal im Jahr. Viele Entenerpel zeigen zur Balz ein prächtiges Hochzeitsgefieder, während die Weibchen das ganze Jahr über schlichte Tarnkleider tragen. Diese Äußerlichkeiten sind keine Zufälle, sondern lassen Rückschlüsse auf bestimmte Verhaltensweisen zu. Bei den Gänsen und Schwänen bleiben die Partner meist ihr ganzes Leben zusammen, brüten gemeinsam die Eier aus und ziehen die Jungen auf. Außerdem sind sie recht wehrhafte Vögel. Auch unter den Enten sind lebenslange Partnerschaften sehr häufig, aber bei den meisten bodenbrütenden Arten erledigen die Weibchen das Brutgeschäft. Im Lauf der Entwicklungsgeschichte – der Evolution – hat sich dabei das Tarnkleid hervorragend bewährt.

Ein Singschwan mit Küken und ein aus Australien eingeführter Trauerschwan

Der schöne Höckerschwan ist bei uns so häufig geworden, daß er an Flüssen, auf Seen und Parkteichen manchmal schon zur Plage wird

Vom Wasser auffliegende Entenvögel müssen zuerst schwerfällig Anlauf nehmen, bis sie richtig Luft unter den Flügeln haben. Die meisten sind ausdauernde Langstreckenflieger. Sie fliegen mit gestrecktem Kopf und Hals und legen die kurzen Beine zurück. Viele Gänse, Enten und Schwäne sind Zugvögel, die den Sommer in den Brutgebieten im hohen Norden verbringen und im Winter nach Süden ziehen. Vielen Wintergästen bei uns genügt es, wenn sie einen eisfreien See oder Fluß finden. In milden Wintern bleiben sie dann sogar nördlich der Alpen oder fliegen höchstens gerade über das Gebirge. Andere unternehmen jedes Jahr wieder die gleichen, weiten Wanderungen bis nach Nord- oder Südafrika. Ziehende Wildgänse fliegen in typischer Pfeil- oder Keilformation.

Hühnervögel sind ein buntes und wohlschmeckendes Volk

Wir sind vor vielen Jahren durch den australischen Busch im nördlichen Queensland gefahren und haben nach 500 oder 600 km anstrengender Fahrt in einem Laubwald eine Rast eingelegt, saßen auf einem Laubhaufen und aßen eine Kleinigkeit. Plötzlich bemerkten wir direkt neben uns eine Bewegung im Hügel, und als wir genau hinschauten, sahen wir, wie der winzige Kopf eines Vogels schnell im Blättergewirr verschwand. Völlig verblüfft scharrten wir dort, wo wir den Vogel gesehen hatten, ein Loch in das welke Laub und entdeckten zu unserem großen Erstaunen ein flaumiges Vogelküken. Und da ging uns ein Licht auf: wir waren dem Thermometerhuhn, einem der sonderbarsten Vögel der Welt, begegnet, genau gesagt einem frisch geschlüpften Buschhuhn.

Hühner, die „Brutöfen" bauen

Die sogenannten Großfußhühner aus dem austral-ozeanischen Raum brüten nämlich ihre Eier nicht selbst aus, sondern in Haufen aus Laub und Pflanzenteilen, die der Hahn zusammenscharrt und in die eine Henne zehn, zwölf und mehr Eier legt. Je nach Hühnerart werden die Eier durch Sonnen- oder Gärungswärme in zehn bis zwölf Wochen ausgebrütet. Alle anderen Hühnervögel brüten ihre Eier auf konventionelle Art aus, die Henne baut ein Bodennest, legt ihre Eier darin ab und brütet sie mit ihrer Körperwärme in drei bis vier Wochen aus. Die Küken der Hühnervögel sind Nestflüchter, d. h. sie kommen voll entwickelt aus dem Ei, mit einem dichten Federkleid, offenen Augen und starken Füßen, die sie von der ersten Stunde an durch das Leben tragen. Bald nach dem Schlüpfen verlassen die Jungen das Nest und kehren meistens nicht mehr an den Geburtsort zurück. Sie streifen mit ihrer Mutter – die Väter fast sämtlicher Arten kontrollieren den Brutofen, beteiligen sich aber nicht am Aufzuchtgeschehen – durch ihren Lebensraum und suchen vom ersten oder zweiten Tag an selber Futter. Dieses ist sehr vielseitig und umfaßt Pflanzen und Pflanzenteile aller Art, Körner, Blätter, Knospen, Wurzeln, Würmer, Käfer und Insekten, sogar kleine Echsen, Schlangen und Nagetiere.

Schneehühner wechseln ihr Gefieder. Das Jahr über sind sie braunweiß, im Winter aber weiß

Großfuß- oder Thermometerhühner lassen ihre Eier von der Sonne oder Gärungswärme verrottender Pflanzen ausbrüten

Fasane sind über weite Teile der nördlichen Halbkugel verbreitet und ein begehrtes Jagdwild

Die „eingebildeten" Gockel

Bemerkenswert ist, daß bei vielen Hühnervögeln Hahn und Henne völlig verschiedene Federkleider tragen. Diejenigen der Männchen sind, vor allem während der Brutzeit, ungemein prachtvoll und auffallend. Man denke nur einmal an Pfauen oder Fasane. Die Federpracht ist phantasievoll geformt und unglaublich bunt gefärbt. Hähne tragen lange Schwänze, spreizbare Federhauben und kupferglänzende Flügeldecken, wallende Halsumhänge und grelle Brustschilde. Die Weibchen dagegen sind unscheinbar graubraun und erdfarben, meist mit dunklen Querbändern auf Rücken und Flügeln. Diese Tarnung ist vor allem während der Brutzeit lebenswichtig. Die Henne sitzt nämlich schutzlos auf ihrem Bodengelege. Fast alle brütenden Hühnervögel vertrauen instinktiv so sehr auf ihre Schutzfärbung, daß sie sich bei der Annäherung eines Menschen oder eines Raubtiers ganz tief auf ihre Eier drücken und erst im allerletzten Moment, wenn man schon beinahe auf sie tritt, hochschießen und mit lautem Geschrei und Gepolter abstreichen.

Die wilden Ahnen unserer Hühner

Eines unserer wichtigsten Haustiere entstammt der Gruppe der Hühnervögel: das millionenfach über die ganze Welt verbreitete Haushuhn. Sein Urahn ist das Bankivahuhn, das noch heute wild in den Wäldern Südostasiens lebt. Es ist nur etwa halb so groß wie unsere „normalen" Hühnerrassen und gleicht sehr stark der wildfarbenen Altsteinerrasse oder den „Italienern". In ihrer Heimat wurden die Bankivahühner wohl bereits vor 4000 bis 5000 Jahren domestiziert. Vor etwa 3500 Jahren kam das Haushuhn nach China und etwa um die gleiche Zeit nach Ägypten. Von dort aus war es zur Zeit der phönizischen Seefahrer und der ptolemäischen Pharaonen nur noch ein Katzensprung, bis das Huhn zuerst Südeuropa und später unsere Breiten erreichte. Die alten Griechen und Römer und auch die Kelten hielten bereits in vorchristlicher Zeit Hühner zum Zweck der Eier- und Fleischproduktion. Viele Arten werden noch heute intensiv gejagt, so wie die Fasane, Rebhühner und Wachteln in Europa oder die Perlhühner und Frankoline in Afrika.

Die Nennung nur der wichtigsten Familien und der 270 Arten gibt einen Eindruck von der Vielfalt der Hühnervögel. Da gibt es einmal die Großfuß- oder Thermometerhühner, die als erste beschrieben wurden. Dann gehören die Rauhfußhühner dazu, die ihren Namen von den befiederten Läufen haben, z. B. Auerhuhn, Birkhuhn, Haselhuhn und Schneehuhn, und schließlich zählen auch Hokkos, Tragopane, Kongopfau und Truthahn zu den Hühnervögeln.

Das Bankivahuhn ist der Vorfahr sämtlicher Haushuhnrassen. Der Hahn zeigt sich, wie bei vielen Hühnervögeln, viel bunter als die Henne

Die Kranichvögel – Angehörige dieser Gruppe haben kaum gemeinsame Merkmale

Zwei afrikanische Kraniche, links der ostafrikanische Kronenkranich, rechts der südafrikanische Paradieskranich

Die Riesen- oder Koritrappe lebt in den ostafrikanischen Savannen

Die Kranichvögel sind eine der uneinheitlichsten Vogelordnungen und umfassen nahezu ein Dutzend verschiedener Familien, die sich ganz stark von einander unterscheiden. Sie haben so wenig Gemeinsamkeiten in ihrem Äußeren, aber auch im Verhalten, daß man verschiedene Familien zu eigenen Ordnungen erklären könnte.

Zu den Kranichvögeln zählen unter anderem die Rallen (also auch Teich- und Bläßhühner), die Eigentlichen Kraniche mit einem guten Dutzend Arten, die südamerikanischen Trompetervögel und die Trappen. Letztere leben in Eurasien, Australien und vor allem im tropischen Afrika. Unter den Kranichvögeln gibt es mehrere Arten, die in ihren Beständen stark bedroht sind und dringend geschützt werden müssen. Zu ihnen gehören die europäische Großtrappe, die neuseeländische Takahe-Ralle, der asiatische Mandschurenkranich und der nordamerikanische Schreikranich, von dem es vor 30 Jahren keine 50 Exemplare mehr gab. Jagd und Zerstörung der Lebensräume bedrohen diese Vogelarten.

Kranichvögel sind über die ganze Welt verbreitet mit Ausnahme der Polarregionen. Sie leben in den dampfenden Urwäldern Südamerikas, in der Taiga Nordamerikas, in den Steppen Rußlands, den Wüsten Australiens und den Grasländern Afrikas.

Allein im Osten Afrikas gibt es ein halbes Dutzend Trappenarten, darunter die mächtige Kori- oder Riesentrappe, die zu den schwersten flugfähigen Vögeln gehört. Die meisten Kranichvögel ernähren sich sowohl von tierischer wie auch pflanzlicher Nahrung; die Zusammensetzung der Kost ändert sich von Art zu Art und hängt zudem vom jahreszeitlichen Angebot ab.

Das auf unseren Gewässern häufige Bläßhuhn gehört zur Gruppe der Kranichvögel

Der Mandschurenkranich zählt zu den stark bedrohten Kranicharten

Tauben gehören zu den artenreichsten Vogelgruppen

Jeder von uns kennt die weitverbreiteten Haustauben, die vor allem in den Städten zu einer Plage geworden sind. Die Haustaube ist keine Wildform, sondern entstand durch Domestikation, sie wurde aus einer wilden Art, der Felsentaube, im Lauf vieler Jahrhunderte herausgezüchtet. Die Felsentaube lebt heute noch als Wildform in mehr als einem Dutzend Rassen in Afrika und Eurasien. Sämtliche Zuchttauben, von der Pfauentaube bis zum Kröpfer, stammen von der Felsentaube ab. Diese ist aber nur eine von mehr als 300 verschiedenen Taubenarten, die über die ganze Welt verbreitet sind und sich als ungemein anpassungsfähig erwiesen haben.

Die kleinsten Taubenarten

Zu den kleinsten Arten zählen das australische Diamanttäubchen, das lediglich 20 cm lang und 50 bis 60 g schwer wird, und das gleich große Sperbertäubchen. Die größte Art, die Kronentaube aus Neuguinea, mißt vom Schnabel bis zur Schwanzspitze gut 80 cm und wiegt mehr als 1 kg. Zwischen den ganz kleinen und der ganz großen liegt das Heer der mittelgroßen Arten, zu denen etwa die bei uns eingewanderte Türkentaube gehört und die ebenfalls einheimischen Ringel- und Hohltauben.

Das Hauptverbreitungsgebiet der Tauben liegt nicht in den gemäßigten, sondern in den tropischen Regionen. Dort gibt es Hunderte von zum Teil äußerst bunt gefärbten Taubenarten. Besonders weit verbreitet sind die verschiedenen Arten von Fruchttauben, die sich, wie der Name sagt, von Früchten ernähren und in Plantagen beträchtliche Schäden anrichten können. Die früher häufigste Art, die Wandertaube Nordamerikas, wurde im letzten Jahrhundert durch menschliche Unvernunft ausgerottet, obwohl die Bestände einst 50 oder gar 100 Millionen Tiere umfaßt haben! Tauben leben in Einehe. Beide Partner brüten 2-3 Eier aus und füttern die nackten und blinden Jungen mit der „Kropfmilch", einem käseartigen Brei, den die Schleimhaut des Kropfes produziert.

Taubenverwandte sind die Flughühner Afrikas und Eurasiens. Sie lieben die offenen Graslandschaften und Halbwüsten. Als hervorragende Flieger (bis zu 150 km/Std.) können sie auf der Suche nach Wasser und Futter weite Strecken zurücklegen. Erst vor wenigen Jahren haben Ornithologen (Vogelkundler) entdeckt, daß manche Flughuhnarten an der Tränke ihr Brustgefieder mit Wasser füllen und das kostbare Naß ihren 80 bis 100 km entfernten Jungen bringen.

Spießflughühner können in ihrem Brustgefieder Wasser für ihre Jungen transportieren

Wie alle Taubenarten baut auch die Türkentaube ein sehr unordentliches Nest

Die Rotbrust-Kronentaube ist mit einer Körperlänge von gut 80 cm die größte aller Taubenarten

Watvögel – am Strand, am Ufer und im Sumpf

Zusammen mit Möwen und Alken bilden die Watvögel die Ordnung der Wat- und Möwenvögel. Ideale Lebensräume für Watvögel sind feuchte, wasserreiche Landschaften, und häufig sind sie an schlammigen Küsten, zum Beispiel am Wattenmeer, am Flutsaum der Ozeane, in Sümpfen und Mooren, an Seen und Flüssen und auf Wiesen und Weiden anzutreffen. In der Unterordnung der Watvögel finden wir viele Arten, die auf den ersten Blick so wirken, als hätten sie gar nichts miteinander zu tun. Einige haben lange Beine und lange, dünne, gebogene Schnäbel wie z.B. Brachvögel, Säbelschnäbler und Stelzenläufer; andere, wie die Blatthühnchen oder Jacanas, haben so lange, dünne Zehen, daß sie damit über Wasserpflanzen und Seerosenblätter laufen können, ohne einzusinken. Kleinere Arten dagegen, wie Regenpfeifer oder Steinwälzer, wirken ausgesprochen kurzschnäblig und kurzbeinig. Mit ihren kurzen Beinen können sie aber so schnell laufen, daß sie wie rollende Federbälle aussehen.

Die Verwandtschaft mit Möwen und Alken beruht unter anderem auf gemeinsamen inneren Körpermerkmalen und zeigt sich auch darin, daß alle Angehörigen der Ordnung unter den gleichen oder nahe miteinander verwandten inneren und äußeren Parasiten zu leiden haben. Viele dieser Plagegeister wie Läuse, Federlinge, Milben oder Würmer haben sich im Lauf ihrer Entwicklung so spezialisiert, daß sie nur auf oder in einer ganz bestimmten Tierart, Tierfamilie oder Tierordnung vorkommen.

Junge Watvögel sind Nestflüchter
Die Jungen der Watvögel sind Nestflüchter, im Gegensatz zu den Jungen der Möwenvögel und Alken, die als Platzhocker bezeichnet werden. Nestflüchter verlassen das Nest und auch die unmittelbare Umgebung sofort nach dem Schlüpfen, sobald ihr flauschiges Daunenkleid getrocknet ist. Nestflüchter werden in der Regel von ihren Eltern nicht gefüttert wie Nest- oder Platzhocker, sondern picken selbst nach Nahrung, die die Altvögel ihnen zeigen. Sie folgen den Lock- und Warnrufen der Eltern, laufen ihnen nach oder ducken sich bei Gefahr regungslos flach auf den Boden. Die Jungen tragen ein Tarnkleid, das meist der Umgebung so hervorragend angepaßt ist, daß man einen jungen Watvogel, der bewegungslos auf dem Boden liegt, nur mit sehr viel Aufmerksamkeit entdeckt. Leute, die im Auftrag einer Vogelwarte Limikolen – so hießen die Schnepfenvögel früher, und so

werden die Watvögel noch heute manchmal genannt – beringen, können ein Lied davon singen, wie schwierig es ist, z.B. einen jungen Regenpfeifer oder einen Kiebitz zu finden. Selbst wenn man sieht, wo ein Altvogel hochfliegt und ein kleiner Federball durch den Sand oder das Gras huscht, muß man sich sehr, sehr vorsichtig bewegen und genau hinschauen, um den Winzling nicht zu zertreten, der plattgedrückt auf dem Boden liegenbleibt. Die Eltern veranstalten ein Riesengeschrei, umflattern den Störenfried und stellen sich flügellahm, um den „Feind" von ihrem Jungen wegzulocken.

Watvögel sind Bodenbrüter. Viele bauen gar kein richtiges Nest, sondern markieren den Platz, wo die Eier liegen sollen, durch ein paar Zweige, Grashalme, Steine oder durch „Nestmulden". Beim Brachvogel z.B. drückt sich das Weibchen mit der Brust in eine flache Bodenmulde und scharrt mit den Beinen nach hinten. Die so entstandene Nestmulde polstern die zukünftigen Eltern mit ein bißchen Gras oder Schilf aus – und schon ist das Nest fertig. Auch ein brütender Altvogel verläßt sich während der Brut auf sein Tarnkleid und bleibt geduckt völlig bewegungslos auf seinem Nest sitzen, wenn sich ein Feind nähert.

1 **Australisches Blatthühnchen**
2 **Säbelschnäbler**
3 **Austernfischer**
4 **Rotschenkel**
5 **Sandregenpfeifer**
6 **Brachvogel**
7 **Kiebitz**
8 **Uferschnepfe**

Möwenvögel – laut und streitbar

Die bis zu 45 cm langen Brandseeschwalben brüten in Kolonien

Die Unterordnung der Möwenvögel umfaßt vier Familien: Raubmöwen, Möwen, Seeschwalben und Scherenschnäbel, die mit verschiedenen Gattungen und Arten alle Weltmeere und zum Teil auch die Gewässer der Binnenländer bevölkern. Alle Arten sind geschickte und ausdauernde Flieger und haben laute und charakteristische Stimmen. Sie sind sehr gesellig und verzichten vor allem während der Balz- und Brutzeit nicht auf die Gesellschaft ihrer Artgenossen. Während meiner Tätigkeit für die Vogelwarte Helgoland in Wilhelmshaven hatte ich mehrmals Gelegenheit, Brutkolonien von Silbermöwen und Seeschwalben zu besichtigen. Ein solcher Besuch in einem Vogelschutzgebiet auf einer der ostfriesischen Inseln ist ein unvergeßliches Erlebnis.

In einer Silbermöwen-Kolonie

Schon vom Schiff her sieht man die Silbermöwen über der Kolonie kreisen und hört ihre weithin hallenden, jauchzenden Rufe, den ärgerlichen Warnruf oder den langgezogenen „Katzenruf", mit dem die Partner sich oder die Jungen rufen. Zur Brutzeit legen die Silbermöwen meist drei Eier, die von beiden Elternteilen ausgebrütet werden. Die Nester im Gras oder in den Dünen liegen oft dicht nebeneinander und sind von einem „Eigenbezirk" umgeben. Jeder, der die Grenze dieses Bezirks überschreitet, wird angegriffen, ob Hund, Katze, Fuchs, Mensch oder andere Möwe. Die Alten sausen im Sturzflug vom Himmel herunter und können mit ihren scharfen Schnäbeln empfindliche Hiebe versetzen. Manchmal begnügen sie sich auch damit, „etwas" fallen zu lassen.

Möwen sind Allesfresser

Möwen sind Allesfresser, und ihre Ausscheidungen, scharf ätzend, klebrig, schmierig und stinkend, sind eine nicht zu unterschätzende Waffe. Geschlüpfte Jungvögel bis zu einer bestimmten Größe, die den Eigenbezirk verlassen und nicht blitzschnell wieder zurückfinden, sind rettungslos verloren. Als Platzhocker verlassen sie zwar bald nach dem Schlüpfen das elterliche Nest, bleiben aber im Eigenbezirk und werden gefüttert und gehudert. Küken, die in einen fremden Bezirk eindringen, erliegen bald den Schnabelhieben der „Grundstücksbesitzer" und werden oft auch gefressen. Bei den robusten und durchsetzungsfähigen Silbermöwen

1 Der häufigste Vogel der Nordseeküste und des Wattenmeers ist die stattliche Silbermöwe
2 Dreizehenmöwe
3 Lachmöwe
4 Flußseeschwalbe
5 Die schwarzweiße Mantelmöwe ist die größte Möwe überhaupt

Scherenschnäbel können im Flug kleine Fische aus dem Wasser fangen

sind solche Verluste für den Fortbestand der Art nicht so schlimm. Für die meisten Seeschwalben aber, deren Bestände aus anderen Gründen ohnehin schon gefährdet sind, wurden strenge Schutzbestimmungen nötig, und die Brutgebiete dürfen nur in Ausnahmefällen und mit Sonderbewilligungen betreten werden.

Der Reiz des „Roten Flecks"
Wie bei allen Tierarten, die gesellig leben, können wir bei den Möwenvögeln eine Reihe interessanter Verhaltensweisen beobachten. Bei Jungvögeln, die von Hand aufgezogen wurden, konnte festgestellt werden, daß die meisten dieser Verhaltensweisen angeboren sind, sich also auch bei den Tieren zeigen, die nie mit Artgenossen zusammen waren. Die Eltern sind also nicht etwa Lehrer, von denen die Jungen lernen könnten, wie sich eine Silbermöwe oder Seeschwalbe „benimmt", sie haben als „Babysitter" nur die Aufgabe, die Jungen zu beschützen und zu füttern. Der rote Schnabelfleck der Silbermöwen beispielsweise wirkt bei den Küken wie ein „Futterauslöser", nach dem sie automatisch picken.

In mehreren Versuchen hat sich gezeigt, daß die Jungen auf ein Stück Holz mit einem roten Fleck gleich reagieren. Jungmöwen von einer gewissen Größe an schließen sich zu „Jugendgruppen" zusammen, in denen die angeborenen Bewegungen, das Verhalten und die Rufe vervollkommnet werden. Möwen sind etwas derber gebaut als Seeschwalben, und einige Arten werden bedeutend größer.

Die größte Möwe und die kleinste Seeschwalbe
Die größte Möwe, die Mantelmöwe, kann bis zu 80 cm lang werden, während die kleinste Seeschwalbe, die Zwergseeschwalbe, nur 20 cm mißt. Seeschwalben sind leicht am meist gegabelten Schwanz und an den langen, schmalen Flügeln zu erkennen. Sie sind ausgezeichnete Flieger, und einige Arten halten die Entfernungsrekorde unter den Zugvögeln.

Die Küstenseeschwalbe z.B. brütet in den arktischen Regionen der nördlichen Erdhalbkugel und verbringt den Winter in der Antarktis, legt also zweimal im Jahr eine Entfernung von 18 000 km zurück.

6 Die Skuas aus der Familie der Raubmöwen jagen anderen Vögeln die Beute ab, indem sie ihr „Opfer" so bedrängen, daß dieses seine Beute fallen läßt
7 Die kleine Sturmmöwe hat gegen den Kükenräuber keine Chance

Graupapageien sind exzellente Geräuschimitatoren

Nymphensittiche sind beliebte Heimtiere geworden, von denen es inzwischen auch weiße Exemplare gibt

Die bunte Welt der Papageien

Der bekannteste Papagei ist der Wellensittich. Vor ziemlich genau 150 Jahren kamen die ersten Wellensittiche von Australien nach Europa; mit dem Schiff, nebenbei gesagt, und die Überfahrt dauerte gut zwei Monate. Der berühmte Vogelforscher und -maler John Gould brachte sie von einer Reise mit nach Hause. Zum erstenmal gezüchtet wurden die kleinen Papageien 1850 im Zoologischen Garten von Antwerpen und bald darauf auch in England und Deutschland (1855 von einer Gräfin von Schwerin). Es dauerte knapp 20 Jahre, bis die ersten Farbmutationen auftraten, rein gelb, blau und weiß. In Freiheit sind die Wellensittiche grüngelb mit dunklen Wellenlinien. Heute zählt der sprachbegabte und anspruchslose Sittich zu den beliebtesten Heimtieren. Er hat den Kanarienvogel von seinem Spitzenplatz verdrängt, was nicht zuletzt damit zusammenhängt, daß der Wellensittich in kürzester Zeit erstaunlich zahm werden kann – vorausgesetzt man bekommt ihn als Jungvogel und hält ihn allein, was eigentlich Tierquälerei ist. Praktisch alle Papageien sind nämlich gesellig lebende Vögel und eignen sich schlecht für die Einzelhaltung. Will man sie artgerecht halten, dann muß man mindestens zwei Wellensittiche pflegen oder noch besser mehrere in einer Voliere. Ähnliches gilt für andere Heimtiere aus der Familie der Papageien: die Unzertrennlichen oder Agaporniden. Diese grünen, am Kopf auffallend bunten Kleinpapageien aus Afrika leben in ihrer Heimat in Flügen von sechs bis 30 und mehr Tieren und brüten gemeinsam in einer Kolonie – manchmal drei, vier Paare in demselben Baum, aber nicht in der gleichen Höhle. In menschlicher Obhut haben sie eine ähnliche Entwicklung durchgemacht wie die Wellensittiche, und es gibt inzwischen fast unzählige Farbschläge von Grün bis Blau, von Weiß bis Gelb.

Papageien in allen Farben

Alle Papageien – es gibt etwa 350 Arten – leben in tropischen und subtropischen Gebieten. In offenen Landschaften wie Prärien und Savannen sowie in Wüsten und Halbwüsten sind sie selten. In den feuchten und dichten Urwäldern Südamerikas und Südostasiens jedoch trifft man sie in unerhörter Artenzahl an. Sie streifen in Scharen und Flügen durch Wald und Busch, immer auf der Suche nach Pflanzen, Samen, Früchten, Wurzeln, Blüten, Blumen, Nektar und Insekten. Dort, wo sie in riesigen Flügen auftreten, wie z. B. manche Kakaduarten in Australien, können sie an Pflanzenkulturen und Obstgärten enorme Schäden anrichten oder auf Flughäfen selbst moderne Flugzeuge bei Start und Landung gefährden.

Erstaunlich ist, daß viele Papageien, die in üppig-grünen und dunklen Regenwäldern leben, unglaublich bunt gefärbt sind. Zu den schönsten und farbigsten zählen die bis zu einem Meter großen Aras, deren Heimat die feuchten und tropischen Regionen Süd- und Zentralamerikas sind. Der Hellrote Ara hat sämtliche Farben des Spektrums in seinem Gefieder, von Rot über Gelb zu Grün und Blau. Der Blaugelbe oder Gelbbrustara ist kaum weniger bunt. Ihm fehlt die rote Farbe, dafür dominieren Gelb und Blau. Grünflügelara und Soldatenara sind zwei weitere Vertreter der Aragruppe, und der dunkelblaue Hyazinthara ist bei Liebhabern die begehrteste Art. Aras haben

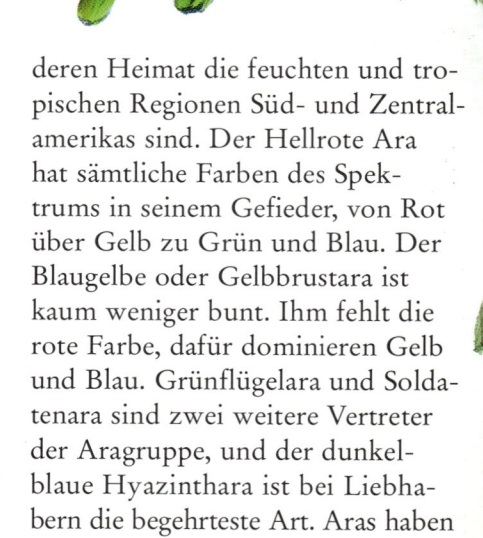

Oben: Die Unzertrennlichen – hier Pfirsichköpfchen – gehören mit einer Gesamtlänge von 14 bis 17 cm zu den kleinsten Papageien

Wenn der Molukkenkakadu erregt ist, stellt er seine rote Federhaube auf

jahrzehntelang zu den gesuchtesten Vogelarten der Zoologischen Gärten, Menagerien und privaten Halter gezählt. Heute ist ihre Ausfuhr streng reglementiert, und jedes Jahr kommen weniger Aras nach Europa und in die USA. Durch die Zerstörung ihrer Lebensräume, aber auch durch hohe Fangquoten, sind viele Ara- und andere Papageienarten in ihren Beständen sehr stark bedroht.

…und sie bellen, quietschen, lachen, plappern…

Manche Papageien haben ein erstaunliches Imitationstalent in bezug auf Geräusche und Sprache. Zu ihnen gehören der Graupapagei und die vielen Amazonenarten. Sie lernen schnell, alle möglichen Geräusche nachzuahmen, vom Miauen einer Katze über das Bellen eines Hundes, vom Quietschen einer Türe bis zum Vogelgesang, und natürlich lernen viele Papageien, darunter Wellensittich, Nymphensittich und viele Loris, die menschliche Sprache zu imitieren. Dabei handelt es sich aber um ein Nachplappern und nie um den sinngemäßen Gebrauch von Wör-

Der Gelbblaue und der Hellrote Ara gehören zu den größten, aber auch zu den farbigsten Papageien

Oben rechts: Die Blaustirnamazone kommt nur auf einer Insel der Kleinen Antillen vor

tern und ganzen Sätzen. Weder kann ein Papagei aus erlernten Wörtern selbst einen Satz bilden, noch ist er in der Lage, die Wörter zu „verstehen" oder richtig anzuwenden oder auf eine Frage die zutreffende Antwort zu geben.

Papageien erreichen ein erstaunlich hohes Alter. Zwar dürften Angaben von 150 und mehr Jahren übertrieben sein, aber es gibt verbürgte Fälle, in denen einzelne Tiere in Gefangenschaft 100 bis 120 Jahre alt wurden. Sie gehören damit zu den ältesten warmblütigen Lebewesen.

Fast alle Papageien brüten in Baumhöhlen und Astlöchern, ganz selten auch in Erdbauten, an Steilufern und in Felshöhlen, die Höhlen jedoch werden nicht selbst gebaut. Das Weibchen legt, je nach Art, drei und mehr weiße Eier, die bis zu 35 Tage bebrütet werden. Die Jungen bleiben zwischen 14 und 90 Tage in der Bruthöhle und verlassen sie dann voll befiedert und nahezu flügge, bleiben aber noch längere Zeit mit den Altvögeln zusammen.

Eulen – die Jäger der Nacht

Noch heute gelten Eulen in vielen Gegenden als Toten-, Galgen- oder Unglücksvögel. Wenn der kleine, nur etwa 22 cm lange Steinkauz nachts sein „ku-witt, ku-witt" ruft, wird das von abergläubischen Menschen als „komm mit, komm mit" gedeutet, mit dem der harmlose Vogel angeblich die Seele eines Kranken ruft. Die Angst der Menschen vor den „Nachtgreifen", wie Eulenvögel auch genannt werden, ist darauf zurückzuführen, daß wir lange Zeit nur wenig über das Leben dieser Vogelordnung wußten. Die geheimnisvolle, nächtliche Lebensweise, der geisterhaft lautlose Flug, die unheimlichen, schauerlich stöhnenden, heulenden, röchelnden, fauchenden und kreischenden Stimmäußerungen, die großen Augen und der eigenartig lebhafte Gesichtsschleier trugen zum „schlechten" Ruf der Eulen bei. Über Jahrhunderte hinweg wurden sie erbittert verfolgt, und heute tragen die Zerstörung der Lebensräume und der Einsatz von Insekten-, Ratten- und Mäusegiften dazu bei, daß unsere nützlichen Jäger der Nacht immer seltener werden, obwohl sie inzwischen streng geschützt sind.

Wichtige Mäusevertilger

Untersuchungen haben gezeigt, daß Eulen zu den wichtigsten Mäusevertilgern gehören. Bei Schleiereulen beträgt der Nahrungsanteil an Mäusen 93 %, bei der Waldohreule 91 %, beim Steinkauz 88 % und beim Waldkauz 68 %. Eine einzige Waldohreule verzehrt im Jahr etwa 1000 schädliche Nager!

Für den Fang der ebenfalls nächtlich lebenden Beutetiere sind Eulen hervorragend ausgerüstet. Eulenaugen sind so groß, daß sie fast ein Drittel des gesamten Kopfgewichts ausmachen. Sie sind fast röhrenartig gebaut, was dazu führt, daß Eulen ausgesprochen weit sehen können. Die Netzhaut trägt so viele lichtempfindliche Stäbchen, daß Eulen auch noch den kleinsten Lichtschimmer wahrnehmen, aber wahrscheinlich kaum Farben unterscheiden können. Die Augen sitzen starr in den Augenhöhlen. Dafür können Eulen den Kopf bis zu 270° drehen – drei Viertel eines Kreises!

Je älter die Schnee-Eule aus der arktischen Tundra der Alten und der Neuen Welt, desto weißer das Gefieder

In mehreren Unterarten sind die Schleiereulen fast in der ganzen Welt verbreitet. Sie brüten gerne in alten Gemäuern

Orientierungshilfen bei der Jagd

Eine weitere Orientierungshilfe der Eulenvögel ist das ausgezeichnete Gehör. Der Gesichtsschleier, der das Eulengesicht so ausdrucksvoll macht, besteht aus sogenannten Schallfangfedern, die eigentlich die Bedeutung einer großen Ohrmuschel haben. Auch das innere Ohr ist so gebaut, daß es feinste Töne vernehmen kann. So ausgerüstet, können Eulen auch in mondlosen Nächten das für uns unhörbare Rascheln einer Maus wahrnehmen und ihre Beute zielsicher finden. In absoluter Dunkelheit dagegen können auch Eulen nicht mehr sehen. Da sie weitsichtig sind, brauchen sie noch besondere Sinnesorgane, die ihnen helfen, sich in der Nähe zu orientieren. Dazu dienen die Tastborsten an den Schnabelwinkeln.

Ihren lautlosen Flug verdanken Eulen dem Bau der Schwungfedern, deren Vorderrand kammartig gezahnt, deren Breitseite aber weich und fast watteartig aufgelockert ist. Eine Maus kann ihren

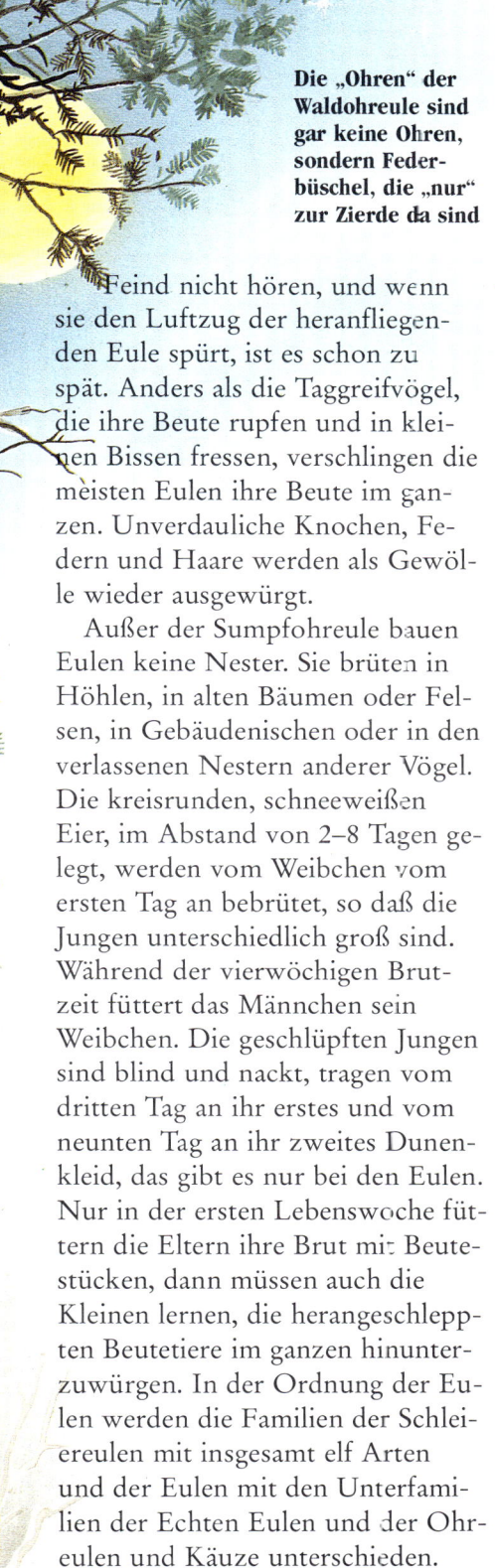

Die „Ohren" der Waldohreule sind gar keine Ohren, sondern Federbüschel, die „nur" zur Zierde da sind

Der Steinkauz ist meist in der Dämmerung aktiv

Feind nicht hören, und wenn sie den Luftzug der heranfliegenden Eule spürt, ist es schon zu spät. Anders als die Taggreifvögel, die ihre Beute rupfen und in kleinen Bissen fressen, verschlingen die meisten Eulen ihre Beute im ganzen. Unverdauliche Knochen, Federn und Haare werden als Gewölle wieder ausgewürgt.

Außer der Sumpfohreule bauen Eulen keine Nester. Sie brüten in Höhlen, in alten Bäumen oder Felsen, in Gebäudenischen oder in den verlassenen Nestern anderer Vögel. Die kreisrunden, schneeweißen Eier, im Abstand von 2–8 Tagen gelegt, werden vom Weibchen vom ersten Tag an bebrütet, so daß die Jungen unterschiedlich groß sind. Während der vierwöchigen Brutzeit füttert das Männchen sein Weibchen. Die geschlüpften Jungen sind blind und nackt, tragen vom dritten Tag an ihr erstes und vom neunten Tag an ihr zweites Dunenkleid, das gibt es nur bei den Eulen. Nur in der ersten Lebenswoche füttern die Eltern ihre Brut mit Beutestücken, dann müssen auch die Kleinen lernen, die herangeschleppten Beutetiere im ganzen hinunterzuwürgen. In der Ordnung der Eulen werden die Familien der Schleiereulen mit insgesamt elf Arten und der Eulen mit den Unterfamilien der Echten Eulen und der Ohreulen und Käuze unterschieden.

Uhus waren bei uns in freier Natur fast ausgestorben. Das Weibchen wird etwas größer als das Männchen und erreicht eine Flügelspannweite bis zu 150 cm

Nicht alle Kuckucke sind Brutschmarotzer

Der Teichrohrsänger ist einer der meistbenutzten Wirtsvögel des Kuckucks. Er zieht das artfremde Junge wie sein eigenes auf

Fast die Hälfte der etwa 130 Kuckucksarten brütet seine Eier nicht selbst aus, sondern mit Hilfe anderer Vögel. Kuckucke werden deshalb auch Brutschmarotzer genannt. Alle Turakos, sehr schöne, bunt gefärbte afrikanische Vögel, die zu den Kuckucksartigen gehören, und zahlreiche echte Kuckucke bauen jedoch eigene Nester, in die sie zwei bis vier Eier legen und selbst bebrüten. Unser einheimischer Kuckuck, den die meisten Leute nur vom Ruf her kennen, ist aber ein echter Brutschmarotzer.

Der krähengroße Spitzhaubenturako ist ein Bewohner der ostafrikanischen Wälder und dank seines grünen Gefieders von Feinden schwer zu entdecken

Prägung

Das Weibchen legt ein Ei in das Nest eines Wirtsvogels, wobei es sich meistens um die gleiche Art handelt, von der es einst aufgezogen wurde. Man spricht in diesem Fall von Prägung. Kuckucke, die Teichrohrsänger als Pflegeeltern hatten, legen ihre Eier in die Nester von Teichrohrsängern, und solche, die ihre Kindheit in einem Heckenbraunellen-Nest verbrachten, wählen wiederum Nester der Heckenbraunellen als Wiege für ihre Jungen aus. Die Eier des Kuckucks müssen denen der Wirtsvögel täuschend ähnlich sehen, damit sie nicht als vermeintlicher Fremdkörper aus dem Nest geworfen werden. Weil die Brutvögel ein Gefühl für ihre Gelegegröße haben – obwohl sie nicht „zählen" können –, muß das Kuckucksweibchen ein Ei des Wirts aus dem Nest entfernen, bevor es sein eigenes hineinlegt.

Weil der Wirtsvogel kaum in der Lage ist, den jungen Kuckuck, der Riesenmengen von Nahrung verschlingt, *und* die eigenen Jungen großzuziehen, schlüpft der Kuckuck ein bis zwei Tage vor den anderen Küken und wirft diese (oder schon die Eier) kurzerhand aus dem Nest! Obwohl der junge Kuckuck von Tag zu Tag seinen Zieheltern weniger gleicht und sie bald an Größe weit übertrifft, werden sie durch ihren starken Brut- und Fütterungstrieb gezwungen, den Schmarotzer so lange zu pflegen, bis er das Nest verlassen kann.

Die meisten Kuckucksarten leben in tropischen und subtropischen Breiten, einige wenige Arten auch in gemäßigten Regionen Nordamerikas und Asiens.

Turakos hingegen sind auf Afrika südlich der Sahara beschränkt und leben dort überwiegend in dichten, grünen Wäldern.

Salangane produzieren wertvolle Speichelnester

Im Südosten Asiens bis nach Sri Lanka, dem früheren Ceylon, lebt eine Gruppe von Seglervögeln, die Salangane, die eine äußerst gesuchte und entsprechend kostspielige Delikatesse herstellen: die sogenannten „Schwalbennester", aus denen die Chinesen eine ebenso teure wie geschmacksneutrale Suppe kochen. Da Segler in der zoologischen Systematik nicht zu den Schwalben gehören, produzieren sie auch keine „Schwalben-", sondern richtigerweise „Seglernester". Diese bestehen aus einem durchsichtigen zähen Schleim, den die Salangane aus einer Drüse im Schnabel absondern. Manche Arten vermischen ihn mit Federn und Pflanzenteilen, andere verarbeiten ihn „pur". Die Nester kleben an steilen Felswänden und werden von den Einheimischen oft unter Lebensgefahr eingesammelt.

Mauersegler und Alpensegler

Segler gibt es auch bei uns. Der Mauersegler ist rußbraun, der Alpensegler braun mit weißem Bauch und weißer Kehle. Sie bauen allerdings keine Speichelnester wie ihre asiatischen Verwandten. Ganz ohne Klebstoff kommen aber auch unsere Segler beim Nestbau nicht aus. Auch sie produzieren ein Sekret, mit dem sie die Baustoffe – Federn, Haare, Pflanzenfasern, Wollreste usw. – zusammenkleben. Ihre Nester legen Mauer- und Alpensegler in den Zwischendächern von Kirchtürmen und Häusern an, aber auch in alten Burgruinen und dergleichen.

Wohl kein anderer Vogel ist besser an das Leben in der Luft angepaßt als die Segler. Sie holen fliegend ihre Nahrung – Insekten und Spinnentiere – aus der Luft, und auch das Nistmaterial wird im Flug eingefangen! Sie paaren sich in der Luft, und vor einigen Jahren hat man festgestellt, daß sie sogar in

Der Eulenschwalm lebt in Australien und nimmt bei Gefahr tagsüber eine „Schreckhaltung" ein, die ihn als Teil eines abgestorbenen Astes erscheinen läßt

der Luft schlafen. Dazu steigen sie in höhere Schichten auf, lassen sich von Strömungen tragen und ziehen schlafend ihre Kreise. Segler sind die besten und schnellsten Flieger überhaupt. Vom indischen Stachelschwanzsegler wird berichtet, daß er im Sturzflug eine Geschwindigkeit von über 300 km/Std. erreichen kann. Solche Werte beruhen allerdings auf Schätzungen. Immerhin kann man sagen, daß Segler dank ihrer Schnelligkeit in der Luft keine Feinde haben und selbst dem Wanderfalken mit Leichtigkeit entkommen.

Ebenfalls keine Schwalben sind die Nachtschwalben, die in nahezu 100 Arten die ganze Welt bewohnen. Bei uns gibt es den selten gewordenen Ziegenmelker. Nachtschwalben schlafen tagsüber am Boden, z.B. in felsigem oder buschbestandenem Gelände, und sind dank ihres unglaublich guten Tarngefieders kaum zu entdecken. In der Dämmerung erwachen sie und sind ausschließlich nachtaktiv. Mit einer einzigen Ausnahme, den Fettschwalmen, leben Nachtschwalben von tierischer Nahrung.

Die Salangane aus der Familie der Segler bauen Nester aus Speichel, Federn und Pflanzenteilen

Kolibris – die kleinsten Vögel der Welt

Riesenkolibri oder Riesengnom auf seinem Nest im Andenhochland

Schwärmer (zählt zu den Nachtschmetterlingen) an Hibiskusblüte

Die große Gruppe der Kolibris gehört zu den artenreichsten, aber auch zu den interessantesten Vogelordnungen überhaupt. Sie zählt etwa 350 verschiedene Arten. Die kleinste, der Zwergkolibri, mißt von der Schnabel- bis zur Schwanzspitze nur 6 cm und wiegt etwa 2 g! Damit ist der Zwergkolibri der kleinste von fast 9000 Vogelarten der Welt. Die größte Kolibriart dagegen, der Riesengnom oder Riesenkolibri aus den südamerikanischen Anden, mißt über 20 cm und wiegt etwa zehnmal so viel wie der Zwergkolibri.

Kolibris leben ausschließlich in der Neuen Welt, also in Nord- und vor allem in Mittel- und Südamerika und auf den Karibik-Inseln. Sie haben keine nahen Verwandten in Asien, Australien und Afrika. Dort gibt es allerdings Arten, die ihnen äußerlich gleichen – die Nektarvögel, die sich ähnlich wie Kolibris ernähren, ein glänzendes oder schillerndes Gefieder und einen mehr oder weniger stark gekrümmten Schnabel haben.

Vielfach herrscht bei uns die falsche Ansicht vor, Kolibris lebten ausschließlich in tropischen, heißen und feuchten Ländern. Es stimmt zwar, daß die Artenzahl in den erwähnten Gebieten besonders hoch ist, aber selbst in den trockensten Wüsten Süd- und Nordamerikas leben mehrere Kolibriarten, und dasselbe gilt für die Andenkette bis weit nach Chile und hinauf in die eisige Welt der Riesenvulkane.

Der brasilianische Kolibriforscher Augusto Ruschi entdeckte an ecuadorianischen Vulkanen in Höhen von mehr als 5000 m mehrmals Kolibris!

Obwohl mehr als 90 % aller Arten in den tropischen und subtropischen Zonen Mittel- und Südamerikas leben, ziehen in den Sommermonaten Kolibris von Mexiko in die USA und Kanada, bis nach Alaska, wo z. B. der Fuchskolibri jedes Jahr brütet. Der Rubinkehlkolibri dagegen zieht in die östlichen USA und überquert dabei in einem 1000 km langen Nonstopflug den Golf von Mexiko.

Ein Adlerkolibri beim Anflug auf eine Blüte

Vielfraße und Feinschmecker

Lange Zeit hat man sich gewundert, daß ein Vogel, der pro Tag mehr als sein eigenes Gewicht an Futter verzehrt, in großen Höhen mit extremen Temperaturschwankungen überleben kann. Forscher haben herausgefunden, daß diese Kolibriarten so etwas wie einen Winterschlaf kennen. Dieser dauert jedoch nicht Wochen oder gar Monate, sondern lediglich eine Nacht oder eine zwei-, dreitägige Kälteperiode, und diese wird in einer Felsspalte oder einem Baumloch verbracht.

Atmung und Herzschlag gehen sehr stark zurück, und die Körpertemperatur sinkt stark ab, was den Energieverbrauch drosselt. Wenn man so ein „halbtotes" Tier in die warme Hand nimmt, oder wenn am nächsten Morgen die Sonne steigt und die Luft erwärmt, erwachen die Kolibris aus ihrer Kältestarre und beginnen schon bald darauf mit der Nahrungssuche.

Das Futter aller Kolibri-Arten besteht einerseits aus Insekten und andererseits aus Blütennektar. Sie benötigen Insekten als Eiweißspender (Proteine) und Nektar als Lieferant lebenswichtiger Kohlehydrate. Das heißt, daß Kolibris für ihre Ernährung auf Blüten und Blumen angewiesen sind, die viele Insekten anlocken. Kolibris fangen sie im Flug oder nehmen sie mit dem Nektar zu sich, in dem kleine Fliegen und Käfer immer wieder ertrinken.

Rekordflieger…
Das Flugvermögen vieler Kolibris ist ganz erstaunlich. Die kleinen Arten schlagen mit den Flügeln bis zu 80mal pro Sekunde, die großen 20- bis 30mal. Sie sind fähig, vor einer Blüte zu schwirren und im Flug Nektar aufzunehmen, und sie sind die einzigen Vögel, die aus eigener Kraft rückwärts fliegen können.

Sie erinnern stark an große Nachtschmetterlinge, die aufgrund ihres Flugbildes sehr leicht mit kleinen Kolibris verwechselt werden können und die bei der Futtersuche in Konkurrenz zu den Kolibris stehen.

Die vielen unterschiedlichen Schnabelformen der Kolibris zeigen deutlich, daß sie von der Natur für die verschiedenartigsten Blüten geschaffen wurden. Die langen, gebogenen reichen tief in enge Blütenkelche hinein, die kurzen und geraden sind dagegen für flache, weit offene Blumen geeignet. Bei einigen Arten entspricht die Schnabelform so genau der Form der Lieblingsblüte, daß eine bestimmte Kolibriart nur eine bestimmte Blumenart aufsucht.

…und Flugakrobaten
Geradezu phantastisch sind die Balz- und Hochzeitsflüge vieler Kolibris. Manche Arten wie die Wundersylphe, die Viktoria-Sylphe und der Jamaika-Kolibri haben überaus lange Schwanzfedern, die am Ende eine Flagge oder Fahne tragen, welche beim Balzflug flattert und die Aufmerksamkeit der artgleichen Weibchen erregt. Die Männchen ziehen Schleifen und Volten, überschlagen sich und versuchen mit allen Mitteln, die unscheinbaren Weibchen aus den Büschen zu locken. Die Nester der meisten Kolibriarten sind sorgfältig gebaute Näpfe, in deren tiefer Mulde meist zwei schneeweiße Eier liegen, die das Weibchen fast immer allein ausbrütet. Nach einer Brutzeit von zwei bis drei Wochen und einer Nestlingszeit von etwa drei Wochen sind die Jungen flügge und verlassen unter mütterlicher Obhut die Kinderstube. Kurze Zeit nach dem Ausfliegen bekommen die Jungen das für Kolibris charakteristische schillernde Gefieder. Die metallische Färbung entsteht dadurch, daß sich das Licht in den Federn bricht und in seine Spektralfarben zerlegt wird – also nicht durch Farbpigmente im Gefieder.

Langschwanzkolibri auf Blatt

Keilschwanzkolibri (oben) und Prachtelfe (unten) beim Anflug auf eine Hibiskusblüte

Männchen der Wundersylphe beim Balzflug

Das napfförmige Nest einer kleinen Kolibriart

Spechte haben eingebaute Stoßdämpfer

Honiganzeiger führen in Afrika oft Menschen und Honigdachse zu den Nestern wilder Bienen

Eine ganz besondere Art der „Zusammenarbeit" gibt es in Afrika zwischen dem Menschen und einem kleinen Spechtvogel, dem Schwarzkehl-Honiganzeiger. Dieser unscheinbare Vogel von Sperlingsgröße liebt nämlich das Wachs der Waben von Wildbienen außerordentlich. So sehr, daß er die Hilfe eines Menschen oder Honigdachses sucht. Dank seines gut entwickelten Geruchs- (bei Vögeln ungewöhnlich) und des exzellenten Gesichtssinns entdecken die Honiganzeiger immer wieder Bienennester. Darauf suchen sie sich einen Helfer, nähern sich ihm und führen ein Riesenspektakel auf, schreien und schlagen mit den Flügeln und machen sich lauthals bemerkbar. Honigdachse und Menschen haben gelernt, den Honiganzeiger zu beachten und ihm zu folgen. In mehreren Etappen führt sie der Vogel zu den Bienen. Die Menschen räuchern sie aus, nehmen den Honig für sich und überlassen dem Anzeiger die Waben. Der Honigdachs gräbt die Bienenstöcke mit seinen starken Krallen aus dem Boden – denen in Baumhöhlen kann er nichts anhaben –, schlägt sich den Bauch mit Honig voll und überläßt den Rest dem Anzeiger.

Kulissenschnäbel

Spechtvögel gibt es in weit über 300 Arten auf der ganzen Welt. Zu den größten und auffallendsten zählen die südamerikanischen Tukane. Sie haben meist ein sehr buntes Gefieder und einen gewaltigen, farbigen und stark gezeichneten Schnabel. Dieser wirkt ungemein schwer und unförmig. Er ist aber sozusagen lediglich „Kulisse", denn er besteht nur aus einer dünnen Hornschicht, die von Zwischenwänden versteift und stabilisiert wird. Mit der Schnabelspitze können Tukane kleinste Beeren und Früchte pflücken und festhalten. Dann schnipsen sie das Futter einige Zentimeter in die Höhe, öffnen den Schnabel und schlucken es hinunter. Über den Zweck dieser gewaltigen und ausgefallenen Schnäbel weiß man noch wenig. Vielleicht dienen sie als Erkennungszeichen untereinander. Sie sind auch durchaus geeignet, mögliche Feinde zu erschrecken und in die Flucht zu schlagen. Tukane können in Gefangenschaft sehr zutraulich und zahm werden. Manchmal schließen sie sich so eng an ihren Pfleger an, daß es diesem fast lästig wird, weil ihn die Vögel auf Schritt und Tritt begleiten. Honiganzeiger, Bartvögel und Tukane lieben die Wärme und den Futterreichtum der Tropen und Subtropen. Aber auch bei uns gibt es Spechtvögel, nämlich den Wendehals und die Echten Spechte, zu denen der Bunt-, Mittel-, Dreizehen-, Schwarz-,

Bartvögel – oben abgebildet ist ein Halsbandbartvogel – gehören wie die Tukane zu den Spechtvögeln

Spechte fliegen in wellenförmigen, langgezogenen Linien

Grün- und Grauspecht gehören. Die kleinste einheimische Art ist der Kleinspecht, der ganze 15 cm mißt, während es der Schwarzspecht auf beachtliche 45 cm bringt. Spechte sind sehr stark spezialisierte Vögel mit einer ganzen Anzahl gemeinsamer Körpermerkmale. Sie sind überwiegend Waldvögel und haben sich, von Ausnahmen abgesehen, an ein Leben in den Bäumen angepaßt. Hier finden sie ihre Nahrung, Unterschlupf, Verstecke und Brutmöglichkeiten.

Ein Schnabel wie ein Preßlufthammer

Sie ernähren sich überwiegend von Insekten bzw. Insektenlarven und nehmen meist nur in der nahrungsarmen Zeit pflanzliche Kost wie Beeren, Früchte und Sämereien zu sich. Die Insekten und deren Larven holen sie aus morschen, kranken und abgestorbenen Bäumen heraus. Manche Arten haben sich auf Insekten spezialisiert, die unter der Baumrinde leben, andere auf solche in tiefen Gängen. Um an das Futter heranzukommen, müssen sie oft Rinde und Holz wegschlagen oder -meißeln, und sie tun das mit solcher Kraft, daß buchstäblich „die Späne fliegen". Schnabel und Kopf sind speziell für die harte Arbeit am Baumholz konstruiert. Die Schnabelspitze ist extrem hart und wie ein Meißel geformt, der Kopf gegen die wuchtigen Schläge mit Knochen verstärkt und mit federnden Bändern versehen – eingebaute Stoßdämpfer sozusagen. Nur auf diese Art ist es den Spechten möglich, die dürren und ausgetrockneten Baumstämme auszuhacken und an das Futter heranzukommen, ohne eine Gehirnerschütterung zu bekommen. Dank der genialen Kopf-/Schnabelkonstruktion sind Spechte in der Lage, selbst große Bruthöhlen in harte Bäume zu hacken.

Die Zunge spielt bei der Nahrungsaufnahme eine große Rolle. Sie ist lang und dünn wie ein Wurm und mit einem klebrigen Sekret bedeckt, an dem die Larven und Insekten hängenbleiben. Bei der Suche nach Nahrung kann der Specht sie wie eine lange Sonde einsetzen, in die Freßgänge der Schädlinge fahren und sie sozusagen aus dem hintersten Versteck herausholen. Einige Arten wie Grau- und Grünspecht halten sich recht häufig am Boden auf und suchen dort auch ihre Nahrung. Der Grünspecht frißt mit Vorliebe Ameisen. Dabei besucht er regelmäßig die Wohnhaufen der Roten Waldameisen, wo er 60–70 cm tiefe Gänge graben kann, um vor allem an die begehrten Ameisenpuppen heranzukommen.

Die Baumspechte, wie Bunt- und Schwarzspecht, haben gut ausgebildete Stützschwänze aus harten und steifen Federn. Sie hüpfen und „springen" die Bäume hinauf und rückwärts hinunter, halten sich mit den starken Füßen fest und stützen ihren Körper mit dem recht kurzen Schwanz, den sie auch „einsetzen", wenn sie einen Baumstamm oder Ast bearbeiten.

Das Trommeln der Spechte ist eine Kontakt- und Revieranzeigehandlung und dient nicht etwa dazu, die Beute aus ihrem Versteck „herauszuklopfen", wie das noch immer behauptet wird. Jede Art hat einen eigenen Trommelwirbel, auf den allein Artgenossen reagieren und der andere Spechte „kalt" läßt.

Ein fast flügger Mittelspecht schaut aus der Bruthöhle, im Hintergrund ein Schwarzspecht, der einen Baum bearbeitet

Buntspecht (Bild) und andere Arten legen sogenannte „Spechtschmieden" an, in denen sie Zapfen von Nadelbäumen aufmeißeln, um an die reifen Samen heranzukommen

Rackenvögel, eine Sippe mit wenig Gemeinsamkeiten

Bienenfresser im Flug (ganz oben)

Eisvogel mit Beute, einem kleinen Süßwasserfisch (oben)

Der südliche Hornrabe hat eine Gottesanbeterin im hohen Savannengras erwischt

Wir haben sie in allen möglichen Lebensräumen angetroffen: Eisvögel am Ufer flacher Seen, Tokos im Buschland, Hornraben in der dürren Grassavanne, Bienenfresser in glühenden Halbwüsten und Nashörnvögel in feuchtigkeitstriefenden Regenwäldern. Damit haben wir die typischen Vertreter der großen Gruppe der Rackenvögel kennengelernt. Ihr gehören auch noch die Hopfe, die eigentlichen Racken, die Sägeracken und die Todis an. Zusammen zählt diese Vogelordnung rund 200 verschiedene Arten, die fast ausschließlich in den Tropen und Subtropen der Alten Welt vorkommen. Die einzelnen Familien haben äußerlich nicht viele gemeinsame Merkmale, wenn man davon absieht, daß die meisten auffallende Schnäbel und Gefiederfarben besitzen. Das Brutverhalten vieler Rackenvögel ist überaus interessant, wie wir am Beispiel der schwarzafrikanischen Tokos kurz erläutern wollen. Tokos sind krähengroße Vögel der Baum- und Buschsavannen. Man erkennt sie an ihren langen, kräftigen, leicht gebogenen Schnäbeln, die überwiegend hohl und daher leicht sind. Männchen und Weibchen suchen sich gemeinsam einen Nistplatz in einem morschen Baum. Nach der Ablage von 3–5 Eiern läßt sich das Weibchen in seiner Bruthöhle vom Männchen einmauern und das Flugloch mit feuchtem Lehm bis auf eine fingerbreite Spalte zukleistern! So ist es vor Feinden geschützt und kann vier Wochen lang auf das Schlüpfen der Jungen warten. In dieser Zeit wird es vom Männchen von Sonnenauf- bis Sonnenuntergang gefüttert. Auch die geschlüpften Jungen werden allein vom Vater versorgt, denn das Weibchen mausert sich in der Bruthöhle.

Rackenvögel sind je nach Art Fleisch-, Pflanzen- oder Allesfresser und vertilgen von der winzigen Termite über die Gottesanbeterin zur Agame (Echse) und zum handgroßen Fisch jedes Tier, das sie erbeuten können.

Nashornvögel haben auffallende, außergewöhnliche Schnabelgebilde

Das Männchen des Gelbschnabeltokos bringt dem Weibchen und seinen Jungen Futter (der besseren Illustrierung wegen hat der Zeichner die Bruthöhle „aufgeschnitten" dargestellt)

Sperlingsvögel heißen so, weil sie sperren!

So kompliziert wie sich das anhört, ist die Sache nicht, und die Erklärung ist recht einfach. Junge dieser Vogelordnung haben ein Verhaltensmuster, das sie von allen anderen Ordnungen unterscheidet: vor dem Füttern sperren sie ihre Schnäbel weit auf und zeigen dabei grellbunte Rachen, die den Eltern auch im Halbdunkel einer Bruthöhle genau signalisieren, wohin sie das Futter stopfen sollen. Manche Arten wie die Prachtfinken haben an den Schnabelrändern blauviolett reflektierende Leuchtpapillen, die den „Eingang" kennzeichnen.

Ebenfalls charakteristisch für Sperlingsvögel ist ihre Zehenstellung: drei Zehen sind nach vorne, eine nach hinten gerichtet, und alle sind verhältnismäßig kräftig ausgebildet.

Die Ordnung der Sperlingsvögel zählt mehr Arten als die restlichen 25 Ordnungen zusammen, nämlich etwa 5000! Die kleinsten Vögel sind 8 cm „groß" und wiegen 5 g, die größten 110 cm bzw. 1400 g.

„Welteroberer"

Sie haben nahezu die ganze Welt erobert; im Gebirge gehen sie hoch über die Vegetationsgrenze hinaus. Lediglich in den arktischen und antarktischen Regionen sind sie nicht vertreten. Sie bewohnen Wüsten und Steppen, Savannen und Buschland, Sümpfe und Regenwälder.

Manche halten sich fast ihr ganzes Leben auf dem Boden auf, andere verlassen die Baumkronen ihres Biotops kaum jemals. Die einen ernähren sich überwiegend von Körnern und Sämereien, also pflanzlich, die anderen benötigen Lebendfutter, vom Kleininsekt bis zur Maus, je nach Größe und Art. Eine Art, der Spechtfink von Galapagos, verwendet sogar ein Werkzeug für seine Nahrungssuche. Er liebt Insektenlarven, die in Opuntien (Kakteen) leben, und da er sie mit seinem verhältnismäßig kurzen Schnabel nicht erreichen kann, bricht er einen Kaktusstachel ab, kürzt ihn auf die benötigte Länge und stochert damit so lange im Larvengang, bis er die Beute herausgepult hat.

Singvögel, die größte Gruppe

Die größte Gruppe der Sperlingsvögel sind die Singvögel. Zu ihnen gehören die verschiedenen Meisen- und Finkenarten, Amsel, Sing- und Misteldrossel, die Lerchen, Schwalben, Würger und der Zaunkönig, Goldhähnchen, Ammern und Stare und – die Raben. Es ist wirklich so: Dohlen, Krähen, Elstern und Eichelhäher sind, ihrem Körperbau nach, Singvögel, auch wenn ihre Lautäußerungen mit dem Gesang einer Nachtigall oder Grasmücke wenig Ähnlichkeit haben.

Junge Sperlingsvögel haben auffallend gefärbte Rachen und die Angewohnheit, die Schnäbel vor der Fütterung ausdauernd aufzusperren

Das Rotkehlchen ist einer der wenigen Singvögel, der bei uns auch im Winter singt

Lerchen, Stelzen, Pieper, Nachtigallen, Kehlchen

Einige der hier abgebildeten Vogelarten gehören noch in die große Drosselfamilie, obwohl man ihnen das auf den ersten Blick gar nicht ansieht. Das sind z.B. all die hübschen und zum Teil auffallend gefärbten Rot-, Blau-, Braun- und Schwarzkehlchen, sogar die Nachtigallen und Sprosser, darüber hinaus auch Rotschwänze, Steinschmätzer und Rötel. Rotkehlchen mit ihrer fast kugelrunden Gestalt und dem lauten, perlenden Gesang, manchmal als einziger sogar im Winter zu hören, kennt wohl jedes Kind vom Spaziergang im Wald, Stadtpark oder vom Balkon. Sie können recht handzahm und sogar richtig frech werden. Ein Rotkehlchenmännchen, das wir von Hand aufgezogen hatten, drohte sogar sämtlichen Besuchern und vollführte einen Heidenspektakel in unserer ganzen Wohnung. Sogar in den Garten hinaus und bis ins nächste Gebüsch beanspruchte es „sein" Revier.

Rote und blaue Kehlchen

Rotkehlchen sind auch in Freiheit nicht gerade geduldig oder verträglich. Sie dehnen ihre Reviergrenzen weit aus und fühlen sich als Herr über einen Bezirk von sechs oder acht Quadratkilometer Größe. Wenn sie im Winter nicht wegziehen, halten sie ihr Revier auch während dieser Zeit besetzt. Blaukehlchen bewohnen in zwei Rassen als Rot- und Weißsterniges Blaukehlchen Skandinavien bis hinauf zum Polarkreis, ganz Mittel-, Ost- und Südosteuropa und Mittelspanien. Sie lieben sumpfige Dickichte, Heidegebiete und verwilderte Heckenlandschaften.

Ihre Nester bauen sie dicht am Boden, in Gestrüpp oder Heidesträuchern, manchmal auch hoch oben in den Bergen. Aus den Brutgebieten im Norden ziehen sie im Winter weit hinunter nach Ost- und Südeuropa bis Nordafrika.

Ein Beringer der Vogelwarte Helgoland fing einmal bei einer Beringungsaktion für Zugvögel ein Blaukehlchen, dem ein gut 5 cm langer abgebrochener Akaziendorn – wahrscheinlich aus Nordafrika – wie ein Pfeil die Brust durchbohrt hatte. Die Wunde war verheilt, und der Vogel hatte den weiten Weg problemlos zurückgelegt.

**Links:
Haubenlerche und
Feldlerche (im Flug)
sind Bodenbrüter**

**Vorne und Mitte:
An ihrem ständig
wippenden Schwanz sind
Schaf- und Bachstelze leicht zu
erkennen**

**Die verschiedenen
Pieperarten, hier
ein Wiesenpieper
(oben), sehen einander sehr ähnlich, lassen sich
aber gut durch
den unterschiedlichen Gesang erkennen**

Das Weißsternige Blaukehlchen lebt in Mittel- und Südeuropa, die rotsternige Rasse ist in Skandinavien zu Hause

Nachtigallen sind bei uns sehr, sehr selten geworden. Sie lieben verwilderte, alte Parks und große Gärten mit alten Bäumen, Gebüsch, dichte Sträucher und Hecken in ungestörten Landschaften – also nicht unsere sauberen, langweiligen Gärten, die vom Verkehrslärm umbrausten Parks und die flurbereinigten Felder. Daß die scheuen Nachtigallen aber doch in unseren Städten einen Platz finden können, erlebten wir mehrfach in England, wo mitten in der Stadt Nachtigallen in Vorgärten und auf Friedhöfen sangen. Als ausgesprochene Dämmerungstiere haben Nachtigallen verhältnismäßig große Augen. Der etwa 17 cm lange Vogel bewohnt Süd- und Mitteleuropa bis nach Dänemark. Ungefähr in der zweiten Aprilhälfte trifft das Männchen aus den Überwinterungsgebieten in West- und Mittelafrika in den Brutgebieten ein und besetzt sein Revier. Sein schmelzender Gesang, der seit Generationen Dichter beflügelte, hat keine andere Bedeutung, als eventuell in der Nähe weilenden anderen Nachtigallmännchen klar zu machen, daß das Revier bereits besetzt ist!

Die wippenden Stelzen…

Wer einmal eine Stelze gesehen hat, erkennt alle anderen Stelzen als zur gleichen Familie gehörig. Der wippende, knicksende und kopfnickende Gang, die langen Beine, der lange Schwanz und die auffallende schwarzweiße, grauweiße oder schwarzgelbe Färbung verraten sofort die Familienzugehörigkeit. In unseren Breiten halten sich Bachstelze, Gebirgsstelze und Schafstelze gerne an fließenden Gewässern oder auf Wiesen und Weiden auf. Sie sind Insektenfresser, fangen Mücken und Fliegen, suchen den Weidetieren die Insekten aus dem Fell und nehmen Schnecken, Larven und Insekten vom Boden auf. Ihre Nester sehen immer ein bißchen so aus, als hätten sie es mit dem Bau besonders eilig gehabt, ein wenig schlampig und unfertig, überall schauen Halme und Fasern hervor und verraten den Niststandort am Boden, in Spalten oder Ritzen, aber immer in der Nähe des Wassers.

…und die trippelnden Lerchen

Auf der ganzen Welt gibt es mehr als 200 Lerchenarten. Sie sind die besten Läufer unter den Singvögeln, laufen schnell, mit trippelnden Schritten und nicken immer leicht mit dem Kopf. Diese Fortbewegungsart kennzeichnet alle Lerchen. Die Kralle der Hinterzehe ist verlängert, sichert so einen guten Stand und ermöglicht vor allem auf sandigem Boden das schnelle Laufen. Fast alle Lerchen sind Bodenbewohner, sie können zwar meist recht gut fliegen, manche legen als Zugvögel sogar weite Strecken zurück, aber der Boden ist ihr zweites Element. Sie brüten am Boden und finden hier ihre Nahrung, hier überschauen sie ihr Revier von einem kleinen Erdhügel oder einem Stein aus. Nest, Eier und das brütende Weibchen sind so hervorragend getarnt, daß es passieren kann, daß man auf das Nest tritt, bevor man es sieht. Noch besser getarnt sind die Jungen, die sich mit ihrem erdfarbigen, wirren Dunenkleid praktisch überhaupt nicht von der Erde abheben. Erst wenn sie bei Gefahr auseinanderspritzen, geben sie sich zu erkennen. Fast alle Lerchen leben von gemischter Kost, von Sämereien, Grünfutter, Insekten und Larven. Oft schlucken sie Sandkörner mit dem Futter hinunter, um die Verdauung der „harten" Brokken zu erleichtern.

Mit ihrem wunderbaren Gesang grenzt die Nachtigall ihr Revier gegen Artgenossen ab

Schwalben sind Frühlingsboten

Man sagt „eine Schwalbe macht noch keinen Frühling", und es gibt eine Operettenmelodie, die heißt „machen wir's den Schwalben nach". Beide Aussprüche hängen eng mit dem Verhalten unserer Schwalben zusammen. Sieht man Ende März die ersten Schwalben, ist der Frühling zwar nahe, aber noch nicht da. Der Wettergott kann noch einmal Kälte und Schnee schicken. Die Aufforderung, es den Schwalben gleich zu tun, hängt mit ihrem herbstlichen Zug nach Süden zusammen. Wer möchte nicht mit ihnen ziehen, wenn im Herbst die Stürme nahen und die Nebeldecke sich tage- und wochenlang nicht heben will. Schwalben sind einerseits Frühlingsboten und andererseits, nach menschlichen Maßstäben, Lebenskünstler, die den Sonnenseiten des Daseins nachziehen. Aber sie stehen für viele von uns auch als Inbegriff des ländlichen, einfachen Lebens, denn Schwalben sind keine Stadtbewohner; was wir im Sommer um die Kirchtürme sausen sehen, sind Segler und keine Schwalben. Früher verband man Schwalben eng mit dem Landleben. Die rotkehligen Rauchschwalben mit den gegabelten Schwänzen flogen in die Viehställe hinein und hinaus, während die schwarzweißen Mehlschwalben ihr Nest unter das Vordach des Bauernhauses bauten.

Was die Schwalben vertrieb
Heute sind beide Schwalbenarten auch auf dem Land seltener geworden. Viele Hausbesitzer lassen die Mehlschwalben an ihrem Haus keine Nester mehr bauen, weil die Jungvögel die Hauswand oder die Fenstersimse beschmutzen. Die Nahrung der Schwalben, Fluginsekten vor allem, wird immer mehr durch Gifte verseucht, die sich auch schädlich auf die Vögel auswirken. Die modernen Ställe mit ausgeklügeltem Belüftungssystem und wenig Nischen und Querbalken bieten den Schwalben zudem kaum noch Nistgelegenheiten, so daß man dazu übergegangen ist, Kunstnester aufzuhängen. Hinzu kommt, daß es nur noch selten ungeteerte Dorfstraßen gibt, auf denen sich die Schwalben Nistmaterial – Erdklümpchen, die sie mit Speichel oder Wasser mischen – holen können. Für die dritte einheimische Schwalbenart, die Uferschwalbe, ist es ebenfalls Jahr für Jahr schwieriger, geeignete Nistplätze zu finden.

Mehl- und Rauchschwalben (rechts) unterscheiden sich durch ihr Gefieder und das Flugbild (links die Mehlschwalbe)

Sie benötigt Steilwände von Kies- und Sandgruben oder Flußufern und gräbt eine meterlange, waagerechte Brutröhre.

Schwalben werden zu den Singvögeln gezählt. Die Rauchschwalbe z.B. hat einen durchaus ansprechenden Gesang. Oft sitzt sie auf einem Telefondraht und wispert und zwitschert leise vor sich hin. Im Spätsommer/Frühherbst versammeln sich die Schwalben zu großen Scharen, und oft treffen sie sich auf den Drähten mächtiger Stromleitungen, bevor sie sich in den Süden nach Ost-, Zentral- und Südafrika aufmachen. Schwalben sind bis auf die Polarregionen nahezu über die ganze Welt verbreitet.

Die berühmte Schwalbennestersuppe der chinesischen Küche wird zwar aus Vogelnestern hergestellt, aber nicht aus denen von Schwalben, sondern aus jenen asiatischer Seglerarten (siehe Seite 79).

Rauchschwalben bauen oben weit offene Nester aus Mörtel, Pflanzen und Federn (rechts), während die Nester der Mehlschwalben nahezu geschlossen sind

Beim Pirol sind Männchen und Weibchen verschieden gefärbt. Das Hochzeitskleid des Männchens (s. Bild) ist buttergelb, das des Weibchens blaß

Im Frühling trägt der Star ein glänzendes Brutkleid mit weißem Tropfenmuster. Gegen Ende des Sommers versammeln sich die Stare zu großen Flügen

Von Staren, Pirolen und sprechenden Beos

Es gibt Vogelarten, die sind gegen Störungen und Veränderungen sehr empfindlich und andere, denen Lärm, Baubetrieb und Menschen nicht das geringste ausmachen. Zu letzteren gehören die Stare, die man mit Recht als „Kulturfolger" bezeichnen kann. Das Gegenteil, die „Kulturflüchter", verkörpern die Pirole. Sie führen ein heimliches, zurückgezogenes Leben in den dichten Baumkronen der Auenwälder. Die meisten Menschen haben unseren einheimischen Pirol noch nie gesehen, sondern höchstens seinen melodiösen Ruf „düdlio" gehört. Stare hingegen sind jedem Kind bekannt, denn sie bewegen sich ohne Scheu mitten unter uns, etwa im Garten, in Parks, auf Feldern, in Obstanlagen und im Herbst mit besonderer Vorliebe in Weingärten, denn Stare schätzen Trauben über alles. Sie verschmähen allerdings auch Beeren, Kirschen und anderes Steinobst nicht und können dort, wo sie in Massen auftreten, beträchtliche Freßschäden anrichten. Andererseits darf man nicht vergessen, daß Stare vor allem in der Brutzeit gewaltige Mengen von „schädlichen" Insekten vertilgen. Fast jeder Bauer hängt deshalb in seinem Hof und in den Obstgärten einige Starenkästen auf und weiß, daß er so auf billige Art und Weise seine Pflanzungen weitgehend von Ungeziefer frei halten kann.

Stare und ihre nahen Verwandten, die asiatischen Beos, sind vorzügliche Stimmenimitatoren. Der Star kann beinahe jede Vogelstimme nachahmen und damit selbst erfahrene Ornithologen eine Zeitlang in die Irre führen. Die Beos – es gibt mehrere Arten, die bei uns als Käfigvögel gehalten werden – sind sogar in der Lage, sprechen zu lernen, und viele von ihnen können das weitaus klarer und geschickter als Papageien. Allerdings ahmen auch Beos die menschliche Sprache nur nach und können sie nicht sinngemäß anwenden.

In Afrika gibt es die wunderschönen Glanzstare. Ganz nah mit den eigentlichen Staren verwandt sind die Madenhacker, die auf Büffeln und Giraffen, Antilopen und Nashörnern herumturnen und sie von lästigen Zecken und anderen Blutsaugern befreien.

Der Große Beo kommt aus Südostasien und ist ein beliebter, sprachbegabter Käfigvogel

Singdrosseln haben einen wunderschön volltönenden Gesang. Amselmännchen haben gelbe Beine und einen gelben Schnabel

Trauerschnäpper sind Höhlenbrüter, die auch künstliche Nisthöhlen annehmen

Drosseln, Meisen, Grasmücken, Zaunkönige, Wasseramseln

Wir wollen uns hier nicht mit zoologischer Systematik beschäftigen, sondern uns gleich den Vögeln zuwenden. Allein von der Unterfamilie der Drosseln sind etwa 300 Arten über die ganze Erde verbreitet. Alle haben einen leicht gebogenen Schnabel und halten sich gern auf dem Boden auf, hüpfen aber auch in Bäumen und Büschen umher. Sie bevorzugen „gemischte" Kost aus Beeren und Früchten, Insekten, Würmern und Schnecken. Viele sind ausgezeichnete Sänger. Jeder von uns hat sicher schon im Spätwinter den Gesang der Amsel gehört, erst noch leise, als ob sie ihr Lied üben müßte. Mit den wärmer werdenden Tagen wird auch das Lied kräftiger, bis der herrliche Amselgesang, der zu den schönsten Vogelgesängen auf der ganzen Welt gehört, wieder laut und kräftig ertönt. Nicht weniger schön ist das Lied der Singdrossel. Die meisten Drosseln bauen oben offene Napfnester in Bäumen und Sträuchern.

Meisen brüten in Höhlen

Recht farbenfroh sind viele Meisen, kleine Vögel, die in Sträuchern und auf Bäumen umherhuschen. Am kurzen, kräftigen Schnabel, den schlanken Beinen und dem oft kräftig gefärbten Gefieder sind sie gut zu erkennen. Viele Arten sind Standvögel, die auch im Winter in den Brutgebieten bleiben. Fast alle Meisen sind Höhlenbrüter. Da sie viele Feinde haben, sind ihre Gelege sehr groß, und sie brüten oft zwei- oder sogar dreimal im Jahr. Ein Kohlmeisenweibchen kann im Lauf eines einzigen Jahres bis zu drei Dutzend Eier legen! Meisen spielen als Insektenvertilger eine wichtige Rolle im Naturhaushalt. Kohlmeise und Blaumeise sind bei uns häufige Arten und besuchen im Winter gerne Futterstellen auf dem Balkon oder im Garten.

Weitere einheimische Meisenarten sind die dunklere Tannenmeise, die graubraune Haubenmeise mit dem hübschen Kopfschmuck und die einander sehr ähnlichen Nonnen- oder Sumpfmeise und die Weidenmeise, die allerdings ganz unterschiedliche Lebensräume bevorzugen.

Schneidervögel leben in Gärten, Obstplantagen, Dickichten, Hecken und lichten Wäldern in Südasien. Sie sind wahre Künstler im Nestbau. Hat ein Vogel ein oder mehrere passende Blätter gefunden, so formt er daraus eine Tüte. Er durchlöchert die Seitenränder der Blätter mit dem Schnabel und näht sie mit Spinnweben, Pflanzenfasern oder anderen Fäden zusammen. In diese Tüte hinein wird das Nest aus Fasern, Tierhaaren oder anderem, weichem Material gebaut.

An fließenden Gewässern kann man die Wasseramsel beobachten

Meisen – oben Blaumeise, unten Weidenmeise – sind sehr geschickte Kletterer und suchen ihre Nahrung, Insektenlarven, Maden, Raupen usw. auf den dünnsten Zweigen

Trauerschnäpper

Die Fliegenschnäpper sind eine große und formenreiche Familie. Sobald das Männchen unseres einheimischen Trauerschnäppers im Frühling aus dem Winterquartier zurückkommt, sucht es sich eine Nisthöhle, besetzt das Revier und versucht, eines der einige Tage später eintreffenden Weibchen auf sich und seine Nisthöhle aufmerksam zu machen. Nimmt das Weibchen die Höhle an, so baut es allein das Nest und legt 5–7 blaßblaue Eier. Das Männchen kann unterdessen längst wieder auf Freiersfüßen sein und eine weitere Nisthöhle besetzen. Wenn dann die Jungen geschlüpft sind, muß es zwei oder mehr Bruten mitfüttern.

Wasseramseln und Zaunkönige

Eine eigene Gruppe unter den Sperlingsvögeln sind Wasseramseln und Zaunkönige. An einem Bergbach, am Ufer eines Flusses oder an einem Wasserfall kann man mit viel Glück einen etwa amselgroßen, braunweißen Vogel auf einem Stein beobachten. Vielleicht sieht man sogar, wie der Vogel plötzlich ins Wasser hüpft und nach Insektenlarven und kleinen Kerbtieren sucht. Wasseramseln sind die einzigen echten Wasserbewohner unter den Sperlingsvögeln. Manche Paare brüten sogar hinter Wasserfällen und können ihr Nest nur durch das herabströmende Wasser erreichen. Die Heimat unseres kleinen Zaunkönigs liegt im tropischen Amerika, dort gibt es nicht weniger als 62 Arten. Man nimmt an, daß er über die Beringstraße nach Asien und dann nach Europa gewandert ist. Zaunkönige lieben Sträucher und niedrige Hecken. Sie sind sehr sangeslustig, und es verwundert doch, daß ein so kleiner Vogel eine so laute Stimme entwickeln kann. Aber noch eine bemerkenswerte Eigenschaft haben die kleinen Sänger. Sie bauen mehr Nester, als sie für das Brutgeschäft brauchen, und benutzen diese als Schlafnester, in denen sich dann Eltern und Kinder und manchmal sogar Junge aus früheren Bruten zusammendrängen und sich gegenseitig wärmen.

Die kleinen, schlanken und bunten Schneidervögel aus der Fliegenschnäpperfamilie nähen aus Blättern kunstvolle Nester

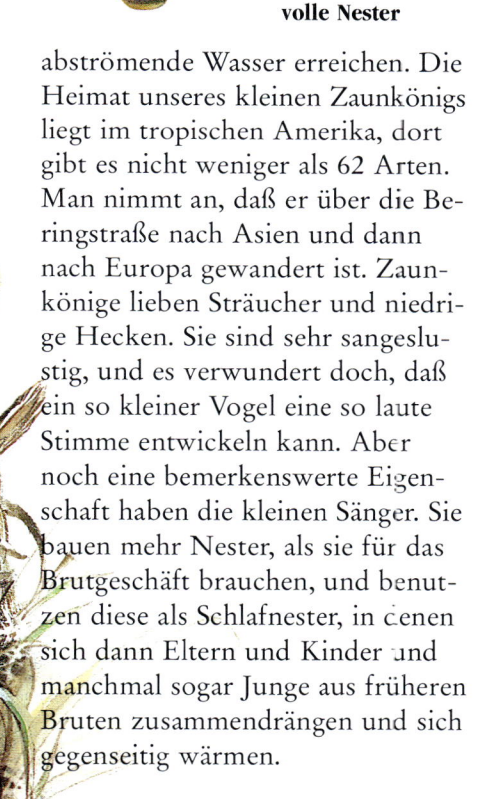

Der kleine Zaunkönig baut mehrere „Spiel"- und Schlafnester

Finken, Webervögel, Astrilde und Amadinen – zuhause in allen Klimazonen

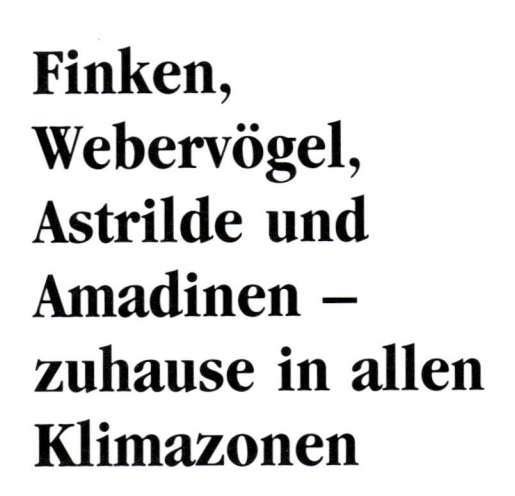

Die Heimat der Finken, Webervögel, Astrilde und Amadinen umfaßt ein riesiges Gebiet und reicht vom Polarkreis bis ins Herz der Tropen.

Finken gehören zu den bekanntesten einheimischen Vogelarten. Einige Arten ziehen im Herbst in den Süden, wie etwa der Stieglitz und der Zeisig, andere bleiben bei uns und streifen auf der Suche nach Futter weit umher. Zu diesen Arten zählen der Gimpel oder Dompfaff, der Buch- und der Bergfink und der mit einem mächtigen Schnabel versehene Kirschkernbeißer. Der Bergfink lebt im hohen Norden Europas und taucht in kalten Wintern in großen Schwärmen bei uns auf.

Viele Finkenvögel sind hervorragende Sänger, was dazu geführt hat, daß früher oft Stieglitze, auch Distelfinken genannt, Zeisige, Buchfinken und Dompfaffen in kleine Käfige eingesperrt wurden. Heute sind alle streng geschützt und dürfen nur noch mit Spezialbewilligung in Gefangenschaft gehalten werden. Der bekannteste Sänger unter den Finken ist der Kanarienvogel, der von den kanarischen Inseln im 15. Jh. nach Europa gebracht wurde. Im Lauf von fast 500 Jahren entwickelten sich zahlreiche Farb- und Gesangskanarien, die heute neben Wellensittichen zu den beliebtesten Hausvögeln gehören.

„Gewebte" Vogelnester

Während Finkenvögel mit Ausnahme der Polargebiete nahezu die ganze Welt bewohnen, ist das Verbreitungsgebiet der Webervögel auf Afrika beschränkt. Lediglich die ihnen nahestehenden Sperlinge trifft man auch in Nord- und Südamerika, in Australien und auf Neuseeland (überall eingeführt) sowie in Eurasien an. Webervögel – es gibt etwa 150 verschiedene Arten – sind überwiegend gesellig lebende Tiere, die in der Brutzeit riesige

Der Kirschkernbeißer (links) mit dem mächtigen Schnabel

Der häufigste einheimische Fink (rechts oben) ist der Buchfink

Distelfink oder Stieglitz auf trockener Distel

Prachtfinken in Gefangenschaft, oben ein Diamantfink, im Baumloch ein Zebrafink und rechts eine Gouldamadine, kommen aus Australien

Männlicher Feldsperling

Kolonien bilden können. Das Männchen webt und flechtet ein Nest aus Grashalmen und versucht dann, mit Gekreisch und Flügelschlagen das Weibchen anzulocken. Gefällt der Braut das Nest, nimmt sie es in Besitz, polstert es mit feinen Gräsern aus und beginnt mit der Eiablage. Noch während das Weibchen brütet, baut das Männchen ein neues Heim und lockt ein anderes Weibchen an. Im Lauf der Brutperiode kann es so bis zu sechs Weibchen mit Nestern und Eiern haben, ohne sich aber selbst an der Jungenaufzucht zu beteiligen. In Namibia und dem nördlichen Südafrika bauen die Siedelweber Gemeinschaftsnester, in denen mehrere hundert Weber brüten. Im Lauf der Jahre kann ein solches Nest 5 m Durchmesser erreichen und weit über eine Tonne wiegen. Manchmal bricht sogar ein Baum unter der Last zusammen. Jede Webervogelart baut ein arttypisches Nest, das sich in Form und Baumaterial mehr oder weniger stark von denen der anderen Arten unterscheidet. Männchen müssen den Nestbau nicht erlernen. Sie haben eine Art Bauplan im Kopf, eine Erbinformation.

Die ebenfalls zu den Webervögeln zählenden 15 Witwenarten haben ein sehr eigentümliches Brutverhalten – sie sind nämlich sogenannte Brutschmarotzer. Sie bauen keine Nester und ziehen ihre Jungen auch nicht selbst auf. Das Weibchen der Witwenart legt ein Ei in das Nest des Wirtsvogels, der immer eine ganz bestimmte Prachtfinkenart ist. Dieser brütet das fremde Ei aus und zieht das Küken zusammen mit den eigenen Kindern auf. Anders als bei den Kuckucken wirft das Witwenküken die anderen Jungen nicht aus dem Nest. Der Wirtsvogel wird durch dieses Verhalten also nicht geschädigt, wenn man davon absieht, daß er einen hungrigen Schnabel mehr stopfen muß.

Die prächtigen Finken
Zu den kleinsten, zugleich aber schönsten und farbigsten Vögeln der Erde gehören die Prachtfinken. In jedem zoologischen Fachgeschäft kann man die eine oder andere Art finden. Eine der bekanntesten und am leichtesten zu haltende Art ist der Zebrafink aus Australien. Im Lauf vieler Jahrzehnte wurde der nur 11 cm messende Zwerg so domestiziert, daß er heute in allen möglichen Farbschlägen vorkommt. Andere australische Prachtfinken sind der Diamantfink, der Gürtelgrasfink, die Spitzschwanzamadine und die wunderschöne Gouldamadine. Von den weit über 100 Prachtfinkenarten lebt ein kleinerer Teil in Australien, einige weitere Arten in Süd- und Südostasien und der große Rest in Afrika südlich der Sahara. Viele Prachtfinken lassen sich auf einer Safari beobachten, z. B. der Schmetterlingsfink, der Granatastrild, das Elsterchen, Schönbürzelchen, Goldbrüstchen, Orangebäckchen und der Wellenastrild.

Nest des Oryxwebers

Männlicher Textorweber am neu erbauten Nest

Gemeinschaftsnest des Siedelwebers

Männlicher Schmucksichelschwanz oder Prachtparadiesvogel im Brutkleid. Die Balz des Großen Paradiesvogels (rechts)

Paradies- und Laubenvögel – die Schönen und die Unscheinbaren

In Australien, auf Neuguinea und einigen umliegenden Inseln leben Verwandte unserer Rabenvögel: die Paradiesvögel mit gut 40 Arten und die Laubenvögel mit knapp 20 verschiedenen Vertretern. Während die Männchen der Paradiesvögel zu den auffälligsten und schönsten aller Vögel zählen, sind die Männchen der Laubenvögel überwiegend einfach und unscheinbar gefärbt. In der Brutzeit treffen sich die Paradiesvogel-Männchen in einer „Arena", einem Balzplatz im Wald, und führen die unglaublichsten Hochzeitstänze auf, wobei sie ihren vielfarbigen und auffallenden Federschmuck zur Schau stellen. Manche Arten hängen sich bei der Balz kopfüber an einen Ast, schlagen mit den Flügeln und versuchen auf diese Weise, die Aufmerksamkeit der unscheinbaren Weibchen auf sich zu lenken. Die Eingeborenen Neuguineas fertigen aus den Hochzeitsfedern der Paradiesvögel aufwendigen Kopfschmuck an. Bedroht sind viele Paradiesvögel nicht durch die Jagd der Eingeborenen, sondern durch die Zerstörung ihrer Lebensräume.

Die Laubenvögel haben ihren Namen von einer Eigenart, die im Vogelreich einzigartig ist. Die Männchen bauen in der Brutzeit auf dem Boden eine Laube aus Zweigen, Ästchen, Gräsern und Halmen. Manche dieser Lauben erreichen eine Höhe von 150 cm und einen Durchmesser von 100 cm. Viele Arten verzieren ihre Lauben mit bunten Gegenständen. Jede Laube dient einem Männchen als Balz- und Hochzeitsplatz, auf dem es seine Tänze vorführt und sich mit interessierten Weibchen paart. Die Männchen beteiligen sich nicht am Brüten und an der Aufzucht der Jungen. Die Weibchen bauen auf einem Baum ein napfförmiges Nest und brüten ein bis zwei Eier in etwa drei Wochen aus.

Der Seidenlaubenvogel malt mit einem Stöckchen und Pflanzenfarbe seine Laube aus

Von gescheiten Raben und diebischen Elstern

Aus alten Sagen und Überlieferungen wissen wir, daß die Germanen den Kolkraben, den sie Wotansvogel nannten, als Göttervogel und Ausbund an Weisheit betrachteten. Sie hielten ihn hoch in Ehren, und große Häuptlinge besaßen Kolkraben als Status- und Regierungssymbol. Im Tower, dem ältesten Befestigungsbauwerk Londons, das Wilhelm der Eroberer vor etwa 1000 Jahren errichten ließ, werden bis heute einige Kolkraben gehalten, denn eine Legende berichtet, daß Großbritannien so lange frei und unabhängig bleibt, wie sich in den Mauern des Tower Kolkraben aufhalten.

Alle Rabenvögel, zu denen u.a. auch Dohlen, Krähen, Häher und Elstern gezählt werden, sind ungewöhnlich intelligente und kluge Tiere mit einem ausgesprochen guten Erinnerungsvermögen. Sie lernen sehr schnell, den harmlosen Spaziergänger mit Wanderstock vom gefährlichen Jäger, der eine Flinte trägt, zu unterscheiden, und ebenso schnell merken sie, wo Futter zu finden ist, seien das Schlachtabfälle oder Vogeljunge im Nest. Näheres über die klugen und liebenswerten Rabenvögel erfährt der interessierte Leser in Konrad Lorenz' Geschichten über seine Dohlen.

Zu den Rabenvögeln zählt auch die einheimische, wohlbekannte Elster, die sich mit Vorliebe in von Menschen bewohnten oder geschaffenen Lebensräumen aufhält und durch ihr lautes, mißtönendes Geschrei auffällt. Ihre nahe Verwandschaft zu den australischen Laubenvögeln zeigt sich darin, daß sie ihr Nest mit glänzenden Dingen ausschmückt, seien das nun Glasscherben, Schneckenhäuser, Metallschrauben, Kronkorken, Wäscheklammern oder, wenn sich die Gelegenheit zum Diebstahl bietet, sogar Schmuckstücke und kleine Armbanduhren. Eine wildlebende Elster wird allerdings nie in ein Bade- oder Wohnzimmer eindringen und die beschriebenen Dinge stehlen. Dazu sind Elstern, Häher und andere Rabenvögel viel zu vorsichtig und klug.

In ganz Europa werden Raben und Krähen, Elstern und Häher stark verfolgt, weil sie angeblich den Kleinvogelbestand schädigen und sich auch an Junghasen vergreifen sollen. Saatkrähen, die oft in großen Scharen auftreten, gelten zudem als Schädlinge, weil sie die junge Ackersaat fressen. Ihr Nutzen beim Vertilgen von Insekten, Schnecken und Mäusen übersteigt aber nachweislich etwaige Schäden an Rüben und Getreide. In vielen Gegenden ist vor allem der mächtige Kolkrabe, der größte einheimische Sperlingsvogel (!), stark bedroht, und die letzten Bestände haben sich in die weniger dicht besiedelten Gebirgsgegenden zurückgezogen.

Rabenvögel leben in etwa 110 Arten auf allen Erdteilen und fehlen lediglich in den beiden Polarregionen. Sie sind außerordentlich anpassungsfähig und kommen in fast allen Biotopen vor. Die weltweite Verbreitung hängt zum großen Teil damit zusammen, daß die meisten Rabenvögel Allesfresser sind, also sowohl pflanzliche wie tierische Nahrung zu sich nehmen und auch Aas und Abfälle nicht verschmähen. So finden sie das ganze Jahr über Nahrung und sind nicht gezwungen, im Winter in subtropische und tropische Regionen zu ziehen.

Eine Elster fliegt ihr Nest im obersten Teil eines Baumes an

Ab und zu findet der Spaziergänger im Wald eine blau-weiß-schwarze Flügelfeder des Eichelhähers

Saatkrähe (links) und Rabenkrähe unterscheiden sich vor allem in Gesichts- und Schnabelform voneinander

Es gibt mehr als eine Million Tierarten auf der Welt, doch nur etwa 5000 davon sind Säugetiere. Das sind also nicht einmal 0,5 Prozent! Und doch ist diese Tierklasse für uns unglaublich wichtig! Zum einen zählen wir Menschen, rein biologisch gesehen, auch dazu, und zum anderen wären wir ohne alle anderen Säugetiere ganz schön arm. Man denke nur an die uns am nächsten stehenden Haustiere als Arbeitshilfen, Fleisch- und Bekleidungslieferanten, als Freunde und Gefährten.

Die ersten, schon säugetierähnlichen Reptilien gab es bereits vor 220 Millionen Jahren, also lange bevor die riesigen Dinosaurier die Erde bevölkerten. Nach dem Untergang der Saurier eroberten die Säugetiere die Erde, brachten viele, zum Teil sehr große Arten hervor, die bereits wieder ausgestorben sind, und sind heute in allen Lebensräumen, von den feuchtheißen Tropen bis in die Kälte- und Eiswüsten der Polarzonen, verbreitet. Alle Säugetiere sind lebendgebärend, sie säugen ihre Jungen mit Milch, und sie sind Warmblüter. Vor allem die letztgenannte Eigenschaft ermöglicht es ihnen, in allen Klimazonen zu leben, da ihre Körpertemperatur unabhängig von der Temperatur ihrer Umgebung ist. Säugetiere sind so anpassungsfähig, daß sie manchmal höchst unterschiedlich aussehen: Wale und Delphine sind ebenso Säuger wie die seltsamen Gürtel- und Schuppentiere oder die Fledermäuse und Flughunde, die Robben und Seelöwen.

Säugetiere

Uralt und doch jung

Eierlegende Säugetiere – zwischen urtümlichen Reptilien und heutigen Säugern

Die Schnabeltiermutter baut extra ein „Kinderzimmer", in das sie ihre Eier legt. Der Vater darf die Kinderstube nicht betreten

Im Jahr 1798 erhielt das Britische Museum in London eine seltsame Tierhaut aus Australien: Sie sah aus wie ein Biberpelz, hatte einen Biberschwanz und einen vertrockneten Entenschnabel.

Die Gelehrten wunderten sich – und vergaßen „das Ding" schnell wieder. Aus dem fernen Osten waren schon so manche „Neuentdeckungen" gekommen, die sich als Kunstwerke geschickter Präparatoren erwiesen hatten: ausgestopfte „Seejungfrauen" aus einem Affenkopf und der Schuppenhaut eines großen Fisches oder Vogelbälge aus den Federn verschiedener Vögel, ausgegeben als „Paradiesvögel". Wenige Jahre später trafen einige ganz erhaltene Körper der seltsamen Wesen in Europa ein, und nun befaßten sich die Gelehrten ernsthafter mit den „Schnabeltieren".

1884 entdeckten der australische Forscher W.H. Caldwell und der Direktor des Frankfurter Zoos, Wilhelm Haacke, bei Schnabeltieren und Ameisenigeln, daß sie Eier legen und ihre Jungen säugen. Heute werden die Familien der Ameisenigel und der Schnabeltiere in der Ordnung der Kloakentiere und der Unterklasse der Eierlegenden Säugetiere zusammengefaßt. Es sind primitive Säuger, die in Australien, Tasmanien und Neuguinea vorkommen.

Kloake nennt man den Endabschnitt des Darms, in den die Ausführungsgänge der Harn- und Geschlechtsorgane münden, wie es auch bei Haien, Amphibien, Reptilien und Vögeln der Fall ist.

Mit seinen großen, starken Klauen gräbt sich der Schnabeligel schnell auch in den härtesten Boden ein

Schnabeltiere sind hervorragend an das Leben im Wasser angepaßt

Das Beutelflughörnchen kann nicht richtig fliegen, sondern segelt mit Hilfe der Haut, die sich zwischen den Vorder- und Hinterbeinen „spannen" läßt

Zwischen Reptilien und Säugern

Die Angehörigen beider Familien legen Eier, haben „Milchfelder", einen verhornten Schnauzenteil und keine bzw. nur in der Jugend Zähne. Der Bau der Organe, des Skeletts und des Gehirns sowie die unvollkommene Wärmeregulierung des Körpers weisen sowohl auf die Abstammung von den Reptilien als auch auf die Verwandtschaft mit den Säugetieren hin. Die Kloakentiere gelten als Bindeglied zwischen diesen Tierklassen. Sie bewegen sich mehr kriechend als laufend, liegen mit dem Bauch beinahe auf dem Boden und wirken schwerfällig, aber sie verfügen über enorme Körperkräfte.

Schnabel- oder Ameisenigel vergraben sich bei Gefahr schnell in den härtesten Boden, verankern sich fest mit den großen Grabklauen und schützen sich nach oben und zur Seite mit spitzen, harten Stacheln, so daß man sie nicht aufheben kann. Sie ernähren sich ausschließlich von Ameisen, Termiten und anderen Insekten, die sie vom Boden auflecken. In Gefangenschaft können sie über 50 Jahre alt werden und gehören zu den Säugern mit der höchsten Lebenserwartung. Die Familie wird in zwei Gattungen unterteilt: die bis zu 50 cm langen Kurzschnabeligel mit zwei und die bis zu 70 cm langen Langschnabeligel mit drei Arten.

Die etwas größeren Schnabeltiere führen ein amphibisches Leben. In die Uferwände der Flüsse und Seen Australiens und Tasmaniens graben sie große Wohnkessel, deren Eingänge unter dem Wasserspiegel liegen und die richtige Labyrinthe bilden. Sie leben paarweise und sind in den Dämmerungsstunden und nachts aktiv. An Biber erinnern der breite, platte Ruderschwanz und der dichte, glatte Pelz. Auffälligstes Merkmal aber ist der dicke, breite Entenschnabel, der gar nicht zu dem kleinen Kopf paßt. Zur Paarungszeit tummeln sie sich sehr vergnügt und öfter als sonst im Wasser. Ein Partner faßt mit dem Schnabel den Schwanz des anderen, und die beiden schwimmen im Kreis herum. In die eigens hergerichtete Kinderstube legt das Weibchen zwei kleine, weichschalige Eier in ein Nest aus Laub und Gras. Nach der etwa zehntägigen Brutzeit, in der das Weibchen kaum den Bau verläßt, schlüpfen die nur 2½ cm langen Jungen. Zum Säugen legt sich die Mutter auf den Rücken. Die Kleinen „erklettern" ihren Bauch und lecken die aus dem Milchfeld austretende Milch auf. Nach elf Wochen öffnen die Jungen die Augen, nach vier Monaten haben sie ihren vollen Pelz und messen etwa 35 cm. Mit ca. 20 Wochen sind sie entwöhnt und können schwimmen, tauchen und selbst Nahrung suchen.

Der Große Langnasenbeutler ist ein Allesfresser, der sich von Zwiebeln, Knollen und Wurzeln, aber auch von Insekten und Kleintieren ernährt

Männliche Graue Riesenkänguruhs

Die Beuteltiere – ein Beutel als Wiege und Kinderstube

In der Entwicklung etwas fortgeschrittener als die Kloakentiere sind die Beuteltiere. Die Jungen der Beutelsäuger mit der Ordnung Beuteltiere durchlaufen zwei Geburtsstadien; das erste nur wenige Tage nach der Befruchtung des Eies, wenn sie noch völlig unterentwickelt, praktisch im Embryonalzustand, den mütterlichen Körper verlassen. Ein junges Riesenkänguruh, das ausgewachsen bis zu 2 m groß sein kann, mißt etwa 40 Tage nach der Befruchtung knapp 3 cm! Beutelratten kommen bereits sieben Tage nach der Befruchtung zur Welt, ein Zwergbeutelrattenembryo ist so klein wie ein Reiskorn! Die Jungen sind nicht nur nackt und blind, wie es viele Säugerjunge sind, vielmehr sind die Sinnesorgane überhaupt noch nicht entwickelt. Die Hinterbeine sind nur als Stummel vorhanden, und die Urniere ist noch tätig. Dafür sind die Pfoten mit den Krallen schon erstaunlich kräftig, so daß sich die Winzlinge sofort im mütterlichen Fell festkrallen können. Es ist phantastisch, wie Mutter und Kind rein instinktiv „zusammenarbeiten", damit das Junge seinen Weg zum Brutbeutel, dem Ort seiner weiteren Entwicklung, findet. Eine einzige falsche Reaktion würde dazu führen, daß sich der Embryo im mütterlichen Fell verirrt und dann endgültig verloren wäre. Die Mutter hat von der Geburtsöffnung bis zum Beutel eine Speichelspur gelegt, auf der das Junge, begleitet von den Pfoten und Lippen der Mutter, automatisch den richtigen Weg entlangrutscht, klettert und hangelt. Im Gegensatz zu den Kloakentieren haben die Beutelsäuger richtige Zitzen. Sobald das Junge eine Zitze faßt, schwillt diese so an, daß sie die ganze Mundhöhle des Embryos ausfüllt, außerdem verwächst der Mund-

Das größte Beuteltier ist das Rote Riesenkänguruh

Das Hübschgesichtkänguruh oder Schönwallaby lebt in kleinen Herden in den Hügel- und Bergländern Ostaustraliens

Die Zwergbeutelratten haben bis zu 19 Zitzen, Platz für viele Junge

rand des Säuglings mit dem mütterlichen Milchquell, so daß das Kleine nicht einmal saugen muß, sondern ständig von der Mutter versorgt wird. Nun kann sich der Embryo weiter entwickeln.

Ein Riese in Mutters Beutel

Ein junges Riesenkänguruh verbringt etwa sieben Monate im mütterlichen Brutbeutel, bis es den Entwicklungsstand eines neugeborenen Säugetiers erreicht hat und aktiv trinken kann. Nach weiteren neun Wochen verläßt das junge Riesenkänguruh das erste Mal den Beutel der Mutter, in den es aber noch mindestens neun weitere Wochen lang zurückkehrt. Es ist ein entzückender Anblick, wenn ein Känguruhbaby den Kopf aus dem Mutterbeutel streckt und neugierig in die Welt schaut. Und es sieht urkomisch aus, wenn ein erschrecktes Riesenbaby gegen Ende seiner Säuglingszeit kopfvoran in den mütterlichen Beutel hechtet, die Mutter dabei fast das Gleichgewicht verliert und die langen, kräftigen Babyhinterbeine fast keinen Platz mehr haben. Während die großen Beuteltiere in der Regel nur ein, höchstens zwei Junge tragen, können die kleineren Arten 14 bis 16 Junge zur Welt bringen. Der Brutbeutel ist bei weitaus den meisten Arten nicht, wie bei den Känguruhs, nach vorne, sondern nach hinten geöffnet. Bei den grabenden Arten wäre diese Einrichtung auch denkbar unpraktisch! Nicht alle Beutelsäuger haben einen richtigen Beutel, bei vielen nimmt eine Tasche oder eine Hautfalte die Jungen auf.

Obwohl fast alle Beutelsäuger in Australien und auf den umliegenden Inseln, wenige Arten in Südamerika und ganz wenige in Mittel- und Nordamerika leben, nimmt man heute an, daß die Beutelsäuger in der Neuen Welt entstanden sind und über Südamerika, das vor vielen Millionen Jahren mit Australien verbunden war, in ihre heutige Heimat vordrangen. Während die anderen Säuger die Beuteltiere in Amerika weitestgehend verdrängten, entwickelten sich diese in der australischen Region weiter in neun Familien der Beutelratten, Raubbeutler, Ameisenbeutler, Beutelmaulwürfe, Nasenbeutler, Opossummäuse, Kletterbeutler, Plumpbeutler und Känguruhs mit 71 Gattungen und insgesamt 241 Arten.

Die Koalabären sind Vorbild für unsere „Kuscheltiere". Allerdings wären sie als „Teddy" nicht sehr geeignet, denn sie sind sehr eigenwillig und haben am liebsten ihre Ruhe. Koalas sind sehr stark in ihren Beständen gefährdet

Insektenfresser sind verfressen

Wenn ein Mensch den Appetit und den Stoffwechsel des kleinsten Säugetiers der Welt, der nur 4 cm langen und höchstens 2 g schweren Etruskischen Spitzmaus hätte, dann müßte er 24 Stunden am Tag essen, essen, essen – und würde vor lauter Hunger oft auch vor den eigenen Artgenossen nicht haltmachen. Der ungeheure Appetit der kleinen Säuger, die die älteste und urtümlichste Säugetierordnung darstellen, ist für den Menschen ganz schön nützlich! Wenn die Insektenfresser nicht tatsächlich Unmengen von Insekten, daneben auch noch Schnecken, Würmer, andere Kleinsäuger und Vögel verzehren würden, könnten Käfer, Raupen, Läuse & Co. erheblich größere Schäden in Wäldern und Gärten, auf Feldern und Wiesen anrichten. Spitzmäuse und Maulwürfe, aus der Familie der Spitzmausartigen, sind sehr ungesellig. Nur zur Paarungszeit dulden sie kurz Artgenossen neben sich, und auch das erst nach langen und umständlichen „Beschwichtigungszeremonien". Eine weitere, bei uns vorkommende Familie, die Igel, sind schon etwas geselliger, und es wird auch außerhalb der Paarungszeit nicht gleich gekämpft, wenn sich zwei der stacheligen Gesellen begegnen.

Die nur auf Madagaskar vorkommende Familie der Tanreks hat die größte Kinderzahl pro Wurf von allen Säugetieren. Im Körper eines getöteten Tanrekweibchens fand man 31 Keimlinge, normal in einem Wurf sind etwa 15 Junge. Entsprechend der hohen Vermehrungsrate haben zahlreiche Insektenfresser viele Feinde, gegen die sie besondere Verteidigungsstrategien entwickelt haben: Spitzmäuse „stinken" intensiv nach Moschus, was allerdings vielen Tag- und Nachtgreifen nichts ausmacht. Einigen Katzen ist der Geruch egal, und die meisten Hunde töten oft Spitzmäuse, fressen sie aber nicht. Der Maulwurf lebt weitgehend verborgen in seinen unterirdischen Gängen, und unser Igel hat seine Stacheln. Vom Igel wird gelegentlich behauptet, er sei unempfindlich gegen jedes Gift. Das stimmt nur bedingt. Zwar macht ihm das Gift von Hummeln, Bienen, Wespen und anderen Insekten und Kerbtieren nichts aus, aber gegen Schlangengift ist auch er nicht immun, leider auch nicht gegen die Schnecken- und Insektengifte, die wir in unseren Kulturlandschaften verwenden.

Der Igel ist der uns vertrauteste Insektenfresser

Maulwürfe schaffen die unbeliebten „Maulwurfshügel"

Beim „Gänsemarsch" der Feldspitzmaus verbeißen sich die Jungen in die Schwanzwurzel des vorangehenden Tieres

Halbaffen – verschiedenartig und umstritten

Der bis zu 25 cm lange Schlanklori aus Südindien und Ceylon ist ein Räuber, der sich sogar an schlafende Vögel heranpirscht

Als vor ungefähr 60 Millionen Jahren die Landverbindung zwischen Afrika und der Insel Madagaskar verschwand, gab es auf dem afrikanischen Kontinent noch keine echten Affen. Es war noch die Hochzeit der sogenannten Halbaffen, die in unzähligen Arten die ganze Welt, außer Australien, bevölkerten.

Sie sind fast alle ausgestorben, in Afrika und Asien konnten wenige Arten überleben, aber die Insel Madagaskar blieb fast bis in unsere Tage ein Schutzgebiet für sehr viele Halbaffenarten. Erst seit auch auf Madagaskar die Wälder schonungslos abgeholzt werden, sind viele Arten der Makis, Indris und Sifakas sowie das eigenartige Fingertier sehr stark bedroht oder schon fast ausgestorben.

In der Unterordnung der Halbaffen sind so unterschiedliche Teilordnungen zusammengefaßt, daß sich Biologen bis heute noch nicht einig sind, ob die Spitzhörnchenartigen wirklich zu den Halbaffen gehören. Die Loris und Pottos erinnern eher an Faultiere als an ihre lebhaften näheren Verwandten, und das Fingertier wurde von den ersten Entdeckern für ein Nagetier gehalten. Unter den Halbaffen gibt es gesellige Herdentiere wie die tagaktiven Kattas oder die schönen, fast schwanzlosen Indris und scheue, versteckt lebende Einzelgänger wie das Gespenstertier oder Koboldmaki aus dem Malaiischen Archipel. Einige erinnern in Körperbau und Bewegungen an Füchse oder Schleichkatzen, wie der Riesengalago aus Ostafrika und Sansibar oder einige Makis oder Varis.

Auffälligstes Merkmal vieler Halbaffen: ungewöhnlich große Augen
Die Ernährungsgewohnheiten der einzelnen Arten sind so unterschiedlich wie ihr Aussehen. Es gibt fast reine Vegetarier neben Kerbtierfressern und ausgesprochen räuberisch lebenden Arten. Sehr viele Halbaffen haben ungewöhnlich große, kreisrunde Augen – ein Hinweis auf die nächtliche Lebensweise. Unsere Augen hätten – im gleichen Größenverhältnis zum Kopf – einen Durchmesser von etwa 25 cm! Aufgrund ihrer versteckten Lebensweise wissen wir bis heute nur wenig über die meisten Halbaffenarten, und es ist zu befürchten, daß einige Arten aussterben, bevor überhaupt geeignete Schutzmaßnahmen ergriffen werden können. Die Eingeborenen fürchten sie, scheuen sich, sie zu beobachten und behindern auch oft Forscher bei der Arbeit. Es ist außerdem fast unmöglich, vom Verhalten einer Halbaffenart auf eine andere zu schließen, zu unterschiedlich sind Lebensweise und Verhalten.

Etwa rattengroß wird der Koboldmaki. Mit Riesensprüngen jagt er nachts nach Insekten und erklettert dabei senkrechte Wände

„Fünf Hände" – südamerikanische Affen

Die Teilordnung Neuweltaffen oder Breitnasen aus der Unterordnung Affen und der Ordnung Herrentiere lebt nur in den Tropen und Subtropen Süd- und Mittelamerikas. Obwohl sich die drei Familien Kapuzinerartige, Springtamarins und Krallenaffen äußerlich stark voneinander unterscheiden, haben sie doch alle gemeinsame Merkmale: einen zarten Körperbau, schmächtige Gliedmaßen, rundlichen Kopf ohne stark vorspringende Schnauze, 36 statt der bei den Affen üblichen 32 Zähne, eine dicke Nasenscheidewand und weit auseinanderstehende Nasenlöcher. Der Daumen ist meist verkümmert und kann den Fingern nicht gegenübergestellt werden.

Als Baumbewohner bestens angepaßt
Besonders auffallend ist der stark entwickelte, kräftige, lange Schwanz, der vielen Arten als zusätzliches Greiforgan dient und die Rolle einer „fünften Hand" übernimmt. Für die Kapuziner- oder Rollschwanzaffen, Klammeraffen und viele andere ist der Schwanz so wichtig, daß Tiere, die aus irgend einem Grund ihren Schwanz verlieren, kaum noch klettern können.

Alle Neuweltaffen sind Baumbewohner. Ihre Lebensräume sind die tiefen Urwälder Süd- und Mittelamerikas, wo sie sich in den hohen Baumwipfeln von Blättern, Knospen, Blüten und Früchten ernähren und kaum je auf den Boden herunterkommen. Sogar zum Trinken verlassen sie nur notfalls ihre luftigen Höhen. Mit dem Schwanz halten sie sich dabei an einem über Wasser hängenden Ast fest und schöpfen mit den Händen das lebensnotwendige Naß. Viele Arten leben in der Nähe von Flußufern, gehen aber nie von sich aus ins Wasser. Vielleicht sind sie nur wasserscheu, wie die Indios behaupten, vielleicht ist ihnen aber die Scheu vor dem Wasser bzw. vor den Feinden darin auch angeboren, denn Kaimane und Piranhas haben Affen zum Fressen gern. Weitere Feinde sind Jaguar, Puma, Marder, Schleichkatzen, Schlangen, große Greifvögel – und der Mensch.

Die „Stimmen des Urwalds"
Die zierlichen Totenkopfäffchen, deren Name eigentlich so gar nicht zu den lebhaften Tieren mit den hübschen Gesichtern paßt, werden von den Indios gerne als Hausgenossen gehalten. Da alte Tiere in Gefangenschaft schnell eingehen, werden Muttertiere abgeschossen und die Jungen aufgezogen.

Die Brüllaffen, die wie alle anderen „Neuweltler" in Familienverbänden oder größeren Rudeln leben, werden von den Indios mit Giftpfeilen gejagt, da ihr Fleisch sehr wohlschmeckend sein soll. So ein Pfeil, auf ein Tier in luftiger Höhe abgeschossen, muß sehr gut sitzen. Wenn der Affe noch Zeit hat, seinen Wickelschwanz mit der Haftsohle am Ende um einen Ast zu schlingen, bleibt das Tier auch dann hoch oben hängen, wenn es tot ist. Brüllaffen sind die „Stimme des Urwalds". Mit melodischem, lautem, grunzendem und brüllendem Geheul „feiern" sie Sonnenauf- und Sonnenuntergänge und erfüllen die Nächte mit ihrem Gebrüll. Dabei gibt es einen „Vorsänger" und den Chor, die immer wieder im Wechsel oder alle miteinander ihre gewaltigen Stimmen ertönen lassen und damit, ähnlich wie Singvögel, ihre Reviergrenzen kennzeichnen.

1 Der melodische Gesang der Brüllaffen, das Bild zeigt den Roten Brüllaffen, gehört zu den lautesten Tönen, die Tiere hervorbringen können

2 Weißbüscheläffchen leben in größeren Familiengruppen mit einer strengen sozialen Ordnung zusammen

3 Der Schwarze Klammeraffe aus dem Amazonasgebiet, Guayana und Peru ist ein ausgesprochener Blätterfresser

4 Das Goldgelbe Löwenäffchen lebt nur in den Wäldern der Küstengebirge südwestlich von Rio de Janeiro in Höhen zwischen 500 und 1000 m

Wollaffen erreichen eine Körperlänge von 50 bis 60 cm, eine Schwanzlänge von 60 bis 70 cm und gehören neben Brüll-, Klammer- und Spinnenaffen zu den größten Breitnasenaffen. Mit dem weichen, wolligen und sehr dichten Fell, den fast nackten Gesichtern und den großen, dunklen Augen wirken sie ein wenig grimmig. Bei Gefahr stoßen sie einen derart gellenden Wutschrei aus, daß schon allein dadurch mancher Gegner in die Flucht geschlagen wird. Ganz entzückende Tiere sind die Krallenäffchen, deren kleinstes, das Zwergseidenäffchen, nur 16 cm lang wird – der Schwanz mißt zusätzlich 18 cm – und ein Gewicht von nicht einmal 100 g erreicht.

„Neuweltler" als Modetiere

Die Tamarins, Löwenäffchen, Marmosetten und viele andere waren lange Zeit in Europa richtige Modetiere. Im französischen Barock gehörte es fast zum „guten Ton", der Dame seines Herzens eines der niedlichen Äffchen zu schenken. Das Weißbüschel- oder Weißpinseläffchen kommt am häufigsten in den Handel. Es hält sich in menschlicher Obhut recht gut und ist, trotz der großen Nachfrage, noch nicht bedroht. Einige andere Arten jedoch haben so kleine Verbreitungsgebiete, und die Bestände sind so gering, daß es unverantwortlich ist, Tiere für Zoologische Gärten, Institute oder Privatleute einzufangen. Außerdem sind ganze Biotope durch Abholzung und Zerstörung der Lebensräume bereits so eingeschränkt, daß für einige Arten auch in ihrer Heimat die Gefahr des Aussterbens besteht.

Meerkatzenverwandte – viel Geschrei um nichts

Als wir einige Jahre in Kenia wohnten, fragten uns Besucher aus der Heimat immer wieder nach dem gefährlichsten Tier Ostafrikas. Jedesmal sahen wir erstaunte Gesichter, wenn wir aufzählten – nicht etwa Löwen, Leoparden, Elefanten, Nashörner, Büffel oder Schlangen –, sondern Moskitos, Flöhe, Fliegen und Affen. Vor allem die Affen, die schönen, schwarzweißen Guerezas, die netten Meerkatzen oder die lärmenden, lustigen Paviane sollten gefährlich sein? Unsere erste Safari in den Busch werden wir nie vergessen.

Unsere erste Safari – unvergeßlich
Wir waren mit Zelten und Geländewagen unterwegs. Die erste Nacht verbrachten wir in einem Reservat, in der Nähe eines Hotels. Am Morgen wollten wir in aller Ruhe gemütlich frühstücken. Der Tisch war gedeckt mit Brot, Käse, Eiern und Früchten – da erschienen am Rand der Lichtung zwei riesenhafte Anubispavianmänner mit silbergrauen Mähnen. Die kleineren Männchen folgten ihnen, und in geringer Entfernung sahen wir Weibchen und Junge, insgesamt etwa 30 Tiere, zwischen den Büschen und auf den Bäumen. Die Männchen blieben in geringer Entfernung stehen, „gähnten" uns an und zeigten dabei ihre furchterregenden Eckzähne. Dann gingen sie auf unser Frühstück los. Gleichzeitig stürmten die jüngeren Männchen heran, und ehe wir uns versahen, war der Tisch ein Schlachtfeld, und die Paviane genossen schreiend, kreischend und zeternd unser Frühstück. In den nächsten Tagen waren wir vorsichtiger und stellten Wachen auf. Dabei bemerkten wir, daß Männer respektiert wurden, Frauen nur, wenn sie einen Stock in der Hand hielten, während Kinder gar nicht oder sogar angegriffen wurden – nur vor Steinschleudern flohen die Paviane sofort! Unzählige ähnliche Erlebnisse ließen sich erzählen. Einmal mußten wir einem Pavianmann sogar einen Klappstuhl um die Ohren schlagen, weil er in unseren VW-Bus hinein wollte, in den sich Bananen essende Kinder geflüchtet hatten.

Der schöne Guereza oder Schwarzweiße Stummelaffe aus der Familie der Schlankaffen wurde wegen seines attraktiven Fells lange Zeit stark verfolgt und ist heute selten geworden

Hundsaffen bringen meist nur ein Junges zur Welt. Das Junge des Anubis- oder Grünen Pavians reitet wie ein Jockey auf dem Rücken seiner Mutter

Die vier afrikanischen Pavianarten sind also wirklich nicht ungefährlich. Die Männchen der großen Bären- und der etwas kleineren Anubispaviane können eine Körperlänge von 110 cm und ein Gewicht bis zu 55 kg erreichen und sind entsprechend muskulös. Mit ihren kräftigen, langen, spitzen Eckzähnen können die Männchen sogar einen Leoparden in die Flucht schlagen. Die größte Stärke der Paviane aber liegt im engen Zusammenhalt der Herde, die bis zu 50 oder 60 Tiere umfassen kann. Wer einer Herde zuschaut, bekommt den Eindruck, daß dauernd Zank herrscht. Da wird gekreischt, geschrien und gezetert, einander nachgerannt, gebeutelt und gebissen, gequietscht und geheult.

Viel Lärm um nichts!
Das ganze Leben in der Herde ist einer strengen sozialen Ordnung unterworfen, die jeden Augenblick neu geregelt und umkämpft wird. Immer aber übernehmen die Männchen bei Gefahr die Verteidigung der Weibchen und Jungen. Die auf allen vieren laufenden Paviane mit den langgezogenen Schnauzen und den in unseren Augen unschönen Gesäßschwielen, die dazu noch bei brünstigen Weibchen rot angeschwollen und entzündet aussehen, sind äußerlich am wenigsten menschenähnlich. Trotzdem erinnert ihre Art des Zusammenlebens oft an streitbare Fußballfans oder an lautstarke politische Diskussionsrunden.

Auch die Paviane ziehen eine Schau ab, und ihre lautstarken Auseinandersetzungen sind viel Lärm um nichts.

In die Familie der Meerkatzenartigen aus der Überfamilie Hundsaffen gehören unter anderen außer den Pavianen, den Dscheladas und den Backenfurchenpavianen mit dem eindrucksvollen Mandrill noch die verschiedenen, zum Teil sehr hübschen und lebhaften Meerkatzen, die Makaken und Schopfmakaken, die Mangaben und Husarenaffen. Kennzeichnend für die Hundsaffen sind die auffallend gefärbten Gesäßschwielen. Sie sind nicht nur Geschlechtsmerkmale, sondern dienen beim Ausruhen im Geäst der Bäume als „Kissen". Fast alle Arten sind gesellige Baum- oder Bodenbewohner und bewegen sich meist auf allen vieren, können aber auch kurze Strecken aufrecht auf den Hinterfüßen laufen.

Das „gähnende" Mantelpavianmännchen ist ganz und gar nicht müde. Es zeigt seine Zähne, um einem anderen Männchen zu imponieren oder um einen Feind einzuschüchtern

Im Gegensatz zu den Pavianen ist das Mandrillmännchen freundlich gestimmt, wenn es „grinsend" seine Zähne zeigt

Die Affen Asiens leben in Tempeln, Dörfern und Dschungeln

Während das Verbreitungsgebiet der Familie der Meerkatzenartigen sowohl Afrika als auch Asien umfaßt, ist die zweite Familie der Hundsaffen, die Schlankaffen, bis auf die Gattung der Stummelaffen auf Asien beschränkt. Die asiatischen Schlankaffen sind wirklich außerordentlich schlank, leicht gebaut, haben lange Gliedmaßen, einen runden Kopf mit kurzer Schnauze und meist einen langen Schwanz. Sie ernähren sich fast ausschließlich von Blättern und haben, ähnlich wie Wiederkäuer, einen großen, mehrteiligen Magen. Die asiatischen Schlankaffen haben sich den verschiedensten Lebensräumen angepaßt, von tropischen Urwäldern, Mangrovendschungeln und Sumpfniederungen bis in die kalten Hochgebirgsregionen des Himalaya und in die Tempelbezirke großer Städte.

Der Retter der Göttergattin
Der schöne, schlanke, silbergraue Hulman oder Hanuman ist der heilige Affe Indiens. Nach der Sage haben vor langer Zeit der Affenkönig Sugriva und sein Minister Hanuman dem Gott Wischnu geholfen, seine Gattin Sita aus der Gewalt des bösen Riesen Ravana zu befreien. In vielen Tempeln bekommt man den Eindruck, daß die Hulmans um ihre Heiligkeit wissen, denn die sonst recht scheuen Affen bewegen sich furchtlos zwischen den Gläubigen und bedienen sich an den Opfergaben und am Blumenschmuck der Tempel.

Außer Blättern fressen Hulmans Früchte und Blüten und machen oft auch vor den Blumen der Altäre nicht halt. Sie halten sich viel auf dem Boden auf, bleiben aber immer in der Nähe von Bäumen. Werden sie erschreckt, oder droht Gefahr, flüchten sie in langen, weiten Sätzen und können bis zu 10 m weit springen. Das Gemeinschaftsleben der Languren ist nicht so ausgeprägt wie bei den Pavianen, bei denen die Herde den größten Schutz gewährt. Trotzdem spielt die Gruppe für die Jungenentwicklung eine wichtige Rolle, denn Mütter mit Jungen sind stets der Mittelpunkt einer Herde, um den sich alles dreht. Allerdings beteiligen sich die Männchen, anders als bei Pavianen, kaum an der Aufzucht. Weitere asiatische Schlankaffen sind die verschiedenen grazilen Langurenarten, die Kleideraffen mit ihren schönen Gesichtern, die verschiedenen Stumpfnasenaffen und die Nasenaffen, bei denen die schönsten Männchen die mit den größten Nasen sind.

Die Jungen der Schlankaffen, hier ein Hulman oder Hanuman, klammern sich im Bauchfell der Mutter fest und lassen sich so umhertragen

Tiere für Tempel und Labors

Ein anderer „Tempelgenosse" ist der Rhesusaffe aus der Meerkatzenverwandtschaft. Er läßt sich am leichtesten in menschlicher Gesellschaft halten, ist am häufigsten in zoologischen Gärten zu sehen und hat traurige Berühmtheit erlangt als begehrtes Versuchstier für Laboratorien. Ursprünglich bewohnten die Rhesusaffen in ihrer indischen Heimat in Gruppen bis zu 50 Tieren die Wälder bis in die Gebirgsregionen hinauf, sind aber im Lauf der Zeit zu Kulturfolgern und stellenweise sogar zur Plage geworden. In Pflanzungen können sie erhebliche Schäden anrichten, sie bestehlen die Menschen in den Siedlungen und holen aus Hütten und Lagerräumen nicht nur Lebensmittel, sondern alles, was nicht niet- und nagelfest ist. Auf der vor Bombay liegenden Insel Elephanta machte sich ein Hutaffe, ein naher Verwandter der Rhesusaffen, über unseren Rucksack her und stahl eine Plastiktüte mit belichteten Filmen. Wir wollen nicht berichten, wie wir die unersetzlichen Filme wiederbekamen, aber der Affe konnte sicher ein paar Tage lang nicht gut sitzen. Auffallend sind die Rotgesichtsmakaken von der japanischen Insel Honschu, dem nördlichsten Punkt des Verbreitungsgebiets aller Affenarten überhaupt. Hier wird es so kalt, daß die Bäume im Winter ihr Laub abwerfen, und der Schnee liegt über einen Meter hoch. Die laubfressenden Affen müssen im tiefen Schnee nach harten Knospen, Sprossen, Nüssen und ähnlichem suchen. Forscher konnten beobachten, wie eine Äffin, wahrscheinlich zufällig, eine Süßkartoffel wusch und wie innerhalb einiger Zeit viele Tiere dieses Verhalten nachahmten. Die älteren Herdenmitglieder „weigerten" sich aber offenbar, diese „Mode" mitzumachen.

Körperkontakt ist für die in der Herde lebenden Affen sehr wichtig. Ein junger Rhesusaffe flüchtet bei Aufregung oder Gefahr zur Mutter. Ältere Tiere pflegen den Körperkontakt durch gegenseitiges „Lausen"

Rotgesichtsmakaken baden ausgiebig und schwimmen sehr gut. Sogar im Winter verzichten sie nicht auf ihr Bad in warmen Quellen

Gorillas und Schimpansen – unsere nächsten Verwandten im tiefsten Urwald Afrikas

Zwergschimpansen bauen jeden Tag ein neues Schlafnest

Rund 200 verschiedene Affen leben in Südamerika, Afrika und Asien. Sie sind die höchstentwickelten Tiere und werden deshalb Primaten oder Herrentiere genannt. Innerhalb dieser Gruppe nehmen die Menschenaffen eine besondere Stellung ein: Sie sind sowohl vom Aussehen als auch von den Körperfunktionen und den geistigen Fähigkeiten her unsere nächsten Verwandten. Es gibt insgesamt vier Menschenaffenarten. Eine davon, der Orang-Utan, lebt in Asien, die restlichen drei im tropischen Afrika: der Gorilla, der Schimpanse und der Bonobo oder Zwergschimpanse.

Der Schimpanse benutzt Stöcke als Werkzeug, um an die Termiten zu gelangen

Der Schimpanse – ein naher Vetter des Menschen

Kein Tier ist näher mit uns verwandt als der Schimpanse, und keines hat mehr menschliche Züge und Verhaltensweisen. Wissenschaftler und Forscher haben in den vergangenen Jahren das Leben der Schimpansen und Bonobos über lange Zeiträume hinweg studiert. Die bekannte Affenforscherin Jane Goodall befaßt sich zum Beispiel seit 25 Jahren mit Schimpansen und hat sehr spannende Bücher darüber geschrieben.

Die Intelligenz der Schimpansen ist geradezu sprichwörtlich. Als eines der wenigen Tiere überhaupt ist er fähig, ganz bewußt Werkzeuge anzufertigen und zu benutzen. Man hat beobachtet und gefilmt, wie Schimpansen reife Früchte mit Stöcken von den Bäumen schlugen und wie die großen Männchen eines Familienverbandes mit Stöcken und Steinen auf einen Leoparden losgingen. Manchmal geht eine Gruppe von Schimpansen in die Savanne hinaus und setzt sich um eine Termitenburg. Mit dünnen Zweigen und Grashalmen fahren die Tiere in die offenen Gänge der Termitenbehausung, ziehen sie mit großer Sorgfalt heraus und fressen mit großem Genuß jene Insekten, die sich am Zweig oder Grashalm festgebissen haben.

Im Gegensatz zu den Gorillas sind Schimpansen keine reinen Pflanzenfresser. Sie nehmen Früchte, Beeren, Blätter und Wurzeln zu sich, verschmähen aber auch Insekten, kleine Eidechsen, Vogelgelege und sogar Fleisch von kleinen Säugetieren nicht.

Schimpansen sind, wie man sieht, auch bezüglich ihrer Ernährung dem Menschen, der bekanntlich ein Allesesser ist, sehr ähnlich.

Gorillas sind keine Ungeheuer

In manchen Abenteuer- und Jagdbüchern und in Filmen, wie dem berühmten „King Kong", wurden Gorillas als furchtbare und gefährliche Bestien beschrieben und gezeigt. Die Autoren bezeichneten sie als mordlustige Ungeheuer, die Menschen überfielen und Frauen entführten.

Heute wissen wir, daß das keinesfalls den Tatsachen entspricht. Im Gegenteil, Gorillas sind überaus friedfertige und liebenswerte Tiere, die Menschen höchstens dann angreifen, wenn sie sich und ihre Familienmitglieder bedroht fühlen.

Der Gorilla ist der größte und schwerste Menschenaffe. Voll ausgewachsene Männchen, die wegen der hellen Farbe ihres Rückens „Silberrücken" genannt werden, können eine Standhöhe von 170–180 cm und ein Gewicht von über 250 kg erreichen. Die Weibchen sind nur etwa halb so schwer wie die alten Männchen.

Die Heimat der Gorillas liegt im Herzen Afrikas. Der Flachlandgorilla lebt in den dichten, heißen Niederungen der westäquatorialen Urwälder, während der Berggorilla nur im Gebiet der Virungavulkane im Dreiländereck Zaire, Ruanda und Uganda vorkommt. Beide Unterarten bilden Familiengruppen von etwa fünf bis dreißig Mitgliedern beiderlei Geschlechts sowie aller Altersstufen. Sie werden von einem mächtigen „Silberrücken" geführt, dessen Aufgabe es ist, die besten Futterplätze zu finden und seine Familienmitglieder zu beschützen.

Einen Großteil des Tages verbringen die Gorillas mit der Futtersuche. Sie ernähren sich ausschließlich von pflanzlicher Nahrung und zeigen große Vorliebe für wilden Sellerie und frische Bambussprossen. Beide Arten sind in ihren Beständen stark bedroht, weil ihre Lebensräume vom Menschen immer mehr zerstört werden.

Der Führer der Gorillaherde ist ein „Silberrücken"-Mann

Siamangs und Gibbons – Akrobaten und Waldmenschen

Wer einmal Gibbons gesehen hat, weiß, weshalb die Angehörigen der Gibbonfamilie in der Überfamilie der Menschenartigen auch Langarmaffen genannt werden. Frühere Zoologen hielten die aufrecht gehenden Gibbons für unsere nächsten Verwandten. Sie haben keinen Schwanz und ein harmonisches, „menschenähnliches" Gesicht mit klugen Augen. Da sie aber noch Gesäßschwielen haben wie die Hundsaffen, keine s-förmig gebogene Wirbelsäule wie die Menschenartigen und ein relativ kleines Gehirn, bilden sie heute eine eigene Familie.

Akrobaten der Wipfel

Auf dem Boden erinnern Gibbons an Seiltänzer auf schwankendem Seil. Die nicht ganz 1 m großen Affen winkeln die bis zu 2 m klafternden Arme an, um das Gleichgewicht zu halten, schwanken und torkeln ein wenig, bis sie die Balance haben, lassen die Arme wieder sinken und können dann recht schnell laufen.

Ihre wahre Eleganz und die Schönheit der Bewegungen aber zeigen sie erst in den Wipfeln der Bäume. Zwischen Himmel und Erde sind sie in ihrem Element, schwingen sich besser als jeder Trapezkünstler von Ast zu Ast und springen scheinbar schwerelos bis zu 12 m weit, verändern im Sprung die Richtung, schlagen Haken, pflücken „im Flug" mit den Füßen Früchte von den Zweigen oder ergreifen fliegende Vögel.

Gibbons bewohnen die Urwälder Hinterindiens und der zugehörigen Inseln. Sie leben in Familienverbänden, die aus erwachsenen Männchen, mehreren Weibchen und ihren Jungen sowie Halbwüchsigen und alten Tieren bestehen. Manchmal schließen sich mehrere Verbände zu Horden zusammen, in denen die Familien bestehen bleiben. Mit Ausnahme der leicht erregbaren Siamangs sind Gibbons friedliche Tiere, und auch in den Horden kommt es, anders als bei den Meerkatzen, selten zu Streit. Gibbons pflanzen sich langsam fort und werden erst mit sieben Jahren geschlechtsreif. Im Abstand von etwa zwei Jahren bringt das Weibchen nach einer Tragzeit von sieben Monaten meist ein Junges zur Welt, das sich im Fell der Mutter festklammert und in den ersten Monaten von ihr getragen wird.

Wir unterscheiden zwei Gattungen: die Siamangs und die Eigentlichen Gibbons. Alle Arten haben schönes, seidenweiches Fell von silberheller Farbe wie beim Silbergibbon bis zum tiefen Schwarz des Siamang. Ein besonderes Kennzeichen der Gibbons ist ihr wunderschöner, melodischer Gesang. Die Siamangs mit dem nackten Kehlsack sind wahre Gesangskünstler, die mühelos die Tonleiter hinauf- und hintersingen. Meist beginnt das führende Männchen, füllt den Kehlsack mit Luft und poltert, schmettert, johlt, jodelt, lacht und schließt mit einem gellenden Schrei. Dann beginnt das ganze von vorn, und die Familie oder Horde fällt mit ein, so daß der ganze Urwald erfüllt ist von der wilden, jauchzenden Melodie.

Die roten Waldmenschen

Unter allen Menschenaffen sieht der Orang-Utan mit dem rötlichen, langhaarigen, zotteligen Fell und der vorspringenden Kieferpartie mit rotem Bart, vor allem aber die Orang-Utan-Männchen mit ihren dicken Backenwülsten und dem Kehlsack, dem Menschen am wenigsten ähnlich. Orang-Utans sind die einzigen Menschenaffen, die fast ausschließlich auf Bäumen leben. Mit langen, starken Armen bewegen sie sich sicher durch die dichten Urwälder Sumatras und Bor-

Die Fellfarbe des Weißhandgibbons variiert von Schwarz, Fahlbraun bis zu Gelblichgrau, Hände und Füße sind auf der Oberseite immer weiß

neos. Durch die radikale Rodung der Inselwälder sind sie stark gefährdet und stehen unter strengem Schutz. Erwachsene Orang-Utan-Männchen können bis zu 1,8 m groß werden und wiegen etwa 100 kg, die Arme haben eine Spannweite bis zu 2,25 m.

Die Weibchen sind erheblich kleiner und wiegen etwa 40 kg. In zoologischen Gärten gehaltene Tiere sind schwerer. Der Name Orang-Utan stammt aus dem Malaiischen und heißt Waldmensch.

Liebevolle Mütter

Sie leben in kleinen Familiengruppen, die aus einem erwachsenen Männchen und einem oder mehreren Weibchen mit Jungen bestehen. Die Jungen wiegen bei der Geburt nur 1,5 kg und sind so hilflos, daß die Mutter das sich in ihrem Bauchfell festklammernde Kleine in den ersten Wochen festhält. Sie säugt es, reinigt es mit ihren Zähnen und Nägeln, wäscht es mit Regenwasser und „hätschelt" es, wenn es jammert und weint. Die Stillzeit dauert drei bis vier Jahre, aber die Mutter füttert das Kleine schon früh mit vorgekautem Brei. Erst mit vier Jahren ist ein junger Orang-Utan so selbständig, daß er sich mit Gleichaltrigen zusammenschließt und für sich selbst sorgt. Fortpflanzungsfähig sind Orang-Utans in Freiheit etwa mit zehn Jahren.

Orang-Utans bauen sich in den Urwäldern ihrer Heimat Schlafnester in hohen Bäumen. Sie bewegen sich selten auf dem Boden

Fledertiere – sie sind besser als ihr Ruf

Die Ordnung Fledertiere ist in die Unterordnung Flederhunde und Fledermäuse unterteilt. Fledertiere sind die einzigen Säugetiere, die „richtig", also aktiv fliegen können. Bei den Gleithörnchen und Gleitbeutlern ist das Fliegen mehr ein Segeln oder Gleiten, das durch die gespreizte Flughaut möglich wird. Dieses Gleiten kann aber immer nur abwärts gerichtet sein, die Tiere können nicht durch „Flügelschläge" nach oben fliegen. Bei den Fledertieren haben sich die Vordergliedmaßen, die Arme und Hände, zu richtigen Flügeln mit einer Flughaut umgebildet. Außerdem ist die Flugmuskulatur, entsprechend der hohen Beanspruchung, sehr kräftig entwickelt.

Die hinteren Gliedmaßen sind weniger kräftig. Mit ihnen verankern sich die Tiere in Ruhestellung kopfunter an Höhlen- oder Gebäudedecken, in Felsspalten, Baumwipfeln oder an anderen, vor dem Tageslicht geschützten und ungestörten Orten. Die meisten Fledertiere sind dämmerungs- oder nachtaktiv, doch können einige Arten auch tagsüber beobachtet werden. Wenn Fledertiere ihre Flügel zusammenklappen, bewegen sie sich, wie andere Vierfüßer, recht behende auf allen vieren. Vor allem beim Klettern können sie sich mit den Daumenkrallen sogar an senkrechten Wänden festhalten und ziehen dann den Körper und die hinteren Gliedmaßen nach.

Der Gemeine Vampir hat messerscharfe Zähne, mit denen er seinen Opfern eine kleine Hautwunde beibringt. Eine halbe Stunde Blutsaugen pro Nacht reicht ihm zum Leben

Wie die meisten Flughunde ist der Kurznasenflughund ein Fruchtfresser. Wenn Flughunde in Massen in Fruchtplantagen einfallen, können sie erhebliche Schäden anrichten

Lange hat man darüber gerätselt, wie die nächtlich lebenden Tiere sich in der Dunkelheit orientieren. Die Flughunde haben, ähnlich wie andere nachtaktive Tiere, sehr große, leistungsfähige Augen. Sie können sich selbst bei ganz geringem Lichteinfall noch zurechtfinden. Anders dagegen die Fledermäuse, bei denen manche Arten nur stecknadelkopfgroße Augen haben. Bei Versuchen fand man heraus, daß Fledermäuse auch noch bei totaler Dunkelheit und mit verbundenen Augen ihren Weg finden. Obwohl diese Tatsache schon lange bekannt war, kamen Wissenschaftler erst in der 30er Jahren unseres Jahrhunderts dem Geheimnis der Fleder-

In Ruhestellung hängen sich Fledermäuse mit den Füßen, kopfunter, an die Decken von dunklen, geschützten Höhlen. Das Große Mausohr (links) macht sich zum Abflug bereit, die Kleine Hufeisennase (rechts) deckt sich im Winterschlaf mit ihren Flügeln zu

Mit Hilfe von Ultraschalltönen hat das Braune Langohr einen Nachtfalter geortet und verfolgt ihn. Das Bild zeigt deutlich die Daumenkrallen, die fein geäderten Ohren und Flughäute sowie die relativ kleinen hinteren Gliedmaßen

mäuse auf die Spur. Dieses Geheimnis ist die Ultraschall-Echopeilung. Mit ihren großen, feinhäutigen, beweglichen Ohren können Fledermäuse Töne hören, die wir nicht wahrnehmen können. Um sich orientieren zu können, stoßen Fledermäuse während des Fluges fortwährend Töne von hoher Frequenz aus.

Diese Töne werden von kleinen und kleinsten Hindernissen zurückgeworfen, die Fledermaus empfängt sie wieder, wertet die Zeit zwischen Tonabgabe und Tonempfang aus und kann sich so ausgezeichnet orientieren. Auf diese Art kann die Fledermaus kleinste Hindernisse auf ihrer Flugbahn, herumfliegende Nachtfalter, Artgenossen, sogar Unebenheiten an einer Wand oder einen Menschen wahrnehmen und diesem – je nach Bedarf – ausweichen oder ihn verfolgen. Uns mit vergleichsweise unterentwickelten Sinnen erscheint der Flug der Fledermäuse äußerst behende und absolut lautlos. Dabei vollführen die gewandten Flieger einen Heidenlärm, den wir nicht wahrnehmen können. Viele Nachtfalter aber, bevorzugte Beutetiere einiger Fledermausarten, empfangen über besondere Organe die Ultraschalltöne der Fledermäuse und reagieren entsprechend, indem sie sich einfach fallenlassen oder versuchen, zu entfliehen.

Die Blutsauger
Verschiedene Fledermausarten erzeugen ihre „Wegleitungstöne" auf unterschiedliche Art, die Glattnasen z. B. mit dem Kehlkopf, während die Hufeisennasen mit den merkwürdigen, häutigen Nasenaufsätzen die Töne durch die Nase ausstoßen. Das hat den unbestreitbaren Vorteil, daß die Tiere sich auch mit geschlossenem Mund, etwa während des Fressens, bestens orientieren können.

Unter den Fledermäusen finden wir sowohl Insektenfresser als auch Arten, die sich auf Blütennahrung spezialisiert haben. Die meisten Flughunde ernähren sich fast ausschließlich von Früchten. Ihren schlechten Ruf als „Blutsauger" und Horrorgestalt in Vampirfilmen haben die Fledermäuse nicht verdient. Es gibt in der Familie der Echten Vampire aus Mittel- und Südamerika zwar wirklich Arten, die sich vom Blut warmblütiger Tiere ernähren, aber der Blutverlust ist unerheblich für Ziegen, Schafe, Rinder und Pferde, gelegentlich sogar Menschen. Gefährlicher könnte sich eine Infektion der Bißstelle oder die Übertragung einer Krankheit auswirken. Blutsaugende Vampire gehen bei ihren Mahlzeiten übrigens so behutsam und vorsichtig zu Werke, daß ein gebissener Mensch angeblich überhaupt nichts davon merkt.

Zahnlose und Schuppentiere

Ein neugeborenes Dreifinger-Faultier mißt etwa 25 cm und wiegt 300–400 g. Die ersten Lebenswochen verbringt das Kleine im Pelz der Mutter

Die auf dieser Seite dargestellten Tiere gehören zu den urtümlichen Ordnungen der Zahnlosen und der Schuppentiere. Lange stritten sich die Gelehrten über die Zuordnung der einzelnen Arten. Bis ins 18. Jh. gehörten alle Nebengelenktiere wie Faultiere, Ameisenbären und Gürteltiere sowie Schuppentiere und Erdferkel zu den Zahnlosen. Erst später trennte man alle Arten mit dem seltsamen Namen Nebengelenktiere von den Ordnungen der Schuppentiere und der Erdferkel. Um noch mehr Verwirrung in die zoologische Systematik zu bringen, haben die Schuppentiere, ebenso wie Ameisenbären, überhaupt keine Zähne, während das Gürteltier, das äußerlich dem Schuppentier gleicht, bis zu 100 Zähne hat und damit zu den zahnreichsten Säugetieren überhaupt gehört. Allerdings zeigen diese Zähne deutliche Rückbildungsmerkmale, sie sind sehr klein, haben keinen Zahnschmelz und keine Wurzeln.

Die Unterordnung Nebengelenktiere gab und gibt es nur in Amerika. Die heute noch lebenden drei Familien sind die einzigen Überlebenden einer einst sehr formenreichen Gruppe. Elefantengroße Riesenfaultiere und nashorngroße Gürteltiere lebten noch bis vor etwa 12 000 Jahren. Gemeinsames Merkmal der äußerlich und in der Lebensweise so unterschiedlichen Gürteltiere, Faultiere und Ameisenbären sind die zusätzlichen Gelenkhöcker und -gruben an den letzten Brustwirbeln und den Lendenwirbeln, die den nach Nahrung grabenden Gürteltieren Kraft und Festigkeit verleihen. Welche Bedeutung diese Nebengelenke haben, konnte noch nicht herausgefunden werden.

Bewegungen in Zeitlupe

Die heute noch lebenden fünf Faultierarten gehören zu den Gattungen der Zwei- oder Dreifinger-Faultiere. Das Dreifinger-Faultier oder Ai wird etwa 50 cm lang und ist ein Baumbewohner der süd- und mittelamerikanischen Urwälder. Es hängt meist mit dem Rücken nach unten in den Zweigen, hält sich mit den sichelförmigen Krallen fest und bewegt sich, wenn überhaupt, außerordentlich langsam und gemächlich, wie in Zeitlupe. Es ist ein Wunder, daß eine so scheinbar wehrlose Tiergattung überhaupt schon so lange auf der Erde existieren kann. Bei der Lebensweise der Faultiere ist aber Schnelligkeit völlig überflüssig. Ihre Nahrung, Blätter, junge Triebe, Früchte und Blüten, wächst ihnen in luftiger Höhe direkt in den Mund. Oft müssen sie nur den Kopf drehen – und das können sie viel weiter als die meisten Tiere –, um sich die besten Bissen zu holen. Als weitere Anpassung an ihre „hängende" Lebensweise wächst ihr Fell „verkehrt" herum, der Scheitel verläuft über Brust und Bauch, so daß Wassertropfen von Regen und Feuchtigkeit über den Rücken abfließen.

Der harte, graubraune Pelz dient einer blaugrünen Alge als Lebensraum. Diese Alge verleiht dem Tier eine grünliche Farbe, im grünen Dämmerlicht der Urwälder eine hervorragende Tarnung.

Der Große Ameisenbär
Noch eigenartiger als die Faultiere, die mit ihrem runden Kopf und den langen Gliedmaßen an Affen erinnern, erscheint der Große Ameisenbär mit seinem schwarzgrauen Borstenkleid, dem großen, buschigen Schwanz und der röhrenförmig verlängerten Nase. Von der Nasen- bis zur Schwanzspitze kann er bis zu 2 m lang werden. Der Ameisenbär ernährt sich fast ausschließlich von Ameisen und Termiten. Mit Hilfe der mächtigen Krallen der Vorderfüße öffnet er die manchmal steinharten Termitenbauten und leckt seine krabbelnde Nahrung mit der wurmförmigen, langen und klebrigen Zunge auf. Die starken Grabklauen dienen auch als Waffe, durch die der sonst wehrlose Ameisenbär zu einem ernstzunehmenden Gegner wird.

Der Rücken der Gürteltiere ist mit Hautverknöcherungen, plattenförmigen Schildern bedeckt, die teilweise zu Gürteln verwachsen sind. Einige Arten können sich bei Gefahr zusammenrollen und bilden dann einen gepanzerten „Ball", den selbst der Erzfeind der Gürteltiere, der Jaguar, nur mit Mühe öffnen kann. Außerdem können sich Gürteltiere dank ihrer sehr starken Grabkrallen blitzschnell in den Boden eingraben.

Die äußerlich den Gürteltieren ähnlichen Schuppentiere aus Afrika und Südasien ernähren sich, wie der Ameisenbär, von Termiten und Ameisen. Ihr Rücken ist von aufrichtbaren Hornschuppen bedeckt, die sie wie lebende Tannenzapfen aussehen lassen.

Einige Arten der Schuppentiere – links ein Pangolin – und Gürteltiere können sich bei Gefahr zusammenrollen

Das Junge des Großen Ameisenbären ist erst mit zwei Jahren völlig ausgewachsen. Vom ersten Lebenstag an „reitet" es auf dem Rücken der Mutter

Das Nordamerikanische Zwerggleithörnchen oder Assapan ist ein guter Gleitflieger

Streifenhörnchen haben sehr große Backentaschen und heißen deshalb auch „Backenhörnchen"

Nagetiere – anpassungsfähig und fruchtbar

Mehr als die Hälfte aller heutigen Säugetierarten gehört zur Ordnung der Nagetiere. In über 300 Gattungen und mit fast 3000 Arten sind sie auf allen Kontinenten und Inseln der Erde zu finden. Alle Klimazonen, alle Lebensräume und Landschaften konnten sie erobern. Dabei sind die Nager überwiegend klein, maus- bis rattengroß. Der Biber gehört bereits zu den großen Nagern, das größte Nagetier ist die südamerikanische Capybara, auch Wasserschwein genannt, das bis zu 130 cm lang und etwa 50 kg schwer wird. Die meisten kleinen Nagetiere sind flink, wendig, anpassungsfähig und außerordentlich fruchtbar. Unter ihnen finden wir schnelle Läufer, gute Kletterer, ausgezeichnete Springer und Hüpfer, hervorragende Schwimmer und Taucher, Gleitflieger, unterirdische Wühler und wahre Akrobaten mit Greifschwänzen, kurz: bei den Nagern finden wir alle Fertigkeiten, die sonst im ganzen Tierreich verteilt sind. In gemäßigten Breiten mit ausgeprägten Jahreszeiten oder Dürreperioden finden wir Winterschläfer und Arten, die Vorräte anlegen. Ursprünglich waren wohl alle Nagetiere reine Vegetarier. Heute sind vor allem die Arten, die als Kulturfolger in der unmittelbaren Nähe des Menschen leben, zu Allesfressern geworden. Die meisten führen ein nächtliches, heimliches Leben, sind scheu und vorsichtig und können sich, trotz starker Verfolgung und zahlreicher Feinde, vermehren und ausbreiten.

Wo der Mensch empfindlich in den Naturhaushalt eingriff und die natürlichen Feinde der Nager, Tag- und Nachtgreife, Katzen, Füchse und andere Raubtiere ausrottete oder ausgedehnte Monokulturen anlegte, vermehrten sich die Nager oft innerhalb kurzer Zeit so stark, daß sie starke Verwüstungen auf Feldern und Wiesen, in Pflanzungen und Vorratslagern anrichten konnten.

Schädlich oder nützlich – auf jeden Fall unentbehrlich

Schon unter „normalen" Umständen richten sie beträchtliche Schäden an. Abgesehen von wirtschaftlichen Verlusten haben Ratten, Mäuse und Hörnchen, in ihrem Gefolge Würmer, Läuse und Flöhe, Bakterien und Viren, die Menschheitsgeschichte wahrscheinlich mehr beeinflußt als alle anderen Tierarten zusammen. Durch die Verbreitung und Übertragung von Krankheiten wie Pest, Tollwut, Toxoplasmose, Trichinen, Maul- und Klauenseuche, einer bestimmten

Die Präriehunde Nordamerikas legen unterirdisch weitverzweigte Baue an. Es gibt Wohnräume, Kinderstuben und verschiedene Ausgänge als Fluchtwege

Form der Gelbsucht und vieler anderer sind bis zur Erfindung der Massenvernichtungswaffen mehr Menschen durch Ratten- oder Mäuseplagen ums Leben gekommen als durch Kriege oder Naturkatastrophen. Doch wäre es völlig falsch, Nagetiere als reine Schädlinge zu betrachten. Sie sind Landschaftsgestalter und Nahrungsgrundlage für viele fleischfressende Tiere und spielen eine wichtige Rolle im Naturhaushalt. Die Entdeckung und Erforschung vieler lebensrettender und wichtiger Medikamente wäre ohne Ratten, Mäuse und Meerschweinchen als Versuchs- und Labortiere nie möglich gewesen. Für viele von uns waren oder sind außerdem Meerschweinchen, Goldhamster – Mäuse weniger – die ersten liebenswürdigen Heimtiere.

Das Eichhörnchen ist in verschiedenen Unterarten und Farbvariationen über ganz Europa bis nach Vorderasien verbreitet

Kennzeichnend für alle Nagetiere ist das Gebiß. Im Ober- und Unterkiefer wachsen je zwei wurzellose, ständig nachwachsende, leicht gebogene Nagezähne. Wer einen Nager als Hausgenossen hält, weiß, daß diese Zähne ständig durch harte Körner oder ähnliches abgenutzt werden müssen, weil sie sonst so lange wachsen, daß das Tier nicht mehr fressen kann. Die Eckzähne fehlen, und auch die zylindrischen Backenzähne haben keine Wurzeln. Die meisten Nagetiere leben ausgesprochen gesellig, mit Ausnahme einiger Hörnchenarten, Hamster und Bilche. Biber, Murmeltiere, Ratten, Präriehunde u.a. zeigen ein fast vorbildliches Familienleben. Wenn es aber in einer Kolonie zu eng wird oder Nahrungsmangel herrscht, kann es zu Streit, Kannibalismus oder Massenwanderungen kommen, wie sie vor allem von Lemmingen bekannt sind. Unübersehbare Scharen von Tieren verlassen dann die angestammten Wohngebiete.

In Biberburgen leben meist mehrere Generationen zusammen. Sobald ein neuer Wurf zur Welt kommt, werden die ältesten Jungen von den in Einehe lebenden Eltern vertrieben

Die dreifarbigen, bis zu 30 cm großen Feldhamster graben ihre Wohnhöhlen meist in trockene Böden in Wiesen und Feldern

Fluchtröhre **Eingangsröhre**

Nest oder Wohnhöhle

Vorratskammer

Hörnchen- und Mäuseverwandte – lebhaft, flink und weit verbreitet

Die zwei ersten Unterordnungen der Nagetiere sind die Hörnchenverwandten und die Mäuseverwandten. Die sehr artenreiche Hörnchenfamilie ist, mit Ausnahme von Australien, Polynesien und Madagaskar, auf allen Kontinenten zu Hause.

Das winzige Afrikanische Zwerghörnchen mißt nur ganze 7,5 cm, während der Biber, der tatsächlich auch zu den Hörnchen gehört, bis zu 1 m lang wird – ohne den 30 cm langen Schwanz! Allen Hörnchen gemeinsam sind die walzenförmige Gestalt, die meist großen, leicht vorstehenden Augen und der dichte, weiche, manchmal lange Pelz. Auch der Schwanz ist oft dicht behaart und kann, je nach Lebensraum, als Sonnendach oder warme Decke dienen. Der Schwanz der Biber dagegen ist schuppig und flach und wird beim Schwimmen und Tauchen als Steuer und zur Fortbewegung benutzt.

Der Biber ist hervorragend dem Wasserleben angepaßt und hält sich in unterholzreichen Wäldern an Fluß- und Seeufern auf. Seine großen Burgen baut er ins Wasser hinein und staut Flüsse und Seen, um den Wasserstand immer gleich hoch zu halten.

Die Eingänge liegen geschützt unter Wasser und führen aufwärts in die geräumige Wohnhöhle. Das Baumaterial, Stämme, Äste und Zweige, nagt der Biber mit den starken Vorderzähnen ab, fällt dabei ganze Bäume, transportiert sie im Wasser zu seiner Behausung und verbaut sie. Holzvorräte als Futter für schlechte Zeiten werden im Wasser in der Nähe der Burg im Boden verankert.

Uns allen bekannt ist das lebhafte Eichhörnchen, das längst nicht mehr nur in Wäldern, sondern auch in Parks und Gärten der Städte lebt. Es ernährt sich von Knospen, Blüten, Samen und der Rinde der Bäume, verschmäht aber Vogeleier und Jungvögel nicht. Instinktiv legen Eichhörnchen Vorräte an, indem sie die Zapfen der Nadelbäume, Nüsse oder andere Samen vergraben oder in Baumhöhlen oder leeren Vogelnestern verstecken. Im Winter können sie ihre Vorratslager selbst unter der Schneedecke wiederfinden – allerdings längst nicht alle –, so daß sie dadurch auch zur Verbreitung von Bäumen und Sträuchern beitragen.

In die Hörnchenverwandtschaft gehören außerdem Erd- und Flughörnchen, Dornschwanz- und Stummelschwanzhörnchen, Murmeltiere sowie Taschenmäuse und Springhasen.

Die große Nachkommenschaft

Wenn die Mäuseartigen nicht so zahlreiche Feinde hätten, wären sie wahrscheinlich die vorherrschendsten Tiere der Erde. Sie sind nicht nur so wenig spezialisiert, daß sie sich praktisch jeder Lebenssituation und jedem Lebensraum anpassen können, sondern sie vermehren sich auch noch außerordentlich schnell und in sehr großer Zahl. Viele Mäuse und Ratten können sich fast das ganze Jahr

Wüstenspringmäuse leben in den Trockengebieten Nordafrikas, Arabiens und Vorderasiens

hindurch paaren. Nach einer Tragezeit von durchschnittlich 3 Wochen kommen 2 bis 8 Junge zur Welt, die ihrerseits nach spätestens 8 bis 10 Wochen fortpflanzungsfähig sind. Jedes Weibchen kann 5 bis 6mal im Jahr werfen und produziert so eine ungeheure zahlreiche Nachkommenschaft.

Zur Familie der Wühler gehören Wühlmäuse, Bisamratten und Hamster. Unser schöner, dreifarbiger Feldhamster ist mit einer Körperlänge von 30 cm und einem Gewicht von über 500 g wesentlich größer und schwerer als der als Haustier beliebte Goldhamster. Feldhamster bewohnen trockene Wiesen oder Klee- und Luzernefelder in tiefen Lagen. Dort graben sie ihre unterirdischen Baue mit Wohnhöhle, Vorratskammer sowie Eingangs- und Fluchtröhre. Sie ernähren sich von Pflanzen, fressen aber auch Würmer, Schnecken, Kerbtiere und andere Kleinsäuger.

Berühmt-berüchtigt sind die ebenfalls zu den Wühlern gehörenden Bisamratten aus Nordamerika. 1905 wurden 5 Tiere in der Nähe von Prag ausgesetzt und verbreiteten sich mit ungeheurer Geschwindigkeit über große Teile Europas. Bisamratten werden wegen ihres wertvollen Pelzes geschätzt, aber wegen der großen Schäden, die sie durch ihre Wühltätigkeit an Deichen und Dämmen anrichten, stark verfolgt.

Hausmäuse und die größeren und plumperen Hausratten gab es ursprünglich in vielen Unterarten nur in ganz Europa, Asien, Amerika und Afrika. Sie wurden aber mit Schiffen über die ganze Welt verbreitet. Von allen Nagern haben sie sich dem Menschen am nächsten angeschlossen und wir werden sie, trotz Gift und Fallen, nicht mehr los.

Bereits während der Eiszeit wurden Hausratten als Mitbewohner menschlicher Behausungen festgestellt

Bis zu 10 cm lang wird die Feld-Waldmaus oder Kleine Waldmaus. Sie lebt meist in offenen Feldern, Wiesen und Ödland

Feldmäuse (unten) haben die höchste Vermehrungsrate aller Säugetiere

Die durchschnittlich 6,5 cm große Eurasische Zwergmaus klettert an Halmen und Zweigen in Schilf, Wiesen und niedrigen Dickichten

Stachelschweine und Baumstachler

Eigentlich haben Stachelschweine und Baumstachler nicht mehr miteinander gemeinsam als ihr Stachelkleid. Die Überfamilie der Baumstachlerartigen aus Amerika gehört zur Unterordnung der Meerschweinchenverwandten, während die Stachelschweine Afrikas, Asiens und Süditaliens eine eigene Unterordnung bilden. Stachelschweine bewohnen trockene Landschaften, in denen sie ihre Wohnhöhlen meist in Berghänge oder Hügel graben. In den Dämmerungsstunden verlassen sie ihren Bau und begeben sich auf Nahrungssuche: Knollen, Wurzeln, Kräuter, Rinde und Früchte, sie nehmen aber auch Fleischkost zu sich. In Pflanzungen können sie große Schäden anrichten und werden darum stellenweise gejagt oder in Fallen gefangen. In manchen Gegenden wird Stachelschweinfleisch gern gegessen, es soll wie Schweinefleisch schmecken.

Junge Stachelschweine kommen mit offenen Augen zur Welt. Sie haben schon ihre Schneidezähne und tragen ein weiches, gestreiftes Stachel-Fell-Kleid. Nach etwa zehn Tagen sind die Stacheln schon so hart und spitz, daß man sich an ihnen verletzen kann. Man liest immer wieder, daß Stachelschweine ihre Stacheln gezielt wie Pfeile auf Feinde abschleudern können. Tatsächlich richten erschreckte oder aufgeregte Tiere rasselnd ihren Stachelpanzer auf. Der ganze Körper schüttelt sich und dabei können lose sitzende Stacheln mit so großer Wucht wegfliegen, daß sie in Baumstämmen, Holzplanken oder in der Haut eines Feindes steckenbleiben.

Stacheln als Wurfgeschosse
Im Gegensatz zu den recht behenden Stachelschweinen bewegen sich die Baumstachler aus der Meerschweinchenverwandtschaft eher langsam und bedächtig. Sie leben in Baumkronen und Baumhöhlen, bewohnen aber gelegentlich auch Erdhöhlen. Die Stachel sitzen nur lose in der Haut und sind mit Widerhaken versehen. Ein angreifender Räuber hat schnell Maul und Pfoten voller Stacheln, die durch die Widerhaken immer tiefer ins Fleisch eindringen und starke Entzündungen hervorrufen können. Trotzdem lernen einige Jaguare, Pumas, Uhus und Adler, wie sie die stachlige Beute überwältigen können. Baumstachler sind reine Vegetarier. Der Urson aus den Wäldern Nordamerikas lebt von Knospen, Blättern, frischen Trieben und Baumrinde. In den langen, harten Wintern seiner Heimat bleibt er so lange auf einem einzigen Baum, bis er diesen völlig entrindet hat. Der Baum stirbt dann ab.

Links außen: Kurzschwänzige Stachelschweine tragen am Schwanzende Rasselbecher aus Horn, die sie bei Erregung aneinanderschlagen

Der Schwanz des Guinea-Quastenstachlers dient als Kletterhilfe

Das Gewöhnliche Stachelschwein kommt auch in Europa vor

Chinchilla, Meerschweinchen & Co.

Man kann sich fast nicht vorstellen, daß alle auf dieser Seite abgebildeten Tiere zur Unterordnung der Meerschweinchenverwandten gehören, zu unterschiedlich sind die Arten in Körperbau und -größe. Trotz der äußerlichen Verschiedenheiten aber haben die Meerschweinchenverwandten die gleiche Zahnformel, die ihre Zusammengehörigkeit beweist. Bei uns sind vor allem die Angehörigen der Überfamilien Chinchillaartige und Meerschweinchenartige bekannt. Die Chinchillas sind hübsche Tiere mit weichem Fell, langen, buschigen Schwänzen und kräftigen Hinterbeinen.

Verhängnisvolle Pelze

Der sehr weiche, feine Pelz wurde den Langschwanz- und den Kurzschwanz-Chinchillaarten zum Verhängnis. Zur Zeit der spanischen Eroberer waren sie in Peru und Chile noch sehr häufig. Zu Beginn unseres Jahrhunderts wurden die Tiere so selten, daß der Preis für einen der kleinen Pelze von 13 Dollar im Jahr 1890 innerhalb von 40 Jahren auf 200 Dollar stieg! In den 20er Jahren begannen auch die ersten Zuchtversuche mit den silbergrauen Nagern, und Mitte der 50er Jahre gab es wahrscheinlich Millionen von Chinchilla-Zuchtfarmen in der ganzen Welt.

In der Überfamilie der Meerschweinchenartigen finden wir nicht nur das Lieblingstier vieler Kinder, das zwischen 20 und 33 cm lang werden kann, sondern auch die Riesen unter den Nagern, wie das Wasserschwein oder Cabybara, das bis zu 130 cm mißt. Das Tschudi-Meerschweinchen, die Urform unseres Haustiers, lebt in den südamerikanischen Anden in Höhen bis zu 4200 m und wurde von den dortigen Indios als Haustier und Fleischlieferant gehalten.

Chinchilla, Meerschweinchen & Co. sind durchweg gesellige Tiere, die auch als Haustiere ihre Artgenossen brauchen. Meerschweinchen gelten noch heute als ideale Haustiere für Kinder: sie sind gesellig, pflegeleicht, stellen nicht allzu viel an und machen wenig Lärm. Wenn Tiere in menschlicher Obhut lange leben und sich vermehren, so gilt das für uns als ein Zeichen, daß sie sich wohlfühlen. Die Meerschweinchen hat niemand gefragt, denn ein kleiner Käfig und ein paar Körner und Möhren am Tag reichen zum Wohlfühlen und zur artgerechten Haltung nicht aus. Ein besonderes Merkmal des Meerschweinchens ist, daß die Zähne immer weiter wachsen, sie müssen also im wahrsten Sinne des Wortes harte Brocken zum Beißen bekommen.

Capybara oder Wasserschwein

Meerschweinchen und Chinchillas sind zu Haustieren geworden

Das Gebiß des Mähnenlöwen läßt deutlich Schneide- und Eckzähne erkennen

Tatzen und Pranken vom Bär (oben) als Sohlengänger und von Wolf (Mitte) und Wildkatze (unten, mit eingezogenen Krallen) als Zehengänger

Land- und Wasserraubtiere

Die Ordnung Raubtiere ist in die beiden Unterordnungen Land- und Wasserraubtiere oder Robben unterteilt. Die Einteilung erfolgt nach Aussehen und Lebensweise. Bären, Groß- und Kleinkatzen, Wölfe, Hyänen, Marder und andere sind eindeutig als Landraubtiere zu erkennen.

Raubtiere sind Warmblüter und ernähren sich hauptsächlich oder ausschließlich vom Fleisch und Blut anderer Wirbeltiere, von Fischen, Amphibien, Echsen und Vögeln bis zu den großen Säugern. Für viele Menschen heißt Raubtier immer noch „Mörder", „Bestie" oder „Schädling", und wenn es nach ihnen ginge, müßten alle „Räuber" ausgerottet werden. Dabei spielen die Raubtiere eine außerordentlich wichtige Rolle im Haushalt der Natur. Sie regulieren die Bestandszahlen der Pflanzenfresser, sie halten die Tierbestände gesund, da sie hauptsächlich schwache Jungtiere und kranke und alte Tiere töten. Darüber hinaus fressen viele Raubtiere auch Aas und dienen so als „Gesundheitspolizei".

Die Jagd- und Tötungsmethoden der Raubtiere sind, je nach Art, sehr unterschiedlich. Geparde und Hundeartige, die oft auch in Rudeln jagen, sind ausgezeichnete Hetzjäger, während die meisten Katzen ihre Beute anschleichen oder ihr auflauern. Alle Wasserraubtiere sind, wie auch die Otter, ausgezeichnete Taucher und Schwimmer. Raubtiere

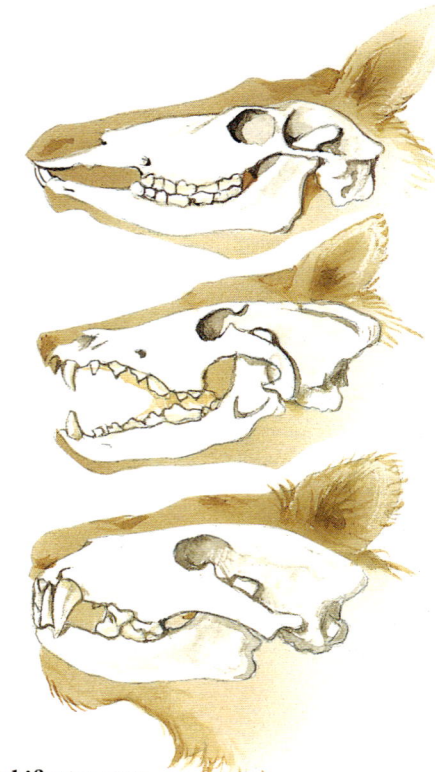

Gebißarten vom Hirsch (oben) als Pflanzenfresser, vom Wolf (Mitte) und Löwen (unten) als Raubtieren und Fleischfressern

besitzen sehr scharf entwickelte Sinne, wobei – je nach Lebensweise und Jagdmethode – Gehör, Geruch oder Gesicht überwiegen oder auch schwächer ausgebildet sein können. Entsprechend den Sinnesleistungen und dem notwendigen schnellen Reaktionsvermögen ist das Gehirn relativ hoch entwickelt und stark gefurcht.

Zähne zum Reißen und Schneiden...
Charakteristisches Merkmal für alle Raubtierarten ist das Gebiß. Fast alle haben im Ober- und Unterkiefer je sechs Schneidezähne, denen die langen, an Dolche erinnernden Eckzähne mit starken Wurzeln folgen. Der erste Vorbackenzahn des Oberkiefers und der erste Backenzahn des Unterkiefers sind zu sogenannten Reißzähnen umfunktioniert. Millimetergenau passen die scharfen Zacken dieser Zähne ineinander

und zerschneiden die zähesten Fleischbrocken. Die weiteren Backenzähne sind klein und manchmal völlig verschwunden. Alle Raubtiere, sogar die oft so plump wirkenden Bären, haben einen starken, geschmeidigen Körper, ein stabiles Skelett und sehr kräftige Muskeln und Sehnen. Bei vielen Arten ist das Schlüsselbein zurückgebildet oder gar nicht vorhanden. Dadurch erhalten die Vorderbeine große Bewegungsfreiheit.

…und Krallen zum Festhalten und Reißen

Ergänzend zum Gebiß dienen bei Katzen auch die Krallen zum Festhalten und Reißen der Beutetiere. Viele Katzen können diese wertvollen Werkzeuge beim Laufen einziehen, damit sie nicht abgenützt werden. In der Regel haben die Vorderfüße fünf, die Hinterfüße vier Zehen. Hunde- und Katzenartige sind Zehengänger, während Bären- und Marderartige als Sohlengänger den ganzen Fuß aufsetzen.

Im Naturhaushalt stehen die Raubtiere an der Spitze einer Nahrungspyramide. Was das bedeutet, soll an Hand der Lebensräume Tundra und Ozean veranschaulicht werden. Die breite Nahrungsbasis im Lebensraum Tundra bilden Moose, Flechten, Gräser, Kräuter und Zwergsträucher. Diese werden von den zahlenmäßig bereits geringeren Pflanzenfressern, Schneehühnern, Lemmingen, Schneehasen, Schneemäusen und vielen anderen, verzehrt.

Einige Kleinraubtiere wie Fuchs und Hermelin ernähren sich vom Heer der Pflanzenfresser, während der Wolf, der in der Tundra an der Spitze der Pyramide steht, Herr über alle anderen Lebewesen ist und alles frißt, was ihm vor die Zähne kommt und was er bewältigen kann.

Ähnlich verhält es sich in den Ozeanen. Phytoplankton und Zooplankton dienen in riesigen Mengen Stachelhäutern, Muscheln, Krebsen und anderen Kleintieren des Meeres als Nahrungsgrundlage. Die Kleintiere werden von Fischen und Tintenfischen gefressen und werden ihrerseits von Robben gejagt. An der Spitze der ozeanischen Nahrungspyramide steht der Schwertwal, der zwar systematisch zu den Wal- und nicht zu den Raubtieren gehört, aber wegen seiner Größe und seiner räuberischen Lebensweise die Spitze der Pyramide einnimmt.

Nahrungspyramide Ozean

Nahrungspyramide Tundra

Barten- und Pottwale – Rekorde auf der ganzen Linie

Über Wale kann man nur in Superlativen berichten. Sie sind die Säugetiere, die sich dem Leben im Wasser am vollkommensten angepaßt haben. Ihre Anpassung geht so weit, daß sie außerhalb ihres Elements hilflos sind und nicht lange überleben können. Sie haben die vollendetste Stromlinienform und den gewaltigsten Schraubenantrieb entwickelt, können am längsten und tiefsten tauchen, wagen sich am weitesten ins offene Meer hinaus und sind die ausdauerndsten Wanderer. In der Ordnung Waltiere finden wir die größten und fettesten Riesen der Tierwelt mit den wenigsten Zähnen neben den größten Räubern mit den leistungsfähigsten Gebissen.

Wahrhaft riesenhafte Riesen
Das gewaltigste lebende Säugetier ist der Blauwal aus der Unterordnung der Bartenwale. Er wird bis zu 33 m lang und sogar bis zu 136000 kg schwer – das entspricht dem Gewicht von 32 Elefanten oder 200 Mastochsen oder 1500 Menschen! Bei der Geburt, nach einer Tragzeit von etwa 11 Monaten, mißt ein Blauwal bereits 7 m. Während der sechs bis sieben Monate, in denen der Jungwal gesäugt wird, nimmt er jeden Tag ungefähr 100 kg zu und ist nach dieser Zeit bereits 15 bis 16 m lang. Das unglaubliche Wachstum und die enorme Gewichtszunahme sind nur möglich, weil die Walmilch einen Fettanteil von mehr als 40 % hat.

Die kleinsten Mitglieder der Unterordnung der Bartenwale sind der Zwergglattwal und der Zwergfinnwal, die immer noch beachtliche 6 bzw. 9 m lang werden. Allen Bartenwalen gemeinsam sind die paarigen Nasenlöcher auf dem sehr großen und breiten Kopf, das riesige Schaufelmaul und der unglaublich enge Schlund. Anstelle der Zähne hängen auf jeder Mundseite vom Oberkiefer zwischen 300 und 400 hornige Gaumenleisten herunter, die sogenannten Barten. Sie können bis zu 60 cm breit und bis zu 450 cm lang werden und dienen bei der Nahrungsaufnahme als Sieb. Die Riesen der Tierwelt ernähren sich von den Zwergen, von Krill, Krebsen, Plankton und nicht zu großen Fischen. Ein fressender Wal nimmt das Riesenmaul voll Wasser und drückt dann Mundboden und Zunge nach oben, so daß das Wasser seitlich herausfließt und alle kleinen und kleinsten Lebewesen im „Sieb" hängenbleiben. Alle Walarten, vor allem die Bartenwale,

1 Buckelwal
2 Beluga- oder Weißwal
3 Blauwal
4 Narwal
5 Pottwal

sind durch Walfang und Meeresverschmutzung mehr oder weniger stark in ihren Beständen gefährdet. Die Internationale Naturschutzunion IUCN setzte 7 der insgesamt 12 Bartenwalarten auf die Liste der vom Aussterben bedrohten Tiere. Leider sehen einige der traditionellen Walfangnationen die Notwendigkeit des absoluten Fangstopps für die Wale nicht und halten sich nicht an die empfohlenen Fangbeschränkungen oder Fangverbote.

Im Gegensatz zu den Bartenwalen weisen die vier Oberfamilien der Zahnwale, die Pottwalartigen, die Flußdelphinartigen, die Narwalartigen und die Delphinartigen sowohl gestaltlich als auch in ihren

Lebensräumen und Lebensweisen große Unterschiede auf. Ihnen allen gemeinsam ist lediglich, daß sie Zähne statt der Barten und nur ein äußeres Nasen- oder Atemloch haben. Außerdem ist der Unterkiefer nicht so schaufelartig vorgeschoben wie bei den Bartenwalen und wird vom Oberkiefer überragt. Die meisten Zahnwale ernähren sich von Fischen. Der Pottwal oder Cachelot, dem Melville in seinem „Moby Dick" ein wunderbares Denkmal gesetzt hat, ist spezialisiert auf Tintenfische und macht selbst vor den großen Riesenkraken nicht halt. Auf weiten Wanderungen folgt er seiner Beute. Oft treffen mehrere Gruppen zusammen und bilden Gemeinschaften, die aus mehreren hundert Tieren bestehen können. Die alten Walfänger jagten „Moby Dick" nicht nur wegen des begehrten Specks. Das Walrat, eine helle, durchscheinende, ölige Masse aus der Kopfhöhle des Pottwals wurde zur Herstellung der besten Kerzen verwendet. Am wertvollsten aber war das Ambra aus Magen und Därmen der Tiere, das buchstäblich mit Gold aufgewogen wurde und eine der Grundsubstanzen teuerster Parfums ist.

Delphine – Gaukler und Akrobaten der Meere

Schon die alten Griechen und Römer kannten wunderbare Erzählungen von den Delphinen. Telemach, der Sohn des Odysseus, wurde von Delphinen aus dem Meer gerettet; der griechische Knabe Dionysios spielte lange Zeit mit seinem Delphinfreund, bis dieser dem Jungen zu weit ans Ufer folgte und im flachen Wasser verendete; an der Küste von Neapel wurde ein römischer Knabe jeden Morgen von „seinem" Delphin quer durch eine seichte Lagune ans andere Ufer zur Schule gebracht. Lange Zeit wurden dann die Geschichten der griechischen und römischen Erzähler belächelt und als Märchen abgetan.

Delphine retten Menschen
Seit sich die moderne Verhaltensforschung mit den Delphinen befaßt und Delphine in Menschenobhut gehalten werden, weiß man, daß in „Märchen" viel Wahres enthalten ist. Heute liegen verbürgte Berichte über Rettungen Ertrinkender durch Delphine vor. Delphine und andere Walarten helfen einem kranken oder verletzten Artgenossen, indem sie unter ihn schwimmen und ihn nach oben drängen, damit die Atemöffnung über Wasser bleibt. Wir wissen nicht, ob dieses Verhalten angeboren ist oder ob die Tiere überlegt handeln. Wale allgemein und die kleineren Zahnwale besonders haben ein großes, furchenreiches Gehirn, das denen der hochstehenden Primaten, der Menschenaffen und Menschen, zumindest gleicht. Delphine sind sehr gesellig, außerordentlich intelligent und lernen dementsprechend schnell. Diese Eigenschaften verleihen ihnen einen „hohen Schauwert", wie man das in der Fachsprache nennt, was nichts anderes heißt, als daß eine Menge Leute Delphinarien besuchen, um sich die tollen Kunststücke der Delphine anzusehen. Man kann wirklich den Eindruck bekommen, daß die Großen Tümmler, die am meisten ausgestellt werden, aus purem Vergnügen aus dem Wasser springen, mit dem Schwanz aufs Wasser schlagen, im Wasser rückwärts „laufen", Fische in der Luft fangen und noch andere Kunststückchen machen. Bei der hohen Intelligenz der Delphine ist es wahrscheinlich, daß die Tiere, deren Heimat das weite Meer ist, die Abwechslung brauchen, wenn sie in den engen Behältern der Delphinarien überhaupt ein bißchen toben können und den Menschen als Spielgefährten haben. Alle Wale und wiederum ganz besonders die Delphine verfügen über ein ausgeprägtes Kommunikationssystem. Das hört sich kompliziert an, heißt aber nur, daß sie alle gern und viel miteinander „schwätzen". Mit sehr melodischen, pfeifenden, singenden, quietschenden Tönen können sich Delphine orientieren

Der Große oder Gemeine Tümmler wird oft in Delphinarien gezeigt

oder sich gegenseitig ihre Stimmungen, Nahrungsquellen oder Gefahren mitteilen. Seit Jahren werden unter Wasser Tonbandaufnahmen von Wal- und Delphingesprächen aufgezeichnet: das menschliche Ohr kann bis zu 20 000 Schwingungen je Sekunde wahrnehmen, einige Wale und Delphine vernehmen Töne bis zu 200 000 Schwingungen! Sie verständigen sich also, ähnlich wie Fledermäuse, in einem Bereich, den wir Menschen gar nicht mehr hören können.

Delphine gehören nicht nur zu den stimmfreudigsten und räuberischsten, sondern auch zu den verspieltesten Tieren, die es gibt. Der Gemeine Delphin und der Furchenzahn-Delphin sind den Seefahrern seit Jahrhunderten bekannt. Sobald eine „Schule" der 2 bis 3 m langen Tiere ein Schiff wahrnimmt, veranstalten sie ein Wettschwimmen, tauchen vor dem Bug unter, schnellen empor, springen und drehen sich in der Luft, peitschen mit der Schwanzflosse das Wasser und schnellen unter Wasser weiter, in einem unermüdlichen Wettkampf und voller Freude an der eigenen Behendigkeit. Nicht ganz so amüsant sind Intelligenz und Behendigkeit der Delphine für andere Tiere. Vor allem der Orca aus der Unterfamilie der Schwarz-Weiß-Delphine, auch Mörder- oder Killerwal genannt, ist ein berühmt-berüchtigter Räuber in der Tierwelt aller Meere.

Er wird bis zu 9 m lang, hat eine tiefschwarze Ober- und eine reinweiße Unterseite und – je nach Art – 10 bis 14 große Zähne in jeder Kieferhälfte. Einige Verhaltensforscher bezeichnen den „Killer" als das gewaltigste und fürchterlichste Raubtier der Welt. In kleinen Rudeln durchstreift er die Weltmeere und fällt sogar über die großen Wale her. Von allen Seiten wird so ein Riese angegriffen, und die Orcas reißen ihn bei lebendigem Leib in Stücke. Trotz des unersättlichen Hungers und der Angriffslust gelten die „Killer" in Delphinarien als ausgesprochen freundliche und gesellige Pfleglinge.

Wie schwarzweiße Pfeile jagen die Orcas oder Killerwale hinter einer Schule des Gemeinen Delphins her. In Panik schießen die Verfolgten durchs Wasser

Marderartige – hüpfen und springen, klettern und schwimmen

Die Marderartigen gleichen neben den Schleichkatzen am ehesten den Urbildern der ersten Raubtiere. Die meisten von ihnen sind klein und niedrig gebaut, schlank, geschmeidig und sehr flink in ihren Bewegungen. Sie haben sehr scharfe Sinne und sind äußerst fruchtbar. Nach menschlichem Maßstab kann man sie als furchtlos und mutig, vorsichtig, mißtrauisch und listig beschreiben.

Duftdrüse als Waffe
Sie sind schnell und wendig, und ihre langen Eckzähne und die oft scharfen Krallen dienen ihnen als Waffen. Daneben haben viele noch eine „Geheimwaffe", die mit einer sehr wirksamen Gaspistole verglichen werden kann. Aus den sogenannten Afterdrüsen können sie zur Verteidigung ein stark riechendes bzw. fürchterlich stinkendes Sekret spritzen. Diese anpassungsfähigen Tiere konnten, zum Teil mit Hilfe des Menschen, die ganze Welt erobern, sie leben in Wäldern und Wüsten, in Steppen und im Wasser, in Ebenen und Gebirgen, in Sümpfen und sogar in Städten, mitten unter uns.

Seit Felle allgemein und die außerordentlich dichten und weichen Pelze der Marderartigen speziell nicht mehr als schick gelten, werden Wiesel, Nerz, Hermelin, Zobel und Otter auch nicht mehr unerbittlich verfolgt. Seit sich außerdem die Ansicht durchgesetzt hat, daß Marderartige keine „mordlustigen Blutsäufer" sind, sondern entscheidend dazu beitragen, die Nager im Zaum zu halten, dürfen Haus- und Steinmarder sogar in unserer unmittel-

Stinktiere können ihre „Geheimwaffe" sehr gut gezielt einsetzen und den Strahl über 5 m weit spritzen. Das Sekret riecht durchdringend nach faulen Eiern

Der plump und griesgrämig wirkende Dachs sieht eher aus wie ein kleiner Bär und ist ein Allesfresser

Sommer- und Winterpelz des Hermelins sind so unterschiedlich, daß man glaubt, zwei verschiedene Tiere vor sich zu haben

baren Nachbarschaft leben und knabbern zum Leidwesen vieler Autobesitzer an Bremskabeln, Elektroleitungen und Lenkmanschetten herum.

Wir unterteilen die Marderfamilie in die fünf Unterfamilien Wieselartige, Honigdachse, Dachse, Skunks und Otter mit insgesamt etwa 70 Arten.

Wiesel – die schlanken Räuber
Die „typischen" Marder mit schlanken, langgestreckten Körpern, kurzen Beinen und mittellangen Schwänzen sind in der Gruppe der Wiesel zu finden. Sie sind die intelligentesten, beweglichsten und auch die reißlustigsten der ganzen Familie. Ihre Beutetiere sind alle Nager von der kleinsten Feldmaus bis zum Eichhörnchen, außerdem Vögel bis zu Rabengröße. In Hühnerställen, Volieren und Taubenschlägen richten sie gelegentlich wahre Blutbäder an, da sie um sich beißen und reißen, solange sich noch etwas bewegt. Allerdings kann man selbst da nicht von Blutdurst sprechen, da die Tiere rein instinktiv handeln. Außer Nagern und Vögeln mögen sie Eier, Insekten, Frösche und süße Früchte. Die dem Wasserleben angepaßten Nerze, die sogar Schwimmhäute zwischen den Zehen haben, und Otter fressen bevorzugt Fische, Frösche, Molche, Wasserratten und Wasservögel.

Das durch den sehr schönen weißen Winterpelz mit der schwarzen Schwanzspitze bekannte Hermelin ist in mehreren Unterarten fast auf der ganzen Nordhalbkugel der Erde zu finden. Typisch für viele Wiesel ist der „Tötungsbiß" des Hermelins. Es packt seine Beute mit den Zähnen am Hinterkopf, umklammert sie mit den Vorderbeinen und kratzt mit den krallenbewehrten Hinterpfoten den Hinterleib, um eventuelle Abwehrbewegungen zu unterdrücken. Diese Art zu töten ist angeboren, denn auch unerfahrene oder von Menschen aufgezogene Jungtiere wenden sie bereits an. Der größte und schwerste Marder ist der Järv, auch Vielfraß oder Bärenmarder genannt. Vielfraß heißt das bis zu 90 cm lange und bis 35 kg schwere Tier nicht wegen seines Appetits, sondern wegen eines Mißverständnisses des norwegischen „Fjellfras", Felsenkatze. Allerdings ist „Vielfraß" wohl treffend, denn der Järv frißt wirklich alles, was er kriegen kann: im Sommer Aas, Vogelgelege, Jungvögel, Insekten und Lemminge, hin und wieder auch ein Elch- oder Renkalb. Im Winter aber wagt er sich sogar an erwachsene Elche, Rentiere, Füchse und sogar an Luchse heran, die er auf seinen breitsohligen Füßen auch im tiefsten Schnee erreicht. Bei den Trappern Nordamerikas ist der Vielfraß gefürchtet, weil er in Vorratslager eindringt und nicht nur viel frißt, sondern noch mehr verschmutzt.

Steinmarder fühlen sich auch in Großstädten wohl und haben sich mit geparkten PKWs so angefreundet, daß sie sie anknabbern

Unser einheimischer Fischotter ist vorwiegend ein Nachttier

Bärenartige – niedlicher Teddy und brummiger Meister Petz

Braunbären gibt es in vielen Farben, von dunklem Schwarzbraun bis Silbergrau

Wie die Kleinkatzen kann der Kleine Panda seine scharfen Krallen einziehen

Bären sind frech, angriffslustig, hinterhältig, unberechenbar und gefährlich! Bären sind nett und gemütlich, verspielt und verfressen! So hört und liest man immer wieder. Gleich am ersten Abend einer Kanada-Reise hatten wir auf dem Campingplatz die erste Bärenbegegnungen, die einige der oben angeführten Eigenschaften bestätigten. Nach der Fahrt machten wir einen Spaziergang in der frischen Luft, genossen die Ruhe und den weichen Waldboden. Plötzlich standen wir vor dem dicken, schwarzen Hinterteil eines Bären, der mit dem Kopf in einer umgekippten Abfalltonne steckte. Er erschrak mindestens so wie wir, sauste aus der Tonne heraus, starrte uns an und kletterte mit einer für seine 150 kg erstaunlichen Behendigkeit den Stamm einer Tanne hinauf, während wir gleichzeitig zum Auto zurückflüchteten.

Den Weg zur Dusche fuhren wir lieber. Schon beim Aussteigen hörten wir Geschrei und Gepolter. Die Tür des Dusch-Häuschens flog auf, Frauen und Kinder stürzten in wilder Panik heraus. Der Lärm im Inneren aber hielt an, bis aus der Tür drei Schwarzbären herausspazierten.

Pandas sind Feinschmecker

Die Familien der Klein-, der Katzen- und der Großbären in der Überfamilie Marder- und Bärenartige weisen sich durch ihr Gebiß und ihren Körperbau als in die Ordnung Raubtiere gehörig aus, aber viele Arten sind ausgesprochene Allesfresser, die Früchte, Beeren und Kräuter genauso lieben wie Fleisch und Fisch. Der Große Panda oder Bambusbär ist nicht nur Vegetarier, sondern auch ein Feinschmecker, der am liebsten Bambusschößlinge und fingerdicke Bambusstengel frißt. Er ist sogar ein so ausgesprochener Nahrungsspezialist und so ortstreu, daß er, wenn die Bambussträucher in seinem Revier absterben – und das geschieht regelmäßig im Abstand von 20 bis 30 Jahren – lieber verhungert, als daß er etwas anderes frißt oder sich ein anderes Wohngebiet sucht. Sein nächster Verwandter, der Kleine Katzenbär oder Panda, ist nicht so einseitig und nimmt außer Bambus auch Vogeleier, Jungvögel und Kleinsäuger. Während der Kleine Panda Bergwälder und Bambusdickichte am Himalayasüdhang zwischen 1800 und 4000 m Höhe bewohnt, lebt sein großer Bruder hauptsächlich in den Bergwäldern Chinas.

Waschbären und Nasenbären sind die bekanntesten Kleinbären. Ursprünglich kamen alle sieben Waschbärenarten nur in Nord- und Südamerika vor. Mehrfach gelang es einigen Tieren, aus europäischen Pelzzuchtstationen zu entkommen und sich in Freiheit zu vermehren, so daß Waschbären heute in manchen Gegenden zur einheimischen Tierwelt gehören. Sie waschen ihre Nahrung nicht, um sie zu säubern, vielmehr ist das Eintauchen ins Wasser eine Instinkthandlung. In Freiheit jagen Waschbären meist Wasserlebewesen, offenbar fehlt

In seiner Heimat China gilt der Große Panda als Nationalheiligtum. Er ist das Wappentier des WWF

Am Rand einer treibenden Eisscholle wartet der Eisbär auf Robben, seine bevorzugte Beute

ihnen diese Art der Jagd in der Gefangenschaft. Nasenbären sind in mehreren Arten über Nord- und Südamerika verbreitet und verdanken ihren Namen der rüsselartig verlängerten Nase. Im Gegensatz zu den anderen Kleinbären sind sie tagaktiv und leben in größeren Familiengruppen.

Die Großen fressen alles
Die Familie der Großbären ist hauptsächlich in Nordamerika und Eurasien vertreten. Eisbären mit dem zottigen, langen, weißlichen Pelz leben im ewigen Schnee und Eis der arktischen Region. Einige wandern mit der Eisdrift von Ost nach West um den Pol herum, andere sind standorttreu, wenn sie genügend Robben als Jagdwild haben. Gelegentlich werden Eisbären in der Nähe von Siedlungen zur Plage, weil sie Abfallhalden als neue Nahrungsquelle entdeckt haben und nicht mehr weiterwandern. Braunbären sind über ganz Nordamerika, Europa und Asien verbreitet. Die größte Unterart, der Grizzly, spielt oft in Abenteuergeschichten eine Rolle. Durch Grizzlybären kommt es sogar immer noch zu Todesfällen, wenn etwa ahnungslose Touristen Lebensmittel in ihre Zelte mitnehmen und so die Bären anlocken. Ein Verwandter des Grizzly, der Kodiakbär, ist mit einer Länge von fast 3 m das größte lebende Landraubtier der Erde. Er ernährt sich vorwiegend von Gras und Wurzeln und wird nur im Frühjahr während der Laichwanderung der Lachse zum Fischfresser. Dann steht er im kalten Wasser der Flüsse und fischt Lachse mit den Pfoten aus dem Wasser.

Eigenartige Gesellen
Die zwei folgenden Arten bilden eigene Gattungen: Der Lippenbär aus den Waldgebieten Vorderindiens und Sri Lankas hat einen langen, groben, tiefschwarzen Pelz mit weißer, hufeisenförmiger Zeichnung auf der Brust und lange, sichelförmige Krallen. Eigenartig ist die grauweiße, langgezogene Schnauze mit der noch längeren Unterlippe, die ihm aber beim Vertilgen von Termiten, seiner Lieblingsspeise, vorzügliche Dienste leistet. In Südchina, Birma und Malaysia und auf einigen südostasiatischen Inseln lebt der dickköpfige Malaienbär, der eine Körperlänge von 1,40 m erreicht und 70 cm hoch wird. Auch er hat sichelförmige, lange Krallen und die sehr bewegliche Schnauze wie der größere Lippenbär.

Etwas ganz besonderes – sozusagen ein Überbleibsel aus der letzten Eiszeit – ist der Brillenbär. Er ist nicht nur der einzige südamerikanische Bär, sondern auch der einzige Vertreter der Unterfamilie der Kurzschnauzenbären.

Auffallend ist die hübsche Gesichtszeichnung der Waschbären. Lange Zeit wurden sie wegen ihres Pelzes gejagt und gezüchtet

Schleichkatzen und Hyänen – viele schleichen ganz und gar nicht

Die zweite Gruppe urtümlicher Raubtiere finden wir in der Familie der Schleichkatzen, neben denen die Erdwölfe sowie die Hyänen jeweils eine eigene Familie bilden. Schleichkatzen, nicht zu verwechseln mit Kleinkatzen, sind in Afrika und Südasien verbreitet, fehlen in Amerika und Australien. Eine Art, die Ginsterkatze, wanderte von Afrika über Südfrankreich und Spanien nach Europa ein. Die Größe der Schleichkatzen reicht von der eines kleinen Wiesels, also etwa 18 cm, bis zum Fuchs. Die bodenbewohnenden Arten gaben der ganzen Familie den Namen, denn vor allem bewegen sie sich schleichend, fast schlangenähnlich, tief geduckt auf niedrigen Läufen an ihre Beutetiere – Vögel, Nager und Reptilien – heran. Andere Arten bewegen sich nicht minder geschickt kletternd in Bäumen und Sträuchern, einige leben bevorzugt unterirdisch, und wenige sind ausgezeichnete Schwimmer. Der Körper ist meist schlank wie bei den Mardern, der Schwanz sehr lang und kräftig, die Schnauze spitz.

Schlangenkämpfer

Viele Arten, vor allen anderen die Mangusten, Mungos oder Ichneumone, werden schon seit dem Altertum geschätzt und wurden zum Teil sogar als heilig verehrt. Der Grund für diese Verehrung liegt in der Angst der Menschen vor Schlangen und in der Bereitschaft der Mungos, mit Schlangen zu kämpfen.

In vielen Geschichten wird von dieser sagenhaften Todfeindschaft zwischen den kleinen Schleichkatzen und Schlangen berichtet. Es wird sogar behauptet, Mungos seien immun gegen Schlangengift. Das stimmt aber nicht, auch Mungos sterben, wenn sie von Kobras, Kraits oder anderen, sehr giftigen Schlangen gebissen werden. Wie unsere Igel und einige wenige andere Säuger vertragen sie aber größere Giftmengen als die meisten anderen Warmblüter. Außerdem wurde bei

Der Fleckenlinsang ist ein hervorragender Kletterer, der auf seinen Beutezügen die höchsten Baumwipfel erklimmt

Wenn eine Sippe der Surikaten oder Erdmännchen auf Nahrungssuche geht, halten immer einige Tiere Wache

Zwergmangusten mit „Königin" (Bildmitte)

Mungos und Mangusten kämpfen mit Schlangen und Echsen, die abgebildete Zebramanguste frißt auch Eier

Kämpfen mit Schlangen und Echsen beobachtet, daß Mungos ihren Pelz so stark sträuben, daß sie fast die doppelte Größe annehmen. Die nadelfeinen Giftzähne der Schlangen treffen also meist nur Pelz und Luft.

Die typischsten Schleichkatzen sind die schlanken Ginsterkatzen, denn wenn sie mit lang ausgestrecktem Körper, dicht auf dem Boden liegenden Schwanz und seitwärts gestellten Beinen durch Gras und Buschwerk gleiten, bewegen sie sich fast wie eine Schlange. Schon sehr raubkatzenähnlich sind die wunderschön gezeichneten Zibetkatzen. Von beiden Arten wissen wir nur wenig, da ihre nächtliche und sehr scheue Lebensweise das Beobachten fast unmöglich macht. Noch kleiner, niedriger und schlanker als die beiden genannten Arten sind die Linsange, die vor allem Vögel, Eidechsen und Frösche jagen, aber auch Früchte fressen. Ausgesprochene Kaffeeliebhaber sind die Palmenroller. Auf Java wird sogar behauptet, daß Palmenroller zielsicher die schönsten und reifsten Kaffeebohnen erkennen.

Verkannte Hyänen
Die nur in Süd- und Südwestafrika vorkommenden Erdmännchen oder Surikaten leben kolonienweise in ausgedehnten Erdhöhlen und -bauten und bevorzugen trockene, sandige und felsige Gebiete. Die 30 bis 35 cm hohen, graubraun und gelbbraun gebänderten Scharrtiere, wie sie auch genannt werden, haben schwarzumrandete Augen und rundliche Ohren. Wenn sie auf Futtersuche gehen, hält immer mindestens ein Kolonienmitglied Wache, steht auf den Hinterbeinen und verrenkt den Kopf nach allen Seiten. Auf Farmen werden Surikaten sogar als Kammerjäger gehalten. Sie können nämlich sehr zahm werden.

Es gibt wohl nur wenige Tiere, die lange Zeit so verkannt waren wie die Hyänen. Erst seit wenigen Jahren weiß man, daß diese Tiere besser sind als ihr schlechter Ruf bei den Menschen. Eigentlich sehen sie eher aus wie Hunde, mit ihren großen, schweren Köpfen mit den mächtigen Kiefern, die dicke Röhrenknochen zerbeißen können. Hyänen sind nicht in erster Linie Aasfresser, sondern jagen ihre Beute selbst – die ihnen dann oft von Löwen wieder abgenommen wird. Heulend einen Löwenriß umschleichende Hyänen warten also nicht gierig darauf, daß der „König der Tiere" endlich sein Mahl beendet und sie sich um den Rest reißen können. Sie machen hingegen lautstark ihren Ärger über die abgejagte Beute deutlich. Sobald ein Löwe aber zu alt ist, um sich zu wehren, wird er selbst eines Tages ein Opfer der Hyänen werden. Untereinander sind Hyänen meist rücksichtsvoll und freundlich.

Die Tüpfelhyäne wird bis 1,65 m lang, erreicht eine Schulterhöhe von etwa 90 cm und ein Gewicht von 85 kg

Hundeartige – nicht alle heulen mit den Wölfen

Während eines längeren Besuchs im nordindischen Bundesstaat Assam hörten wir jeden Morgen und Abend zur gleichen Zeit ein irres, hysterisches Gelächter, ein gellendes Kreischen wie von Wahnsinnigen. Ähnlich klang es in den afrikanischen Savannen, und meist entdeckten wir dann in der näheren Umgebung Löwen. Das „hysterische Gelächter", das in vielen Abenteuergeschichten den Hyänen zugeschrieben wird, ist der Kontaktruf der Schabracken- oder Goldschakale. Erstere trifft man oft im Gefolge der Großkatzen Löwen, Tiger und seltener der Leoparden. Sie spielen eine wichtige Rolle als deren Abfallbeseitiger, müssen aber aufpassen, daß sie sich etwa einem Löwenriß nicht zu früh nähern, da sie sonst durchaus selbst zur Beute der Großkatzen werden.

Gar kein „stinkender Kojote"

Während das Verbreitungsgebiet des Goldschakals von Südosteuropa über Südasien und Indien bis ins südliche Afrika reicht, leben Schabracken- und Streifenschakal nur in Afrika. Alle Schakale sehen aus wie kleine Wölfe und leben einzeln oder paarweise in Erdhöhlen oder Felsspalten. Nachts durchstreifen sie in Meuten Wälder und Savannen. Außer Aas fressen sie Insekten, Vögel, Amphibien und Kleinsäuger. Eine Mittelstellung zwischen Schakalen und Wölfen nimmt der nordamerikanische Kojote oder Präriewolf ein. Er kann bis zu 125 cm lang werden, der buschige Schwanz mißt bis zu 40 cm. Der Kojote erreicht eine Schulterhöhe von 50 bis 55 cm und in futterreichen Zeiten ein Gewicht bis zu 30 kg.

Der „stinkende Kojote" oder Heulwolf aus dem „Wilden Westen" ist eigentlich ein sehr sympathischer Geselle. Kojoten jagen oft in Rudeln, leben aber in Ein- oder Dauerehe. Wenn das Weibchen geworfen hat, wird der Rüde vorübergehend aus dem gemeinsamen Bau ausquartiert, bis die 6 bis 10 Jungen nach etwa 8 Wochen eine gewisse Größe erreicht haben. Meist sind Kojotenrüden treusorgende Partner und Väter, versorgen die Familie mit Futter, das sie zum Bau bringen. Im Gegensatz zum „großen Bruder", dem Wolf, der immer mehr in unwirtliche, unbewohnte Gebiete zurückgedrängt wird, wurden die Kojoten trotz starker Verfolgung durch den Menschen und trotz ihrer zahlreichen Feinde (Wölfe, Pumas, im Süden auch Jaguare und sogar Adler) nicht ausgerottet, sondern vermehrten sich sogar in Kulturlandschaften und in den Randgebieten der Städte. Auch sie sind wichtige Abfallbeseitiger und Aasfresser, halten die Bestände der Nager klein und schlagen alte, kranke und schwache Huftiere.

Gefürchtet und gehaßt: Wölfe

Noch vor 100 Jahren waren Wölfe in Europa, Asien und Nordamerika verbreitet und mehr oder weniger gefürchtet. In Rudeln trabten die „Isegrims" durch Wälder und Steppen, Gebirge und Moore und kamen in harten, schneereichen Wintern sogar bis an die menschlichen Siedlungen heran. Die insgesamt 26 Wolfsunterarten unterscheiden sich stark durch Größe und Färbung. Sie reicht von fast reinem Weiß der großen Polarwölfe bis zum tiefen Schwarz der Timber- und Pyrenäenwölfe. Da der Wolf ein Kulturflüchter ist, gibt es größere Rudel heute nur noch in den Weiten Sibiriens, Kanadas und Alaskas. Einzelgänger verirren sich gelegentlich bis zu uns und lösen dann eine panikartige Hysterie aus. Wölfe können bis zu 140 cm, der buschige Schwanz bis zu 50 cm lang werden,

Obwohl der Schabrackenschakal stark verfolgt wird, ist das anpassungsfähige, schlaue Tier nicht bedroht

sie erreichen eine Schulterhöhe von etwa 90 cm und ein Gewicht zwischen 70 und 80 kg. Wölfe sind gesellige Tiere und leben in Rudeln zusammen, die oft aus Eltern und Jungen mehrerer Generationen bestehen. 4 bis 6 Junge werden in einem Versteck als schwarze Wollknäuel blind geboren und öffnen nach 12 bis 14 Tagen die Augen. Anfangs versorgt der Rüde Weibchen und Junge mit Futter, bis die Kleinen ohne Mutter auch allein bleiben können.

Im Alter von etwa 3 Monaten kommen die Jungwölfe zum Rudel. Anfangs haben sie noch eine gewisse „Narrenfreiheit", aber sie müssen sehr schnell lernen, sich wie ein „anständiger" Wolf zu benehmen. Vor allem das Verhalten im Rudel wird ihnen schnell beigebracht. Etwas mehr Zeit bleibt ihnen für das Erlernen der Jagd, die für sie lebenswichtig ist.

Das melodische, schwermütig und wild klingende Wolfsgeheul ist wichtiges Verständigungsmittel der sozial lebenden Tiere

Allein und im Rudel – Langläufer und Hetzjäger

Aus der Familie der Hundeartigen gibt es nach dem Aussterben der Unterfamilie Urgroßhunde nur noch die Unterfamilie Echte Hunde, die alle Gattungen und Arten, vom kleinen, großohrigen Fennek bis zum mächtigen Wolf umfaßt. Alle Hundeartigen sind Laufjäger, die ihre Beute allein oder in Gruppen hetzen. Für ihre Lebensweise sind sie bestens ausgerüstet. Sie laufen und traben ausdauernd, und einige, z.B. Schakale, können Geschwindigkeiten von 65 km/h erreichen. Gehör- und Geruchssinn sind bei den meisten Arten hoch entwickelt und schärfer als das Sehvermögen.

Trotz seines Namens gehört der Erdwolf nicht zu den Hundeartigen, sondern in die Unterfamilie der Schleichkatzen

„Ritterlich" und „höflich"
Obwohl alle Hundeartigen Raubtiere sind, fressen die meisten gemischte Kost, die breitkronigen Backenzähne sind auch zum Zermalmen von Pflanzenkost geeignet. Hunde als Nasentiere kennzeichnen ihren Lebensraum mit Harnmarkierungen. Diese Markierungen dienen nicht nur der Revierabgrenzung, sondern auch dem Kennenlernen, da jedes Tier seinen eigenen Duft hat. Bei den geselligen Arten werden die Rudel oft von Hündinnen angeführt, die auch die stärkeren Rüden beherrschen. Rüden sind den Weibchen und Jungen gegenüber sehr verträglich, fast „ritterlich" und „höflich", und lassen sich die Spiele der Kleinen wie auch die Bisse und Knuffe der Weibchen gefallen.

Die hübschen Fenneks leben in kleineren Kolonien in selbstgegrabenen Sandbauten

Eisfüchse sind nicht immer weiß, die sogenannten Blaufüchse haben eine schwarze bis blaugraue Färbung

Das Gemeinschaftsleben der Afrikanischen Wildhunde aus den afrikanischen Savannen ist vorbildlich. Menschen und Tiere fürchten die in Rudeln lebenden und jagenden Wild- oder Hyänenhunde. Bei der Hetzjagd wechseln die Jäger einander ab, bis das Wild zu Tode erschöpft zusammenbricht oder stehenbleibt und von mehreren Tieren zu Boden gerissen wird. Diese planmäßige Zusammenarbeit von 20, 30 oder mehr Rudelangehörigen funktioniert ohne strenge Rangordnung. Wildhunde versuchen nicht, sich gegenseitig zu unterdrücken. Junge und alte Tiere genießen Vorrechte beim Fressen, und die gegenseitige Duldsamkeit und Freundlichkeit ist groß.

Die verschiedenen Fuchsarten gehören unterschiedlichen Gattungen an. Zu den Echten Füchsen gehört unser einheimischer Rotfuchs, dessen Schlauheit sprichwörtlich ist.

Die Afrikanischen Wildhunde haben als Erkennungsmerkmal schwarz-weiß-gelb geflecktes Fell

Er ist nicht nur Hühner- und Gänsedieb, sondern ernährt sich von allem, was Wald und Feld zu bieten haben. Als Allesfresser konnten Füchse sich auch den unterschiedlichsten Lebensräumen anpassen.

Füchse und Hunde in allen Lebensräumen

Der schneeweiße Eisfuchs aus der Arktis ist hochbeiniger als unser Fuchs und hat, zum Schutz vor der Kälte, sehr kurze Ohren. Gegensätzliche Merkmale zeigt der Fennek oder Wüstenfuchs, der mit einer Körperlänge von 40 cm, einer Schwanzlänge von 30 cm und einem Gewicht bis zu 1,5 kg der kleinste und zierlichste Wildhund ist. Er lebt in den nordafrikanischen Wüsten, wo es tagsüber sehr heiß und nachts sehr kalt wird. Die heißen Stunden verbringt er in Erdbauten, und vor der Kälte der Nacht schützt ihn sein dichter, wolliger Pelz. Besonders auffallend sind die bis zu 15 cm langen Ohren.

Ein elegantes Tier mit schön gefärbtem und gezeichnetem Fell ist der hochbeinige Mähnenwolf, der näher mit den Füchsen als mit den Wölfen verwandt ist. Er ist mehr Einzelgänger als viele seiner Verwandten und bewegt sich im Gegensatz zu allen anderen Wildhunden im schaukelnden Paßgang durch den Trockenbusch und die Savannen Südamerikas. In Mittel- und Südamerika lebt der eigenartige Waldhund, der mehr an eine kurzbeinige Promenadenmischung oder einen großen Marder erinnert als an einen Wildhund. Auch er lebt und jagt im Rudel, ist ein ausgezeichneter Schwimmer und Taucher und folgt seiner Beute auch ins Wasser.

Die afrikanischen Löffelhunde haben mit 46 bis 50 Zähnen das größte Gebiß von allen Hundeartigen. Sie leben paarweise zusammen und verbringen die Tagesstunden in selbstgegrabenen Erdhöhlen, verstecken sich auch zwischen hohen Grasbüscheln, Felsspalten oder Sträuchern. Die asiatischen Marderhunde und die nordamerikanischen Graufüchse sind die urtümlichsten Wildhunde. Außer den Graufüchsen beherrscht nur noch der Korsak oder Steppenfuchs aus Osteuropa und Asien die Fähigkeit, auf Bäume zu klettern. Graufüchse jagen zwar kleine Nager und andere Tiere, können aber zeitweise rein vegetarisch leben.

Wie viele Hundeartige versorgt auch der Rotfuchs seine Familie mit Futter

In den Weiten der afrikanischen Savannen- und Buschlandschaften ist der gefleckte Serval zu Hause

Kleinkatzen – manchmal ganz schön groß

Schon äußerlich sind Katzen als solche zu erkennen und kaum mit Angehörigen einer anderen Raubtierfamilie zu verwechseln. Sie wirken weicher und geschmeidiger als die Hundeartigen, sie haben runde Köpfe mit kurzen Nasen, ihr Gebiß ist noch mehr auf den Verzehr von Fleischnahrung spezialisiert, und fast alle Arten haben scharfe Krallen, die einige sogar einziehen können. Katzen laufen auf den Zehen, auf dicken Sohlenpolstern, die das typische, lautlose Schleichen ermöglichen. Die meisten Arten – bis auf den Löwen – sind außerhalb der Paarungszeit Einzelgänger, die Artgenossen mehr oder weniger dulden oder bekämpfen.

Katzen hetzen ihre Beute nicht – Ausnahme ist nur der Gepard –, sondern schleichen sie an oder lauern ihr auf. Der Katzenkörper ist nicht auf langen, ausdauernden Trab eingerichtet, sondern auf den schnellen, kraftvollen Sprung, auf blitzartiges Zupacken, Festhalten und raschen Tötungsbiß. Abgesehen von den Löwen, deren Kater durch ihre starke Mähne gekennzeichnet sind, unterscheiden sich Kater und Kätzinnen höchstens durch Größe und Gewicht. Bei vielen Arten jedoch sieht das Jugendkleid anders aus als das Fell der erwachsenen Tiere. Junge Pumas und kleine Löwen sind stark gefleckt, während geschlechtsreife Tiere kaum Flecken zeigen. Auch bei der Rohrkatze und der Europäischen Wildkatze sind die Jungen stärker gezeichnet als die Alttiere.

Nicht allein die Größe zählt
In der Unterfamilie Echte Katzen unterscheiden wir die Gattungsgruppen Kleinkatzen und Großkatzen. Ausschlaggebend für die Zugehörigkeit zu den Gruppen ist nicht die Größe, denn so kann z.B. der zu den Kleinkatzen gehörende Puma es an Größe und Gewicht durchaus mit den Großkatzen

Pumas sind längst nicht so gefährlich und angriffslustig, wie in Abenteuerromanen oft geschildert

Schneeleopard und Leopard aufnehmen. Wichtige Unterscheidungsmerkmale sind Körperbau und Verhaltensweisen, wobei die Übergänge fließend sein können. Kleinkatzen haben längliche Pupillen, die sich zu schmalen Schlitzen zusammenziehen. Beim Puma allerdings ziehen sie sich rundlich zusammen wie bei den Großkatzen. Kleinkatzen putzen und „waschen" sich wesentlich gründlicher als ihre großen Verwandten, außerdem fressen sie in hockender und nicht in liegender Stellung, wie auch der Schneeleopard. Großkatzen mit ihrem nur teilweise verknöcherten Zungenbeinapparat schnurren nur beim Ausatmen, während die „Kleinen" ihr Wohlbehagen lautstark beim Ein- und Ausatmen kundtun.

Der wunderschön gezeichnete Nebelparder aus den Wäldern Vorder- und Hinterindiens, Sumatras und Borneos ist vom Verhalten und Körperbau her ein Verbindungsglied zwischen den Gattungsgruppen. Er ist ein außerordentlich geschickter Kletterer, der in hohen Bäumen nach Affen, Vögeln und Hörnchen jagt oder Hirschen oder Schweinen auflauert. Der Puma oder Silberlöwe bewohnt in zahlreichen Unterarten ganz Amerika von Kanada bis nach Feuerland, von der Pampa bis ins Hochgebirge. Er lebt an Küsten und in Wäldern, aber dichten Urwald und stark besiedelte Gebiete meidet er. Er klettert sehr gut und flüchtet bei Gefahr schnell in hohe Bäume. Pumas ernähren sich von Nagern, Schafen, Ziegen, Kleinhirschen und Schweinen. Affen erbeuten sie, indem sie ihnen in hohen Wipfeln mit weiten Sätzen nachjagen. Wenn ein Puma in einen Schaf- oder Geflügelstall eindringt, kann er ein Blutbad anrichten. Wie auch bei den Marderartigen ist der Trieb, alles sich Bewegende zu reißen, bei den Katzen stark ausgeprägt. Sie können gar nicht anders als flatternde Hühner oder panikartig umherrennende Schafe zu töten, selbst wenn sie satt und erschöpft sind.

Die Ahnen der Hauskatze

Luchse sind kräftige, hochbeinige Katzen mit ausgeprägtem, zipfeligem Backenbart, spitzen, langbepinselten Ohren und einem kurzen Stummelschwanz. In mehreren Arten bewohnen sie in Europa, Asien, Afrika und Amerika die unterschiedlichsten Lebensräume. Die geflekten, schlanken, hochbeinigen Servale aus Afrika sind geschmeidige und elegante Tiere, die gut die Größe einer Hauskatze erreichen. Von den weiteren kleinen Wild- und Raubkatzen können hier nur wenige erwähnt werden, etwa die sehr scheue Wildkatze, deren Verbreitungsgebiet von ganz Europa über Nordafrika bis nach Zentralasien und Vorderindien reicht. Die nordafrikanische Falbkatze, die bereits im alten Ägypten verehrt wurde, gilt als Stammvater unserer Hauskatze. Schöne Tiere sind die Tiger- und Bengalkatzen und die Marmor- oder Goldkatzen. Einige Arten, wie etwa der auffallend gezeichnete Ozelot, wurden wegen ihres Pelzes stark verfolgt.

Typisch für Luchse sind der Backenbart, spitze Ohren und Stummelschwanz sowie die relativ hohen Beine

Die Europäische Wildkatze ist in mehreren Unterarten bis nach Nordafrika und Asien verbreitet. Sie ist sehr scheu und vorwiegend nachtaktiv

Jäger der Savannen – Löwen und Geparde

Löwen und Geparde sind nicht ganz eng miteinander verwandt. Da sie aber in den ostafrikanischen Savannen zusammenleben, sollen sie gemeinsam vorgestellt werden.

Wenn es um Stärke geht, ist der Gepard dem Löwen unterlegen. Mit einem Gewicht bis zu 180 kg ist ein Löwe dreimal so schwer wie der Gepard, der höchstens 60 kg auf die Waage bringt. Oft geschieht es „draußen", daß Löwen Geparden die Beute stehlen.

Einmal aber, in einem Wildreservat in Kenia, konnten wir beobachten, wie Geparde sich an den Löwen rächten: An einem wunderbar friedlichen Morgen schlendert ein Gepardenpaar lässig-elegant durch das taunasse Gras. Plötzlich bleiben beide stehen und starren unverwandt in eine Richtung. Wie auf Kommando lassen sie sich nieder und beginnen knurrend, gurrend und fauchend ein Gespräch, das wir, im Anschluß an die nachfolgenden Ereignisse, so „übersetzten":

„Du, siehst du die dicke Löwin mit dem vollgefressenen Bauch unter dem Strauch am Flußufer? – Natürlich sehe ich die! – Na, sollen wir mal die Alte ein bißchen auf Trab bringen?" Die zwei stehen auf, ducken sich ins Gras und schleichen auf die vor sich hindösende Löwin zu. Etwa 200 Schritte vor ihr legt sich der eine Gepard hin, der andere schleicht weiter, richtet sich kurz vor der Löwin auf und – ein Menschenkind hätte jetzt die Zunge herausgestreckt und „der Alten" einen Vogel gezeigt! Die Löwin tut genau das, was die zwei Lauser wollen.

Anstrengendes Spiel
Wutschnaubend springt sie auf, will den Frechdachs mit ein paar Sätzen einholen und ihm mit einigen kräftigen Prankenhieben Manieren beibringen. Der aber macht ein paar lässige Sätze auf seinen im Gras wartenden Partner zu. Dieser wiederum saust aus dem Liegen in vollem Sprint los und haut der Löwin schräg von hinten eins aufs Hinterteil. Die erboste Dame wirft sich in der Luft herum und rennt dem zweiten Frechling hinterher, aber da knallt ihr der erste wieder schräg von hinten eins auf den Allerwertesten. Das Spiel geht so einige Male hin und her, bis die Löwin schwer atmend im Gras liegenbleibt.

Welch ein Unterschied! Der sonst so kraftvoll-elegante Löwe wirkte gegenüber den pfeilschnell, leicht dahinfliegenden Geparden wie ein Bulldozer gegen einen schnittigen Sportwagen.

Der Gepard ist der schnellste Läufer unter den Säugetieren

Das schnellste Tier der Welt
Geparde sind etwas ganz Besonderes. Sie zählen nicht zu den Groß-, aber auch nicht zu den Kleinkatzen und wirken mit ihren langen Beinen viel eher wie ein „Hund mit Katzenkopf". Junge Geparden können, wie alle „vernünftigen" Katzen, ihre Krallen einziehen, Erwachsene können das nicht mehr. Geparde jagen ganz anders als alle anderen Katzen: Sie schleichen sich möglichst nah an ein Tier heran und rennen es auf kurze Entfernung mit Höchstgeschwindigkeit einfach über den Haufen. Wahrscheinlich können sie Geschwindigkeiten bis zu 100 km/h erreichen, dieses Tempo aber nur über ganz kurze Strecken, etwa 500 m, beibehalten.

Den Schnelligkeitsrekord im Reich der Säugetiere halten die Geparde dank ihrer unglaublich biegsamen Wirbelsäule und der langen Beine.

Ihre Schnelligkeit und die Tatsache, daß sie sich leicht zähmen lassen, machten die Geparde zu beliebten Jagdgefährten von Königen, Fürsten, Scheichs, Moguln und anderen Herrschern. Es gab Fürsten, die mehr als 1000 Tiere in „Jagdparks" hielten. Da es erst seit wenigen Jahren gelingt, Geparde in Gefangenschaft zu züchten, sind diese

Jagdparks schuld daran, daß Geparde heute in vielen Ländern, in denen sie einmal vorkamen, ausgestorben sind.

Der König der Wüste?
So wird der Löwe in Büchern oft genannt. Wenn man aber einen Löwen fragen könnte, was er von dem Titel hält, so würde er den Kopf schütteln und antworten: „Wüste? Nein danke! Ist mir zu trocken!" Löwen lieben weite, offene Landschaften mit schattenspendenden Bäumen und Sträuchern, mit Verstecken, Flußläufen und viel Wild. In der Wüste ist all das genausowenig zu finden wie im dichten Urwald. Wahre Löwenparadiese sind die Savannen Ostafrikas, wo auch heute noch die meisten Löwen leben. Früher gab es Löwen in ganz Afrika, in Südosteuropa und Vorderasien bis nach Indien. Sie wurden aber in den meisten Gebieten ausgerottet. Nur im Gir-Wald, einer heißen, trockenen Region in Nordwestindien, leben noch ein paar hundert Asiatische Löwen.

Der „Gesellschaftslöwe"
Im Unterschied zu ihren nahen Verwandten leben Löwen sozial, d.h. in Rudeln, Sippen und Familien. Für ein solches Leben in Gesellschaft sind Regeln notwendig, die dem einzelnen sagen, was er darf und was nicht. Bei Löwen haben die Mähnenlöwen, die Herrscher über ein Revier und Rudel, das meiste zu sagen – jedenfalls beim Fressen! Sie kommen zuerst an die Reihe, gleichgültig, ob sie sich an der Jagd beteiligten oder ob ihre Frauen die Arbeit geleistet haben.

Im Gegensatz zu allen anderen Großkatzen leben Löwen in einem Rudel zusammen

Mit Streifen und Flecken – Tiger und Leoparden

Einige Experten sehen den Tiger als wahren König der Tierwelt, da er größer sein soll als der Löwe. Andere aber vertreten den Standpunkt, daß man „ausgezogene" Löwen und Tiger, also gehäutete Tiere oder gar nur die Skelette, überhaupt nicht voneinander unterscheiden könne. Beides stimmt nur teilweise. Tatsächlich können große Sibirische Tiger ohne Schwanz fast 3 m lang werden, aber solche Rekordmaße gab es auch schon bei Löwen. Löwen und Tiger haben wirklich einen fast identischen Körperbau – kein Wunder, schließlich sind beide nahe miteinander verwandte Großkatzen. An kleinen Merkmalen kann ein Zoologe jedoch erkennen, ob die Katze einst als Tiger in Asien oder als Löwe in Afrika lebte. Die wichtigsten Unterarten sind der bereits erwähnte Sibirische Tiger mit dem langen, dichten, hellen Winterpelz, der im Sommer einen Stich ins Rötliche bekommt. Etwas kleiner ist der dunkle, stark gestreifte Chinesische Tiger aus dem südwestlichen China, von dem nur noch sehr wenige Exemplare in freier Wildbahn leben.

Menschenfressende Tiger

Der Königs- oder Bengaltiger ist die bekannteste Unterart und galt lange Zeit als stark bedroht. Wegen strenger Schutzmaßnahmen konnten sich die Tiere wieder vermehren, die Bestände gelten heute als gesichert. Einige Tigerunterarten sind bereits völlig ausgerottet, von anderen leben nur ganz wenige Tiere in Freiheit. Grund für die starke Verfolgung der herrlichen Katze war einerseits die Mode, die jahrzehntelang Tigerpelzmäntel favorisierte, andererseits auch die Angst der Menschen vor der schwarzgelben Katze. Wo Tiger nicht mehr genügend Großwild jagen können oder sich an die Nähe des Menschen gewöhnt haben – und das geschieht in den dicht besiedelten Ländern Asiens nur allzu schnell –, reißen sie Haustiere und töten gelegentlich auch Menschen. Wie bei den Löwen gibt es „men-eater", Menschenfresser, die jede Scheu vor den Menschen verloren haben. Sie mögen den Menschen dann sogar so sehr, daß sie ihn, wenn immer sie ihn erwischen können, jedem anderen Jagdwild vorziehen. Dabei hat die menschliche Beute große Vorteile: Sie rennt nicht schnell, sie fliegt nicht weg und wehrt sich auch kaum.

Außerhalb der Paarungszeit sind Tiger Einzelgänger, die sich jedoch dort, wo mehrere Reviere sich überschneiden, friedlich begegnen. Auch Weibchen auf der Suche nach einem Partner dringen gelegentlich in die Reviere eines Katers ein. Tigerväter beteiligen sich, wie die meisten Kater, nicht an

Mehr als viele andere Katzen brauchen Tiger Wasser zum Trinken und zum Baden

Der Jaguar aus Südamerika wird oft mit dem Leoparden (Abbildung) verwechselt. Der Jaguar ist aber wesentlich schwerer und hat eine andere Fellzeichnung

Schwarzen Panthern wird fälschlicherweise nachgesagt, sie seien besonders wild und angriffslustig. Die Schwarzfärbung, der Melanismus, kommt gelegentlich bei gefleckten Katzen vor

der Jungenaufzucht. Es wurde jedoch oft beobachtet, daß sich Weibchen mit Jungen an der Beute eines Katers satt fressen durften.

Tiger sind Wasserratten
Tiger sind nicht auf einen bestimmten Lebensraum angewiesen. Es muß nur genügend Großwild vorhanden sein, ruhige, schattige Plätze zum Verstecken und Wasser. Für Tiger ist das nasse Element nicht nur zum Trinken da, mehr als die meisten anderen Katzen baden sie und können stundenlang im kühlen Naß liegen.

Auch Leoparden wurden und werden aus Angst und wegen des wertvollen Pelzes verfolgt. Allerdings leben die gefleckten Katzen in Afrika und Asien noch versteckter als Tiger und sind meist schwerer zu jagen. Doch auch in den Randgebieten der Städte sollen sie sich bereits angesiedelt haben. In einem Villenvorort der kenianischen Hauptstadt Nairobi verschwanden immer wieder Hunde, bis der „Übeltäter", eine Leopardenmutter mit zwei Jungen, ausfindig gemacht wurde. Nach unseren Maßstäben gemessen, ist der Leopard schlau, listig und mutig bis tollkühn, außerdem sehr stark. Er kann eine gerissene Antilope, die mehr wiegt als er selbst, senkrecht einen Baumstamm hinaufschleppen und dort in einer Astgabel verankern, wo die Beute vor Löwen, Hyänen und anderen Futterneidern sicher ist.

Ohrenrobben und Walrosse – Paschas mit Harem

Es stinkt! Es stinkt grauenhaft! Nach verdorbenem Fisch, nach Aas, nach Kot und Urin, nach Salzwasser und Salzluft – kurz: es riecht wie in jeder „anständigen" Robbenkolonie. Wir stehen auf dem Parkplatz vor der großen Seebären- oder Pelzrobbenkolonie am Cape Cross an der Küste von Namibia. Hunderte, ja Tausende von Seebären haben sich hier versammelt, liegen auf den Klippen, tummeln sich im Wasser, springen und tauchen, lassen sich von den Wellen an Land werfen und rutschen spielerisch wieder in die Brandung zurück. Die Luft ist erfüllt von lautem Blöken, von drohendem „honk-honk-honk", von tiefem Brüllen und rasselndem Schnarren. Die großen, bis zu 2,5 m langen Bullen liegen auf den besten Plätzen, sonnengewärmten, schwarzen Felsen. Die wesentlich kleineren Weibchen scharen sich um die Bullen, die Jungtiere liegen dazwischen, robben auf allen vieren über- und untereinander weg, suchen die Mutter, Spielgefährten oder einen besseren Platz. Schakale schleichen geduckt und vorsichtig zwischen den wehrhaften Robben umher, immer auf der Suche nach Freßbarem: Kot, Fischresten oder Kadavern. Wir haben nirgendwo sonst so räudige und krank aussehende Schakale gesehen. Der Südafrikanische Seebär, fälschlich auch „Zwergseebär" genannt, da er der größte Vertreter der Gattungsgruppe Seebären ist, lebt hauptsächlich in den nahrungsreichen Gewässern der südafrikanischen Atlantikküste.

Falsche Versprechungen
Anders als die Nördlichen Seebären, die vorwiegend in den Weiten der Meere leben, bleiben die „Südafrikaner" meist das ganze Jahr über in Küstennähe. Im Lauf des Oktober gehen die Bullen auf Brautschau. Mit zärtlich glucksenden Tönen locken sie die zierlichen, graubraunen Weibchen. Die zarten Töne halten aber nur so lange an, bis der Bulle „seiner Dame" den Weg zum Wasser abgeschnitten hat. Kann sie nicht mehr flüchten, packt er sie am Nacken und schleift sie zu seinem Standplatz. Von dort verteidigt er seinen Harem lautstark und in zum Teil heftigen Kämpfen gegen jeden Nebenbuhler. Sobald er sich wieder auf den Weg macht, um Haremsnachwuchs einzufangen, stehlen ihm die benachbarten Bullen seine Weibchen weg. Auseinandersetzungen werden mit Muskelkraft und Zähnen ausgetragen, jeder erwachsene Bulle trägt sichtbare Narben. Nachdem die Weibchen ihre Jungen zur Welt gebracht haben, werden sie sehr schnell wieder brünstig und von den Bullen begattet. Ein Jahr später, zu Beginn der nächsten Fortpflanzungsperiode, wird das nächste Robbenbaby geboren und etwa 6 Monate lang gesäugt.

Fürsorgliche Walrosse

Von den insgesamt 8 Seebärenarten sind einige Arten fast ausgerottet oder stark gefährdet. Schuld daran war in erster Linie der Handel mit den begehrten Pelzen. Zu Tausenden wurden die Tiere oft auf brutalste Art abgeschlachtet. Heute gibt es strenge Schutzbestimmungen und Jagdvorschriften. Wo sie überwacht und eingehalten werden, konnten sich die Robbenbestände zum Teil wieder erholen.

Die bekannteste Ohrenrobbe ist der Kalifornische Seelöwe. Die gelehrige, schlanke Robbe mit dem schmalen, spitzen Hundekopf fehlt in keinem Zoo und ist die Hauptattraktion vieler Zirkusse. Die zweite Familie der Ohrenrobbenartigen hat nur eine Art, nämlich das Walroß aus den nordatlantischen Gebieten rund um den Nordpol. Die plumpen, massigen Bullen werden fast 4 m lang und können 1500 kg wiegen. Walrosse sind unverwechselbar: dick, schwer, mit faltiger Haut, die an den dicksten Stellen 2,5 cm mißt. Sie haben verlängerte Eckzähne, die weit aus dem Oberkiefer hervorragen. Mit diesen Zähnen graben sie nach Weichtieren, der bevorzugten Nahrung aus dem Meeresboden, schaben sie von Felsen oder holen sie zwischen den Algen hervor.

Walrosse sind zwar wehrhaft, aber eigentlich friedlich und haben kaum natürliche Feinde, Eisbären gelingt es äußerst selten, ein Walroß zu töten, aber der Mensch hat die einst riesigen Bestände stark dezimiert.

Wenn man Walrosse nicht stört, sind sie friedlich, aber sehr neugierig. Es hat schon Unglücks- und Todesfälle gegeben, weil ein Walroß ein Boot oder Kajak „zu nahe" betrachten wollte

Bei den Seebären – hier der Südamerikanische Seebär – sammeln die großen, starken Bullen einen ganzen Harem der kleineren und zierlicheren Weibchen um sich

Walrosse in Familienverbänden

Walrosse leben in Familienverbänden zusammen, die in der Regel aus einem erwachsenen starken Bullen, drei bis fünf Weibchen und Jungtieren bis zu fünf Jahren bestehen. Wahrscheinlich säugt ein Weibchen ihr Junges etwa anderthalb Jahre lang und kann etwa zwei Jahre nach einer Geburt ihr nächstes Kalb zur Welt bringen.

Will eine Walroßfamilie ihren Aufenthaltsort, meist eine Eisscholle, wechseln, so gehen zuerst die Kühe mit ihren Kälbern ins Wasser. Der „Leitbulle" folgt erst dann, wenn er gesehen hat, daß „alles in Ordnung" ist.

Seehunde und See-Elefanten – robben und rollen, kugeln und rutschen

Die Verwandtschaftsbeziehungen zwischen Ohrenrobbenartigen und Hundsrobbenartigen sind etwa so eng wie die zwischen Hunde- und Katzenartigen und Bären- und Marderartigen. Ich betone das so ausdrücklich, weil viele Leute alle Wasserraubtiere entweder als Robben oder als Seehunde bezeichnen, nur weil sie sich äußerlich ähneln. Hundsrobben sind dem nassen Element noch mehr angepaßt als die Ohrenrobben. Bei den Angehörigen der Unterfamilien Mönchsrobben, Südrobben, Rüsselrobben und Seehunde sind die Vorderfüße kleiner als die Hinterfüße. Diese können, anders als bei den Ohrenrobben, nicht mehr zum Gehen benutzt werden.

Unterscheidungsmerkmale

Hundsrobben bewegen sich „robbend", rutschend, gleitend und rollend über Land, Sand und Eis. Wichtigstes Unterscheidungsmerkmal zu den Ohrenrobben ist die kaum sichtbare äußere Ohrmuschel.

Die recht ursprünglichen Mönchsrobben leben als einzige in tropischen und subtropischen Meeren. Südrobben aus dem südlichen Pazifik und den antarktischen Meeren tauchen in sehr große Tiefen und orientieren sich dort, ähnlich wie Fledermäuse und Wale, mit Ultraschall. Der Krabbenfresser ist der häufigste Vertreter dieser Unterfamilie. Er hat ein spezielles Gebiß, mit dem er die Planktonnahrung aus dem Meerwasser filtern kann.

Bis zu 4 m lang wird der Seeleopard. Im Gegensatz zu allen anderen Robben ist er weitgehend Einzelgänger, lediglich zur Fortpflanzungszeit finden sich Paare oder kleinere Trupps zusammen. Der Seeleopard trägt seinen Namen nicht nur wegen des gefleckten Haarkleids. Als einziges echtes Raubtier unter den Robben jagt er außer Fischen auch warmblütige Tiere, Pinguine und die Jungen anderer Robbenarten. Typisches Merkmal der Rüsselrobben aus dem Südpolarraum und den angrenzenden Meeren ist die zu einem Rüssel verlängerte Nase, die zu einem unförmigen Gesichtserker aufgeblasen werden kann. Die größten Wasserraubtiere sind die See-Elefanten. Bullen kön-

Auf Sandbänken im Wattenmeer, aber auch auf Riffen im Atlantik kann man Seehunde beobachten

nen bis zu 6,5 m lang werden und fast 3600 kg auf die Waage bringen. Weibchen messen immerhin bis 3,5 m und wiegen 900 kg, aber gegen einen großen männlichen Artgenossen wirken sie klein und zierlich.

Einsame Heuler

Wegen des großen Seehundsterbens an den europäischen Atlantikküsten erlangte in den letzten Jahren unser einheimischer Seehund traurige Berühmtheit. Entlang der Nordseeküste werden Kutterfahrten zu den Seehundbänken veranstaltet, und mit etwas Glück sieht man die runden Seehundköpfe aus dem Wasser auftauchen, die mit großen, dunklen Augen neugierig Ausschau halten. Seehunde leben in seichtem Wasser und an sandigen Küsten. Sie suchen meist Sandbänke als Ruheplätze auf. Trotz der ständig abnehmenden Zahl der Seehunde in den Wattenmeergebieten gehörte die Seehundjagd bis vor wenigen

Wegen des wolligweichen Pelzes werden die Jungen der Sattelrobbe in den ersten drei Lebenswochen getötet

Jahren für einige Badegäste zu den zweifelhaften Hauptattraktionen ihrer Nordseeferien. Es gab deswegen viele „Heuler", Seehundbabys, deren Mutter abgeschossen wurde oder die als „überzählige" Zwillinge verlassen wurden. Auch Störungen durch Badegäste, zu nah an die Ruhebänke heranfahrende Boote oder Surfer können dazu führen, daß Mütter panikartig ins Wasser flüchten und ihre Babys verlassen, die dann elend verhungern müssen.

Die Babymörder

Sattelrobben leben im Nordatlantik, an den Küsten Kanadas, im Grönländischen und im Weißen Meer. Im Frühling ziehen sie an die seit Generationen besuchten Plätze, wo die 90 cm langen Jungen zur Welt kommen, die nach etwa drei Wochen erstmals ins Wasser gehen und sich an ihr Lebenselement gewöhnen. Dann haben sie ihr wollig-weiches Babyfell verloren und tragen ein erstes, festanliegendes Haarkleid. Das weiße Fell ist als „White-coat" im Handel sehr begehrt, doch wer „White-coat" trägt, macht sich mitschuldig am grausamen Sterben unzähliger Robbenbabys. Damit der Pelz nicht beschädigt wird und weil es am billigsten ist, werden die Tiere mit Keulen erschlagen. Trifft ein Schlag nicht gut, ist ein Tier nur betäubt, so wird darauf keine Rücksicht genommen. Die Robbenschläger haben keine Ausbildung und arbeiten im Akkord: Zeit ist Geld, und weil es schnell gehen muß, werden betäubte Tiere bei lebendigem Leib enthäutet. Zahlreiche Tier- und Naturschutzorganisationen bemühen sich seit Jahren um geeignete Schutzmaßnahmen.

Die entwicklungsgeschichtlich ältesten und ursprünglichsten Hundsrobben finden wir in der Unterfamilie Mönchsrobben, die in subtropischen und tropischen Meeren leben. Da Mönchsrobben nicht wandern, sondern in Kolonien an felsigen Küsten und auf Inseln leben und dort ihre Jungen zur Welt bringen, sind sie durch Umweltverschmutzung und Störungen besonders bedroht.

Junge, verlassene Seehunde rufen „heulend" nach ihrer Mutter. Bis zu einer Woche zehren sie von ihren Fettreserven, dann müssen sie verhungern

148
149

Der See-Elefant ist die größte Hundsrobbe. An seiner Größe und an seiner rüsselartig verlängerten, aufblasbaren Nase ist er zu erkennen

Hasentiere und Kaninchen – Nesthocker und Nestflüchter

"Meister Lampe" aus dem Märchen, „Mümmelmann" und der Osterhase als das Lieblingstier der germanischen Erd- und Frühlingsgöttin Ostara sind uns allen bekannt. Beim Spaziergang durch Felder und Wiesen trifft man gelegentlich auf ein „Langohr", den Feldhasen. In Stadtparks, Schrebergartenkolonien, auf Friedhöfen und Campingplätzen dagegen sind die kleineren, grauen bis graubraunen Kaninchen mit den kürzeren Ohren häufiger. Kaninchen wie auch Feldhasen gehören innerhalb der Unterfamilie Hasenartige in der Ordnung Hasentiere den beiden Gattungen Echte Hasen und Altweltliche Wildkaninchen an. Hasentiere erinnern zwar in Ernährung und Aussehen an Nagetiere, haben mit diesen aber nichts zu tun. Ähnlichkeiten sind auf die ähnliche Lebensweise zurückzuführen. Wie Nager haben auch Hasen Schneidezähne, die das ganze Leben lang wachsen.

Eine Eigenart ist die Produktion der „Magenpillen". Neben dem normalen Kot scheiden sie weiche, schleimüberzogene Kügelchen aus, die sie sofort wieder verschlucken. Diese sammeln sich im Magen und werden nochmals verdaut. Die Magenpillen sind für die Tiere lebenswichtig. Sie entstehen im Blinddarm und enthalten viel Vitamin B1.

Wir unterscheiden 2 Familien: die Hasenartigen mit 11 Gattungen und etwa 45 Arten und die urtümliche Gattung Pfeifhasen aus Asien und Nordamerika mit 15 Arten.

Hasen sind Feinschmecker

Der Europäische Feldhase bewohnt in einer Anzahl Unterarten ganz Europa. Er wanderte nach Vorderasien und Afrika und wurde vom Menschen nach Nord- und Südamerika, Australien und Neuseeland gebracht, wo er sich mit unterschiedlichem Erfolg halten und ausbreiten konnte.

Feldhasen werden bis zu 70 cm lang, an der Schulter 30 cm hoch, der Schwanz mißt 8 cm, Gewicht bis zu 6 kg. Im freien Feld erkennt man sie an den langen Ohren. Hasen bauen keine Erdhöhlen, sie bewohnen „Sassen", je nach Witterung mehr oder weniger flache Mulden, die sie mit den Vorderpfoten scharren. Sie sind ortstreu und legen in ihrem Wohngebiet eine ganze Reihe solcher Sassen an, die sie wechselweise aufsuchen. Ein in seiner Sasse ruhender Hase vertraut auf die Tarnung seines erdfarbenen Pelzes und

Feldhase (links) und Kaninchen (rechts) sind kaum zu verwechseln. Der Feldhase ist größer, hat längere Beine und längere Ohren und flüchtet bei Gefahr hakenschlagend in weiten Sätzen. Kaninchen verschwinden sehr schnell in ihren Höhlen

Junge Hasen sind Nestflüchter. Bereits bei der Geburt sind die Augen geöffnet, und sie haben ein dichtes Haarkleid

Nur im Winter trägt der Schneehase den weißen Pelz mit schwarzen Ohrspitzen

„drückt" sich, bis ein Mensch zu nahe kommt. Erst dann springt er urplötzlich hoch und saust in langen Sätzen hakenschlagend davon.

Hasen sind Kulturfolger, die sich als Feinschmecker in vielseitig bebauten Landschaften wohlfühlen. Unsere großen Monokulturen aber, oft von Verkehrswegen durchzogen, sind nichts für ihn.

Häsinnen sind, außer im Winter, das ganze Jahr über brünstig. Bei der Geburt sind die 1 bis 5 Jungen völlig behaart und haben die Augen offen. Als Kinderstube dient eine einfache, kaum gepolsterte Erdmulde. Die Häsin bleibt eine Woche bei ihren Jungen, säugt sie, hält sie sauber und verteidigt sie gegen Feinde. Später kehrt sie nur zum Säugen der Jungen zurück. Nach vier Wochen sind Junghasen ganz auf sich gestellt, und bei naßkalter Witterung sterben sehr viele.

Fruchtbar wie Kaninchen

Ganz anders sieht das Leben der Kaninchen aus, die noch anpassungsfähiger und fruchtbarer sind als Hasen. Als Beispiel für die Lebenskraft der kleinen, grauen Flitzer können die 29 Kaninchen dienen, die 1859 ein Grundbesitzer im Staat Victoria in Australien aussetzte. 1890 waren es bereits 20 000 000 Tiere, die der einheimischen Flora unermeßliche Schäden zufügten. Erst 1950 wurde eine Virusinfektion als Waffe gegen die Kaninchenplage gefunden. Die Myxomatose breitete sich mit ungeheurer Schnelligkeit aus, und innerhalb kurzer Zeit waren die Bestände um 90 % vermindert.

Auch nach Europa kam die „Kaninchenpest", und es sähe schon schlecht aus, wenn es sich nicht ausgerechnet um Kaninchen handeln würde, die nicht so schnell auszurotten sind. Kaninchen werden bis zu 45 cm lang, haben kürzere Ohren, kürzere Beine und graues Fell in verschiedenen Tönungen. Sie leben auf sandigen Böden in Buschlandschaften, besiedeln aber alle Räume, in denen sie ihre Erdhöhlen graben können. Oft bilden sie große Kolonien. Rammler und Häsin bewohnen den gemeinsamen Bau, in dem sie bei Gefahr blitzschnell verschwinden. Die Kaninchenhäsin kann bis zu fünfmal jährlich 4 bis 12 Junge werfen. Als Kinderstube gräbt sie außerhalb des Wohnhauses eine Setzröhre, die sie mit ihrem Bauchfell auspolstert. Jeden Morgen und jeden Abend besucht sie ihre Jungen und bringt sie nach etwa 5 Wochen in den Familienbau.

Die kleinen Pfeifhasen sind gesellig lebende Tiere aus den Steppen Eurasiens und Nordamerikas

Kaninchenjunge sind typische Nesthocker. Sie werden nackt und blind geboren und verbringen ihre ersten Lebenswochen in der Wurfhöhle

Seekühe – Dugong und Manati

Es ist schon komisch mit den Seekühen: Sie sehen aus wie plumpe Seehunde oder Robben, gehören aber ganz und gar nicht zu den Wasserraubtieren. Sie bilden die einzige Ordnung der Sirenen in der Überordnung Fast-Huftiere, erinnern aber in nichts an die wunderschönen und wunderbar singenden Sirenen, von denen Homer in seiner „Odyssee" berichtet. Sogar Kolumbus hatte noch an die Schönheit der Seekühe geglaubt und war enttäuscht, als er sie das erste Mal wirklich sah. „In einer Bucht ...", so schrieb er, „sah ich drei Sirenen; aber sie waren längst nicht so schön wie die des alten Horaz." Erzählungen früherer Seefahrer, die in tropischen und subtropischen Meeren mit unbekannten und unheimlichen Erscheinungen konfrontiert wurden, nährten den Glauben an wunderbare Seefrauen und Seemänner. Worauf allerdings die Legende von den zauberhaften Gesängen zurückzuführen ist, blieb unbekannt.

Sirenen leben in küstennahen Gewässern und sogar in Süßwasser wie die Fluß-Manati aus dem Amazonas. Wenn sie Kopf und Schultern aus dem Wasser heben, erinnern sie von fern tatsächlich an badende Menschen, und die Seefahrer der Antike und späterer Jahrhunderte, die noch an Fabelwesen glaubten, sahen in ihnen die legendären, unheimlichen Sirenen.

Seekühe sind plumpe Tiere mit zylindrischem Körper, die bis zu 4 m lang und 380 kg schwer werden können. Die seit 1768 ausgestorbene Stellersche Seekuh erreichte gar 7,5 m und wog 4000 kg. Die beiden Familien Rundschwanz-Seekühe oder Manatis und die Gabelschwanz-Seekühe oder Dugongs haben beide eine dicke Speckschicht, die erwachsenen Tiere haarlose Haut, zu Flossen umgewandelte Vordergliedmaßen und auf beiden Seiten herabhängende Oberlippen. Die hinteren Gliedmaßen sind weitgehend zurückgebildet und wurden durch die waagrechte Schwanzflosse ersetzt. Die Vorderflossen sind zu schwach, um zur Fortbewegung an Land zu dienen. Im Wasser jedoch, beim Abweiden der Wasserpflanzen und zum Schwimmen, leisten sie hervorragende Dienste.

Liebevolle Paare
Seekühe leben in Einehe, die Partner bleiben auch außerhalb der Fortpflanzungszeit zusammen und gehen sehr liebevoll miteinander um. Das Junge, das nach einer Tragzeit von etwa 1 Jahr zur Welt kommt, wird zärtlich umsorgt. Die Mutter hält es in den Armen bzw. Vorderflossen oder trägt es auf dem Nacken. Bei seltenen Zoogeburten konnte beobachtet werden, daß die Jungen unter Wasser gesäugt werden.

Einige Rundschwanz-Seekühe oder Manatis (1) haben noch Reste von Fingernägeln auf den Vorderflossen. Sie leben in Flüssen und küstennahen Gewässern. Gabelschwanz-Seekühe oder Dugongs (2) halten sich in seichten Küstenmeeren auf und dringen nur selten in die Flüsse vor

Schliefer – „kleiner Bruder des Elefanten"

In der Überordnung Fast-Huftiere finden wir nebeneinander die Ordnungen Seekühe, Rüsseltiere und Schliefer. Wenn man die Vertreter dieser Ordnungen nebeneinander betrachtet, kann man sich eine auch nur entfernte Ähnlichkeit kaum vorstellen. Die weit vorstehenden oberen Schneidezähne und gewisse Merkmale im Körperbau bestätigen jedoch die Verwandtschaftsbeziehungen. Bis ins 19. Jh. hielten Zoologen die kleinen, murmeltierähnlichen Schliefer für Nagetiere. Die Eingeborenen Afrikas aber wußten es seit jeher besser, denn sie nannten den Schliefer „kleinen Bruder des Elefanten". Die heute noch lebenden drei Gattungen Baum-, Busch- und Klippschliefer sind die letzten Überlebenden einer in früheren Zeiten in Afrika entstandenen, sehr artenreichen Gruppe von Fast-Huftieren.

Schneide- statt Stoßzähne

Klippschliefer bewohnen in vier Arten und zahlreichen Unterarten Südafrika, Mittelafrika von der Ost- bis zur Westküste und Nordostafrika bis zur Sinai-Halbinsel. Sie sind etwa so groß wie Kaninchen, haben dunkel-graubraunes Fell, keinen Schwanz, einen gedrungenen Körper, kleine, runde Ohren und ein kurzes, spitzes Schnäuzchen. Wie bei vielen Pflanzenfressern wachsen die oberen Schneidezähne ständig nach, und sie haben den langen Darm der Wiederkäuer. Klippschliefer leben in Kolonien in Felsspalten, engen Höhlen, auf Geröllhalden, ab und zu auch in den Wohnbauten von Erdferkeln, Stachelschweinen oder Erdmännchen.

In vielen afrikanischen Nationalparks kann man sie kurz nach Sonnenaufgang beobachten, wenn sie die ersten warmen Strahlen genießen oder wenn sie in Gruppen auf Nahrungssuche gehen. Wie bei vielen in Kolonien lebenden Tieren werden Wachposten aufgestellt, die bei Gefahr die Gruppe warnen. Klippschliefer werden recht zutraulich, wenn sie an die Anwesenheit des Menschen gewöhnt sind, und nehmen sogar Futter aus der Hand. Allerdings mußte so mancher Besucher seine Unvorsichtigkeit schon mit empfindlichen Bißwunden bezahlen. Für die meisten Wildtiere ist der Mensch, der ihnen Futter gibt, einfach dumm: Er läßt sich die Nahrung wegnehmen!

Klippschliefer leben in Kolonien in Felsspalten, auf Geröllhalden und in engen Höhlen. Die 2 bis 3 Jungen sind Nestflüchter, halten aber engen Kontakt zur Mutter

Baumschliefer sind nächtlich lebende Tiere. Einige Arten sind außerhalb der Paarungszeit ausgesprochene Einzelgänger

Elefanten – die sanften Riesen

Asiatischer und Afrikanischer Elefant unterscheiden sich im Profil: Durch die fliehende Stirn mit dem Mittelbuckel sieht der Afrikaner wilder aus als der Asiatische Elefant

Elefanten sind die größten und schwersten Landsäuger. Die Gattungen Asiatischer und Afrikanischer Elefant entwickelten sich seit der frühesten Eiszeit in getrennten Linien, wodurch sich ihre starken Unterschiede erklären lassen. Afrikanische Elefanten sind größer und massiger als ihre asiatischen Verwandten. Ein afrikanischer Bulle mißt von der Rüssel- bis zur Schwanzspitze bis zu 4,5 m, vom Erdboden bis zur Schulter bis zu 4 m und erreicht ein Gewicht von 7500 kg. Die riesigen Ohren können bei erwachsenen Tieren bis zu 1,5 m vom Kopf abgestellt werden. Der Asiatische Elefant wird – ohne Rüssel – bis zu 3,5 m lang, 3 m hoch und 5000 kg schwer. Diese Maße gelten für Bullen, die Kühe sind leichter und kleiner. Afrikanische Bullen und Kühe tragen Stoßzähne, in Asien dagegen nur die Bullen. Weitere Unterscheidungsmerkmale sind die Körper- und Rüsselformen, die Anzahl der Zehen, das Verhalten und die Lebensräume. Obwohl Elefanten in fast allen Biotopen, von Gebirgswäldern bis zu sumpfigen Niederungen, beheimatet sind, leben die großen Herden Afrikas bevorzugt in Busch- und Baumsavannen, während die Asiatischen Elefanten in kleineren Herden Urwälder bewohnen. Elefanten gelten heute mehr oder weniger als bedroht. Schuld daran sind die Vernichtung der ungestörten Lebensräume und die Jagd nach dem Elfenbein. Noch immer dürfen in einigen Ländern Elefanten geschossen werden. Das mag notwendig sein, wo viele Elefanten sich auf engem Raum, etwa in Nationalparks, zusammendrängen und die Vegetation zerstören. Elefanten brauchen neben Wasser zum Trinken und Baden Unmengen von Pflanzennahrung. Doch sie zerstören ein Vielfaches dessen, was sie zum Leben brauchen. Durch die gesetzlich erlaubten Abschüsse erhalten Elfenbeinhandel und Wilderei Chancen. Wilderer arbeiten mit Drahtschlingen oder Giftpfeilen,

In Asien werden Elefanten als Arbeitstiere eingesetzt. Sie sind sehr gelehrig und können in schwierigem Gelände anstelle von Maschinen arbeiten. Auch Afrikanische Elefanten können zu Arbeitselefanten „erzogen" werden

und die getroffenen Tiere leiden lange entsetzliche Qualen, bis sie der Tod, manchmal erst nach Wochen, erlöst.

Tonnenschwere Leisetreter im Busch

Es ist ein eindrucksvolles Erlebnis, Krönung jeder Afrika-Safari, vom Geländewagen aus einer Elefantenherde zuzuschauen. Fast lautlos bewegen sich die grauen Kolosse über die Savanne, durch dürres Buschwerk oder Palmendickichte. Nur das Rumpeln der Bäuche, das Flappen der fächelnden Ohren und gelegentlich das Krachen eines Baums, der unter dem Gewicht eines sich daran kratzenden Elefanten nachgibt, sind zu hören. Jungtiere spielen, rennen zwischendurch zur Mutter, legen den Rüssel zurück und trinken an den Zitzen zwischen den Vorderbeinen. Die Herde besteht aus Kühen, Kälbern und Halbwüchsigen. Alte Bullen leben allein oder in Gruppen abseits der Herden. Unruhe kommt in eine Herde, wenn die Tiere Durst bekommen und die Zeit für das tägliche Bad herankommt. Langsam setzen sie sich in Bewegung, und bald strebt die Herde – immer noch fast unhörbar – mit raumgreifenden Schritten der nächsten Wasserstelle zu. Die ältesten Kühe, wie auch die Kälber, rennen trompetend und prustend ins Wasser, werfen sich hin, aalen und suhlen sich und trinken in langen, durstigen Zügen. Sie nehmen das Wasser mit dem Rüssel auf und spritzen es in den Mund. Doch die Tiere sind nicht unvorsichtig, denn einige alte Kühe halten Wache.

Eine Afrikanische Elefantenkuh mit ihrem Kalb. Die Kälber kommen nach einer Tragzeit von 22 Monaten zur Welt. Oft helfen andere Kühe der Mutter bei der Geburt. Die Kleinen werden nach zwei Jahren entwöhnt

Wildesel, Wildpferde und Zebras – die Spitzenläufer

Seit Jahrtausenden ist das Schicksal einiger Huftierarten mit dem des Menschen eng verbunden. Pferde, Esel, Kühe, Schafe, Ziegen, Schweine und Kamele sind als Fleisch-, Fell- und Lederlieferanten, als Arbeitstiere und Fortbewegungsmittel unentbehrlich geworden.

Die Zucht und Nutzbarmachung dieser Tiere ging auf Kosten vieler wildlebender Arten, denn die Nutztiere des Menschen beanspruchten den Platz und das Futter, die den Wildtieren gehörten. Wildrinder, Wildpferde, Wildesel, Antilopen, Zebras, Nashörner, Wildziegen und -schafe und viele andere wurden dadurch ausgerottet oder in kleine Schutzgebiete zurückgedrängt.

Laufen auf der Mittelzehe
In der Ordnung Unpaarhufer sind die Pferdeverwandten hochspezialisierte Tiere, die die Kunst der schnellen Fortbewegung im wahrsten Sinne des Wortes auf die Spitze getrieben haben. Alle Huftiere sind Pflanzenfresser und brauchen weder Reißzähne noch scharfe Krallen zum Beuteerwerb. Ihre beste Verteidigung ist ihre Schnelligkeit, und so „überholen" sie die auf Sohlen oder Zehen laufenden Raubtiere und erhoben sich im Lauf der Entwicklung auf die letzten Zehenglieder, deren Nagel sich zu einem Hornschuh umbildete. Die Evolution ließ überflüssige Zehen verkümmern, und heute unterscheiden wir die Ordnungen Unpaarhufer und Paarhufer. Erstere umfaßt die Unterordnungen Pferdeverwandte und Nashornverwandte. In der Überfamilie Pferdeartige erreichte der „Spitzenlauf" seine höchste Vollendung, denn Pferde, Esel und Zebras laufen nur auf der Mittelzehe, die mit einem starken Hornschuh, dem Huf, umkleidet ist. Die Vorfahren und Urahnen unserer Pferde stammen aus Nordamerika. Mehrfach stießen die hunde- bis ponygroßen Urpferde nach Europa, Asien und Südamerika vor. In Süd- und Nordamerika starben sie wieder aus und entwickelten sich in Europa und Asien weiter. Angeblich sind die Wildpferde Europas auf die zebragroße Urform des Eurasischen Wildpferdes zurückzuführen. Von ihm stammen die heute in freier Wildbahn ausgerotteten Unterarten ab: der Steppentarpan aus den Gras- und Waldsteppen Südrußlands, der Waldtarpan aus den Waldgebieten Mittel- und Osteuropas und das Przewalski-Pferd (Bild oben) aus West- und Mittelasien. Manche Wissenschaftler zählen auch das Exmoor-Pony, das heute noch in den südenglischen Moorlandschaften Cornwalls vorkommt, zu den Wildpferden. Durch Zuchtversuche mit ursprünglichen Pferderassen versucht man seit Jahrzehnten in zoologischen Gärten, den Tarpan und das Przewalski-Pferd wieder „zurückzuzüchten".

Gar kein dummer Esel
Wildpferde lebten in kleinen oder mittleren Herden zusammen, die von einem starken Hengst geführt wurden. Der Leithengst führte und bewachte seine Stuten und Fohlen und verteidigte sie, manchmal mit der Unterstützung der Junghengste, sogar gegen angreifende Wolfsrudel. Jahrhundertelang waren die Herden Lebensgrundlage für die Völker der Steppen. Mit dem Aufkommen der Gewehre und mit der fortschreitenden Kultivierung ihrer Lebensräume wurden die Wildpferde immer mehr zurückgedrängt und verschwanden im Lauf des 19. Jahrhunderts.

Wer einmal Afrikanische Wildesel, die Stammform unseres Hausesels gesehen hat, läßt den „dummen Esel" ganz und gar nicht mehr gelten. Ihre Schönheit, ihre Eleganz und ihre Intelligenz sind angeblich

Die Afrikanischen Wildesel sind in Freiheit ausgerottet. Bis vor wenigen Jahren existierten in Somalia noch einige kleinere Herden

noch weiter entwickelt als bei den manchmal recht ruppig aussehenden Wildpferden. Auch als Haustiere sind Esel wesentlich älter als Pferde. Fast alle Unterarten der Afrikanischen Wildesel sind in Freiheit bedroht oder ausgestorben. In Zuchtstationen hat man die interessante Erfahrung gemacht, daß Wildeselfohlen in den ersten Lebensmonaten kein Wasser trinken dürfen, da sie sonst sterben. Wahrscheinlich ist das eine weise Einrichtung der Natur, denn in den endlosen Wüsten und Halbwüsten Somalias und in der Sahara gibt es kaum Wasser. Den Jungen reicht die Muttermilch. Ausgewachsene Esel können lange ohne Wasser auskommen, aber Jungtiere brauchen wohl täglich die mütterliche Milch. Kreuzungen zwischen Pferden und Eseln sind in menschlicher Obhut häufig. Die Maultiere oder Maulesel sind geschickte Kletterer, anspruchslos, widerstandsfähig und eigenwillig. Sie selbst sind jedoch nicht fruchtbar, können also nicht zur Zucht verwendet werden.

Das Echte Zebra und das Grévy
In zwei Untergattungen stehen die Echten Zebras neben den Grévyzebras. Das schöne Grévy mit seiner dichten Zeichnung ist die ursprünglichste Art und zeigt völlig andere Verhaltensweisen als die anderen Arten. Grévyhengste sind, wie Eselhengste, zu allen Artgenossen ziemlich unfreundlich, während die Hengste der Steppenzebras gelegentlich sogar als Beschützer der Herde auftreten. Hauptfeinde der gestreiften „Tigerpferde" sind die Löwen, obwohl auch Leoparden, Wildhunde und Hyänen Zebras reißen. Bei der Abwehr der großen Raubkatzen verlassen sich die Zebras nicht nur auf ihre Schnelligkeit. Mit den scharfen Hufen können sie sich auch recht gut gegen einen angreifenden Löwen wehren.

Bei Paarungskämpfen beißen sich die Hengste gelegentlich in die Vorderbeine. Die uralte Kinderfrage, ob ein Zebra schwarz auf weiß oder weiß auf schwarz gestreift ist, klärt sich bei einem Blick auf ein rundes Zebrahinterteil: Die schwarzen Streifen sind auf weißer Grundfärbung.

Nicht alle Zebras sind gleich gestreift. Schön sind die Grévyzebras (1) mit den feinen Streifen. Beim Böhmzebra (2) sind schwarze und weiße Streifen sehr breit. Bei den Steppenzebras (3) ist die weiße Grundfärbung deutlicher zu erkennen

Vom Indischen Panzernashorn, das am Südfuß des Himalaya lebt, gibt es höchstens noch 1500 Exemplare

Nashörner – eine uralte Tierfamilie

Die Wurzeln der heute noch lebenden Nashörner sind etwa 60 Millionen Jahre alt. Das ist ganz beachtlich, wenn man bedenkt, daß unsere eigenen nur wenige Millionen Jahre zurückreichen. Die Blütezeit der Nashornartigen ist längst vorbei. Von den vielen dutzend Arten, die vor 1 bis 10 Millionen Jahren in Amerika, Europa, Afrika und Asien gelebt haben, sind nur fünf übriggeblieben: zwei in Afrika und drei im südlichen Asien. Bedauerlicherweise sind sie alle äußerst stark bedroht, und manche stehen kurz vor dem Aussterben. Eine europäische Art, das Fellnashorn, starb erst in der letzten Eiszeit aus, vor 10 000 bis 12 000 Jahren. Die Gründe dafür sind unbekannt. Vielleicht war der Mensch an seinem Verschwinden schuld, möglicherweise aber die Veränderung des Lebensraums.

Bei den asiatischen und afrikanischen Arten von heute ist eindeutig der Mensch für das Verschwinden der urtümlichen Tiere verantwortlich. Er verändert einerseits die Biotope der Nashörner grundlegend, andererseits jagt er sie erbarmungslos wegen einiger Körperteile, denen er wundersame Wirkungen nachsagt. Dazu gehört in erster Linie das Horn. In Asien wird pulverisiertes Nasenhorn Tabletten zugefügt, die das Fieber senken, Tuberkulose heilen und der Potenz auf die Sprünge helfen sollen. Das Horn besteht aus Keratin, der gleichen Substanz, aus der unsere Haare sind. Chemische Untersuchungen haben ergeben, daß dieses Horn keinerlei medizinische Wirkstoffe enthält. Ein Großteil der gewilderten Nashörner wird allerdings nicht mehr für „medizinische" Zwecke verwendet, sondern geht in den Jemen. Dort werden aus Hörnern Dolchgriffe geschnitzt. Wohlhabende Jemeniten kaufen diese Dolche für bis zu 20 000 US-Dollar und mehr, um sie ihren Söhnen als Zeichen der Manneswürde zu schenken!

In den vergangenen 20 Jahren sind die Nashornbestände in Asien und vor allem auch in Afrika in erschreckendem Maß geschrumpft. Kenia und Tansania hatten noch in den 60er Jahren Populationen von je 15 000 bis 20 000 Tieren. Heute sind es bestenfalls noch je 500 bis 600 Exemplare.

Fünf verschiedene Arten

Die kleinste Art ist das Sumatranashorn. Es hat eine Schulterhöhe von 120 bis 145 cm, eine Kopf-Rumpflänge bis 280 cm und ein Gewicht von weniger als 500 kg. Sein ursprünglicher Lebensraum waren die Urwälder Südostasiens. Heute lebt es nur noch in sehr geringer Zahl an wenigen Plätzen auf Sumatra, Borneo und möglicherweise in Malaysia, Thailand und Siam. Vom Javanashorn gibt es wahrscheinlich noch weniger Überlebende, die eine allerletzte Zuflucht im Udjung-Kulon-Schutzgebiet gefunden haben und zu den seltensten Großtieren der Erde gehören. Etwas besser steht es im Moment um das Indische Panzernashorn. Es ist die größte asiatische Art, kann eine Schulterhöhe bis maximal 2 m und ein Gewicht von 2 t erreichen. Die Bestände des Panzernashorns sanken auf 500 bis 600 Tiere ab. Wirksame Schutzbestimmungen in Indien und Nepal haben ihre Zahl wieder auf 1200 bis 1500 Exemplare ansteigen lassen; die Tiere leben fast ausschließlich in Reservaten und Schutzgebieten.

Bekannter als die asiatischen sind die beiden afrikanischen Arten: das Spitz- und Breitmaulnashorn. Das Spitzmaulnashorn, auch Schwarzes Nashorn genannt, lebt vorwiegend in den Savannen Ostafrikas, während das Breitmaulnashorn, auch Weißes Nashorn genannt, hauptsächlich im südlichen Afrika vorkommt.

Sowohl vom Spitz- als auch vom Breitmaulnashorn sind nur noch wenige tausend Tiere übriggeblieben. Alle Nashörner sind Pflanzenfresser, die sich entweder von Wasserpflanzen, Röhricht und Elefantengras (Panzernashorn) ernähren oder von Zweigen, Ästen und Blättern (Spitzmaulnashorn). Während das Spitzmaulnashorn überwiegend Einzelgänger ist, wird das Breitmaulnashorn oft in kleineren Herden und Gruppen bis zu zehn Tieren beobachtet. Wegen strenger Schutzmaßnahmen hat sich das Breitmaulnashorn in Südafrika stark vermehrt und konnte in vielen Parks in Botswana, Sambia und Simbabwe wiederangesiedelt werden. Breitmaulnashörner gelten als verträglicher als ihre „schwarzen" Verwandten.

Breitmaulnashörner (links) leben von Gräsern und Kräutern, während sich Spitzmaulnashörner von Zweigen und Blättern ernähren. Beide Arten werden häufig von weißen Kuhreihern und von den starengroßen Madenhackern begleitet

Tapire – Relikte aus der Urzeit

Vor vielen Millionen Jahren war die zur Unterordnung Nashornverwandte gehörende Familie der Tapire fast über die ganze Welt verbreitet. Sogar in Europa gab es einen fast nashorngroßen Tapir. Fast alle Vertreter sind bis heute ausgestorben. Die Blütezeit der Nashornverwandten ist vorüber, und die heute lebenden Arten sind Relikte, Überbleibsel aus längst vergangenen Zeiten: Tapire gibt es heute nur noch in zwei weit voneinander entfernt liegenden Regionen unserer Erde. Der Schabrackentapir ist mit einer Körperlänge von 2,5 m und einer Schulterhöhe von 1 m die größte Art und bewohnt Birma, Thailand und Sumatra. Seinen Namen trägt er wegen der auffallenden, grauweißen Schabracke, die wie eine Decke an den Schultern beginnt und den ganzen hinteren Teil des Körpers bedeckt. Beine, Schultern, Hals und Kopf sind dagegen glänzend schwarz. In Mittel- und Südamerika sind die drei anderen Tapirarten zu Hause. Der Flachlandtapir ist die häufigste Art, er kommt von Nordargentinien bis nach Venezuela und Paraguay vor. In den Anden von Kolumbien bis Peru und Ecuador lebt der kleine, nur 180 cm lange Bergtapir mit dem dichten, weichen Fell. Der Mittelamerikanische Tapir schließlich, die größte neuweltliche Art, lebt in den Bergwäldern von Mexiko bis nach Panama und Nordkolumbien.

Bulldozer im Urwald

Tapire sind Einzelgänger. Sie leben scheu und verborgen, meist weit entfernt von menschlichen Ansiedlungen, in tiefen Urwäldern. Sie sehen aus wie eine Kreuzung zwischen einem haarigen Wildschwein und einem Flußpferd, und wie letzteres brauchen Tapire das Wasser. Sie suhlen sich in Pfützen, schwimmen und tauchen vorzüglich und ernten die saftigen Wurzelstöcke von Wasserpflanzen vom Grund der Gewässer. Wie Bulldozer schieben sich die kräftigen Tiere, deren Weibchen größer und stärker sind als die Männchen, durchs dichte Unterholz, durch schier undurchdringliches Gestrüpp und sumpfige Moraste. Sie können sogar, was man ihnen vom bloßen Ansehen gar nicht zutrauen würde, recht gut klettern.

Beim Fressen dient der sehr bewegliche Rüssel als Greiforgan. Tapire sind an sich friedlich und suchen ihr Heil lieber in der Flucht – bei der sie ein großes Tempo erreichen können – als im Angriff. Sind sie aber gereizt oder verwundet, scheuen sie auch den Angriff nicht, rennen den Gegner um und verteilen schmerzhafte Bisse. Weibchen, die ihre gestreiften Jungtiere führen, greifen sogar Tiger oder Jaguare an und haben schon manche Großkatze in die Flucht gejagt.

Der Flachlandtapir (links) aus Südamerika ist die häufigste Tapirart. Der Schabrackentapir (rechts) aus Südostasien ist der größte Vertreter der Familie. Alle Arten werden auch heute noch gejagt und sind zudem wegen der Umweltzerstörungen in ihren Beständen bedroht

Junge Tapire haben ein längsgeflecktes und -gestreiftes Jugendkleid

Flußpferde – Paarhufer mit riesigen Hauern

Das Flußpferd, Nilpferd oder Hippopotamus ist aus Platzgründen an dieser Stelle aufgeführt. Es ist kein Unpaarhufer und gehört auch nicht in die Nashornverwandtschaft. Die Flußpferdartigen bilden innerhalb der Ordnung Paarhufer eine eigene Überfamilie mit der Familie Flußpferde und den Gattungen und Arten Zwergflußpferde und Großflußpferde.

In Afrika, südlich der Sahara bis zum nördlichen Südafrika, mit Ausnahme des Kongobeckens, kann man oft ganze Herden der graurosa „Fleischberge" auf Sandbänken, an Ufern und im flachen Wasser von Flüssen, Seen, Teichen und Tümpeln beobachten, wie sie einander gähnend ihre riesigen Hauer zeigen oder mit den Ohren wackeln.

Duftende Wegmarkierungen

Nachts aber verlassen die bis zu 4,5 m langen, 165 cm hohen und bis zu 3200 kg schweren Tiere das Wasser und legen bis zu 12 km zurück, um zu den Weideplätzen zu gelangen. Seit Generationen benutzen sie dieselben steilen „Aufstiege" und Wechsel, die erwachsene Bullen mit Kot und Harn markieren. Dabei dient der kurze Schwanz als „Propeller", mit dem sie ihre „Duftmarken" meterweit in die Umgebung schleudern. Flußpferdbabys werden nach einer Tragzeit von etwa 230 Tagen unter Wasser geboren. Als erstes schwimmen sie an die Oberfläche, um die Lungen mit Luft zu füllen. Sie werden auch unter Wasser gesäugt.

Löwen, die gelegentlich Nilpferdjunge fressen, müssen vorsichtig sein, denn die Alten sind ganz und gar nicht wehrlos! Die großen Eckzähne werden nicht nur bei Paarungskämpfen eingesetzt, sondern dienen auch zur Verteidigung als gefährliche Waffen. Ganz anders leben die Zwergflußpferde aus den tiefen, undurchdringlichen Urwäldern Westafrikas. Sie werden nur etwa 1,5 m lang und bis zu 80 cm hoch. Anders als ihre riesenhaften Vettern leben sie versteckt und sind scheue Einzelgänger.

Großflußpferde leben in Herden

Die großen Eckzähne wachsen zeitlebens weiter und können über 50 cm lang werden

Allesfresser – die Welt der Schweine

Unter den Säugetieren findet man nur wenige Tiergruppen, die so anpassungsfähig und unspezialisiert sind wie die Schweineartigen. Sie haben mit Ausnahme von Australien in zwei Familien mit insgesamt 10 Arten die ganze Welt erobert und fehlen nur in reinen Wüsten. Die Anpassungsfähigkeit der Schweine bezieht sich sowohl auf ihre Ernährung wie auf ihre Lebensräume. Schweine sind Allesfresser und nehmen neben pflanzlicher auch tierische Kost zu sich. Manche Arten steigen im Gebirge bis auf 4000 m Höhe, andere leben in den dichtesten Urwäldern oder sind Bewohner der offenen Savannenlandschaften. Zoologisch gesehen unterscheidet man zwei Familien: die Alt- und die Neuweltschweine. Die einen leben in Eurasien und Afrika, die anderen, die Pekaris oder Nabelschweine, im südlichsten Nordamerika, in Mittel- und Südamerika. Eine Art, das Wildschwein, wurde als Jagdwild in Nord- und Südamerika, in Australien und Neuseeland sowie auf Tasmanien eingeführt.

Schweine ernähren sich von allen möglichen Pflanzen – von der Baumwurzel über Pilze bis zum Mais – und von kleineren Tieren, vor allem Insektenlarven, Jungvögeln und auch Aas. Manche Spezies wie die Pekaris bringen nur zwei Junge zur Welt, andere, z.B. Warzenschweine, kaum je mehr als vier und wieder andere, etwa Wildschweine, zehn und mehr.

Nur auf der Insel Celebes in Südostasien kommt der Hirscheber vor. Er ist eine urtümliche Schweineart, die außerhalb ihrer Heimat nahezu unbekannt ist

In den ersten Lebenswochen sind die Wildschweinfrischlinge längsgestreift, was ihnen im kontrastreichen Licht eines Laub- oder Mischwaldes eine ausgezeichnete Tarnung verleiht

Beim Wildschwein beträgt die Tragzeit etwa 4 Monate, und die Jungen kommen gut entwickelt, behaart und mit offenen Augen zur Welt.

Schweine sind gesellig lebende Tiere, die in Rudeln, Gruppen und Rotten angetroffen werden. Alte Keiler allerdings bevorzugen ein Leben als Einzelgänger. Sie gesellen sich nur während der Brunft zu den Weibchen.

Gar nicht „schweinisch", aber klug und wehrhaft
Schweine sind weder schmutzig noch dumm, im Gegenteil. Sie suhlen sich im Morast oder in sandigen Kuhlen, denn Erde und Staub pflegen ihre Haut und bieten etwas Schutz gegen beißende und stechende Insekten. Wo sie verfolgt werden, sind sie zu einer nachtaktiven Lebensweise übergegangen und verhalten sich extrem scheu, so daß man sie kaum jemals sieht. Wildschweine, die in ganz Europa auf dem Vormarsch sind, können auf Äckern und Feldern beträchtliche Schäden anrichten. Sie graben Kartoffeln und Rüben aus und bevorzugen ganz besonders halbreifen Mais und Getreide. Geruchssinn und Gehör sind ausgezeichnet, aber sie sehen vergleichsweise schlecht. Einem unbeweglich dastehenden Menschen können sie sich bis auf wenige Meter nähern, ohne ihn wahrzunehmen – vorausgesetzt der Wind steht entsprechend.

Das Wildschwein ist die Stammform des Hausschweins, das weltweit vor allem als Fleischlieferant gehalten und gezüchtet wird. Wilde Schweine sind mutige und wehrhafte Tiere, die mit ihren messerscharfen Hauern einem Angreifer schwere Verletzungen zufügen können. In den Savannen Afrikas gehören Busch- und Warzenschweine aber trotzdem zur bevorzugten Löwenbeute, und auch Leoparden und Geparde machen Jagd auf sie. Es wurden schon Löwenrudel beobachtet, die systematisch Warzenschweine aus ihrem Bau ausgruben und fingen.

Schweinearten
In Afrika kommen mehrere wilde Schweinearten vor. Im Norden lebt das Wildschwein vor allem im Atlasgebiet, und südlich der Sahara sind die Biotope der Busch- oder Flußschweine, des Riesenwaldschweins, das 1904 in Kenia entdeckt wurde, und des Warzenschweins. Das südliche Asien ist die Heimat des Bart-, des Zwergwildschweins und des Pustelschweins. Der vielleicht seltsamste Vertreter der Altweltschweine ist der Hirscheber auf der Insel Celebes, der keiner der anderen Schweinearten nahesteht. Beim Eber durchstoßen die oberen Eckzähne oft die Schädeldecke und biegen sich nach hinten. Als Waffe

Warzenschweine sind typisch in den ost- und südafrikanischen Wildparks. Alte Keiler haben am Kopf mächtige Hautverdickungen und -wülste, die der Art zu ihrem Namen verholfen haben

sind sie nicht mehr zu verwenden. Die Pekaris aus dem südlichen Amerika leben in Rudeln zusammen und bewohnen dichte Waldgebiete. Diese Tiere haben viele Feinde, u.a. Puma, Jaguar, Rotluchs, Riesenschlangen, Greife und nicht zuletzt den Menschen. Über ihr Verhalten in Freiheit ist bis heute sehr wenig bekannt.

Man hat übrigens festgestellt, daß verwilderte Hausschweine sehr schnell wieder Lebensweise und Verhalten der wilden Schweine annehmen.

Kamele – Wüstenschiffe und Wolllieferanten

Vor etwa 2 Millionen Jahren wanderten die Kamele aus ihrer Urheimat Nordamerika nach Europa und Asien aus. Noch später eroberten sie Südamerika und starben mit dem Ende der Eiszeit in Nordamerika aus. Innerhalb der Ordnung Paarhufer und der Unterordnung Schwielensohler unterscheiden wir zwei Gattungen: die Großkamele oder Altweltkamele in Afrika und Asien und Lamas oder Neuweltkamele in Südamerika.

Obwohl die breiten Füße der Schwielensohler gar nicht so aussehen, sind sie doch besonders spezielle Hufformen. Kamele laufen auf dem letzten und vorletzten Glied ihrer mittleren Zehen, die kleine, nagelartige Hufe tragen. Die Sohlenflächen selbst haben dicke, federnde Schwielen.

Die einhöckrigen Kamele oder Dromedare, die Wild- und Haustierform der zweihöckrigen Kamele oder Trampeltiere sowie Guanakos, Lamas, Alpakas und Vikunjas sind Wiederkäuer. Da ihr Magen aber etwas anders gebaut ist als bei „normalen" Wiederkäuern, werden sie in einer eigenen Unterordnung zusammengefaßt.

Das Dromedar aus Nordafrika, Arabien und Vorderasien hat meist ein sandfarbenes Fell, doch gibt es auch hellere oder dunklere Tiere

Kamele für alle Lebenslagen

Jahrtausendelang waren die Dromedare in der Sahara und die Trampeltiere in den Wüstengebieten Asiens Lebensgrundlage und einzige Transport- und Verkehrsmittel der Wüstenvölker. Sie verwerteten die

Die Heimat der Trampeltiere oder zweihöckrigen Kamele sind die Wüsten und Gebirge Innerasiens. In entlegenen Wüstenregionen leben noch wilde Herden

Die wilden Guanakos sind gesellige Tiere, die in großen Herden leben. Von Menschenhand aufgezogen, werden sie sehr zahm

Kamelsmilch, aßen das Fleisch und nutzten den Dung als Brennstoff. Stoffe aus „echtem Kamelhaar" sind übrigens aus Angoraziegenhaar. Genügsam, ausdauernd und zäh tragen die Wüstenschiffe ihre 200 bis 250 kg schweren Lasten, legen etwa 40 km am Tag zurück, sind unterwegs zufrieden mit dürren Halmen, Hirse, Datteln und können tagelang ohne Wasser auskommen. Das Geheimnis ihrer Genügsamkeit liegt in dem dreiteiligen Wiederkäuermagen – der Blättermagen fehlt – mit über 800 Speicherzellen im riesigen Pansen, in dem Wasser und Nährstoffe gespeichert werden können.

Dromedar und Trampeltier wurden mit Erfolg in Australien, Ost- und Südafrika und Südeuropa eingeführt. Letzteres erträgt große Temperaturunterschiede, wie sie auch in Gebirgen und Wüsten der asiatischen Heimat vorkommen, wo im Sommer Temperaturen von 50 °C und im Winter bis zu –30 °C herrschen. Gegen Nässe und Feuchtigkeit sind beide sehr empfindlich. Vom Dromedar ist nur die Haustierform bekannt, die allerdings schnell verwildert. Auch das Trampeltier kannte man nur als Haustier, bis 1878 der russische Reisende Przewalski in den Wüsten Innerasiens die wilde Stammform entdeckte. Wildkamele leben in Herden von 6 bis 25 Tieren, die von einem Leithengst angeführt werden. Araber und asiatische Nomaden, die ihr Leben mit diesen Tieren verbringen, nennen sie sanftmütig, klug und empfindsam.

Kamele haben vor allem auch ein hervorragendes Gedächtnis, und die Stuten sind liebevolle, besorgte Mütter. Vor allem die Meharis, hochgezüchtete afrikanische Reitkamele, gelten als edle Tiere, die einem Rennpferd ebenbürtig sind.

Neuweltkamele

Lamas und Alpakas sind für die Völker der südamerikanischen Anden, was die Großkamele für die Wüstenbewohner der Alten Welt sind: Die großen, kräftigen Lamas sind Fleischlieferanten und unentbehrliche Lasttiere, die kleineren, schwarzen, braunschwarzen oder blaugrauen Alpakas liefern Wolle. Beide Arten leben oft halbwild in den Weiten der Andenhochsteppen und kommen mit dem Menschen nur in Berührung, wenn sie geschoren oder geschlachtet werden sollen oder zum Lastentragen gebraucht werden. Den Herden der Haustiere schließen sich – je nach Verbreitungsgebiet – oft wilde Guanakos und Vikunjas an. Das Guanako gilt als Stammform der beiden Haustierarten und war ursprünglich von den Küstenebenen bis in die Hochgebirge der Andenländer verbreitet. Große Temperaturunterschiede machen ihm nichts aus, aber Nässe oder Feuchtigkeit verträgt es ebensowenig wie alle anderen Kamele. Das kleinere und zierliche Vikunja ist weniger anpassungsfähig und bevorzugt in den Anden Höhenlagen zwischen 3800 und 5000 m.

Wie alle Kamele hat auch das Vikunja eine gespaltene Oberlippe. Vikunjas leben in Herden zusammen, die aus einem Hengst mit mehreren Weibchen oder nur aus Junghengsten bestehen

Wiederkäuer – geniale Nahrungsverarbeiter

In der Unterordnung Wiederkäuer finden sich nur gut hasengroße Tiere wie die Hirschferkel, die Muntjaks oder die Pudus neben Riesenformen wie dem nordamerikanischen Bison oder dem asiatischen Gaur. Bei allen Unterschieden ist den Angehörigen dieser Gruppe eines gemeinsam, das sie von allen anderen Tieren unterscheidet: der besondere Bau der Speiseröhre und des Magens.

Das typische Verhalten eines Wiederkäuers zeigt eine grasende Kuh. Stundenlang steht sie auf der Weide, umschlingt Grasbüschel mit ihrer rauhen Zunge, drückt sie gegen die Schneidezähne des Unterkiefers und reißt sie mit einem leichten, seitlichen Ruck des Kopfes ab. Das geht unermüdlich Biß für Biß, ohne viel zu kauen. Das schwerverdauliche, zellulosereiche Gras gelangt in den bis zu 150 l fassenden Pansen oder Wanst. Erst wenn dieser gefüllt ist, hört das Tier auf zu fressen und „arbeitet" das Ganze, stehend oder liegend, noch einmal durch.

Zweimal gekaut ist besser
Dabei wird im Pansen die Nahrung gut eingeweicht, mit Verdauungssäften durchmischt und von Bakterien durchsetzt. In kleinen Mengen gelangt die so vorverdaute Nahrung in den Netzmagen, wird dort zu Klößen geformt und wandert dann, Bissen für Bissen, durch die Speiseröhre nach oben wieder ins Maul.

Bei Tieren mit schlanken Hälsen, z.B. Giraffen, Antilopen oder Hirschen, läßt sich gut beobachten, wie der Nahrungskloß im Hals nach oben kommt. Auf jeder Kieferseite oben und unten sitzen je sechs breite Mahlzähne, die den Nahrungskloß im unermüdlichen Hin und Her der Kiefer zermahlen. Dieser Speichelbrei gelangt durch eine besondere Rinne im Schlund in den Blättermagen und von dort in den Labmagen, in dem die Nahrung erst endgültig aufgeschlossen und verwertet werden kann. Im sehr langen Dünndarm, der 21mal so lang ist wie die ganze Kuh, werden die Nährstoffe schließlich an das Blut abgegeben.

Diese Art der Nahrungsaufnahme und Verdauung bringt viele Vorteile. Die in der Regel wehrlosen Huftiere können schnell große Mengen Futter aufnehmen und es später an einem sicheren Ort in aller Ruhe verdauen. Dadurch erfolgt eine optimale Verwertung der Nahrung. Der regelmäßige Wechsel zwischen dem Gang zur Weide und der Verdauungsruhe bestimmt den Tagesrhythmus der Wiederkäuer.

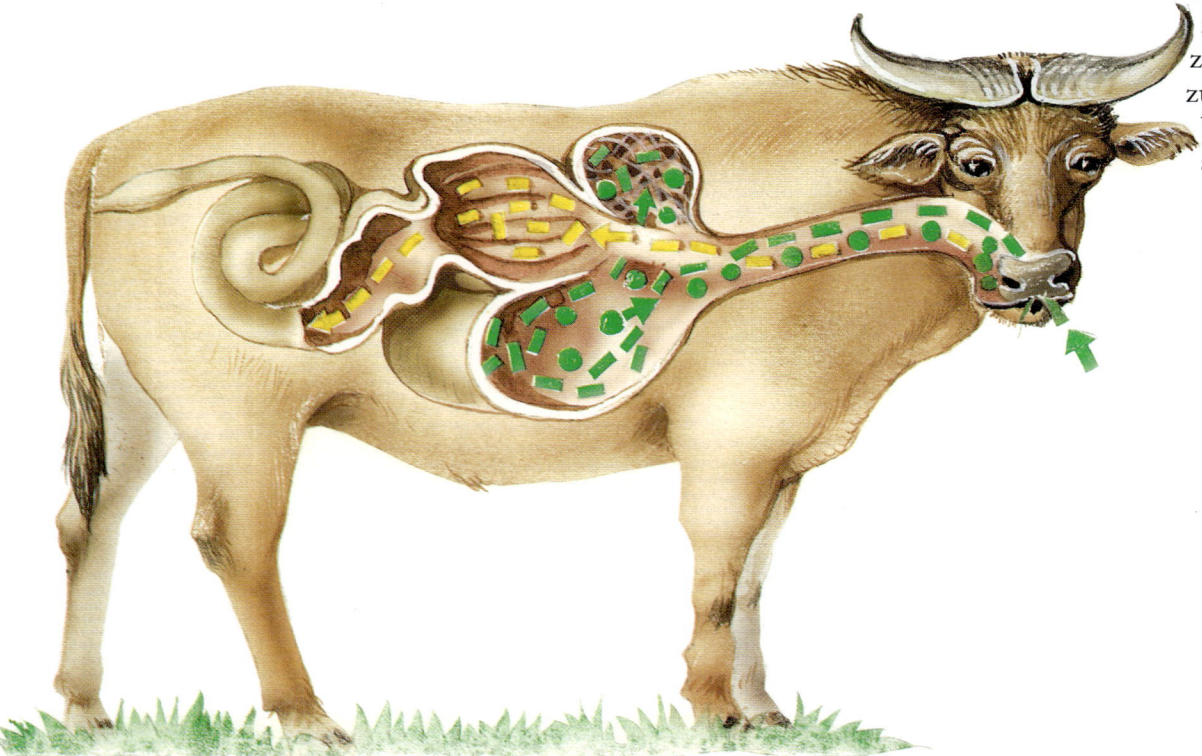

Nahrungsaufnahme und Verdauungsvorgang

- Futter
- aufgeschlossenes Futter, wird wiedergekäut
- endgültige Verdauung

Giraffen und Okapis – das Geheimnis des langen Halses

Zur Giraffenfamilie gehören die erst 1907 entdeckten, bis 1,70 m hohen Waldgiraffen oder Okapis und die bis zu 5,80 m hohen Steppengiraffen. „Serafe", die Liebliche, nennen die Araber die Giraffe, denn trotz ihrer komischen, unproportionierten Gestalt wirkt sie sanftmütig. Dieser Eindruck wird durch die großen, dunklen, langbewimperten Augen und die traumwandlerischen Bewegungen noch verstärkt. Dennoch sind sie nicht wehrlos und können mit Schlägen ihrer starken Vorderhufe einem Löwen den Schädel oder das Rückgrat brechen. Kämpfende Giraffenbullen schlagen mit weit ausholenden Bewegungen ihre Hälse aneinander, und wir haben mehr als einmal tote Bullen mit gebrochenem Genick gefunden.

Giraffen haben auch nur sieben Halswirbel wie andere Wirbeltiere. Sie ernähren sich von Blättern und erreichen mühelos die höchsten Baumwipfel. Schwieriger wird es für sie, wenn sie Gras oder Kräuter fressen oder trinken wollen. Fast in Zeitlupe spreizen sie ihre Vorderbeine oder knicken ein, schrecken hoch, gehen wieder hinunter, bis sie endlich grasen oder trinken.

Wegen des großen Höhenunterschieds, den eine Giraffe bewältigt, wenn sie den Kopf senkt oder hebt, müßte sie schwindlig oder ohnmächtig werden, wie wir es kennen, wenn wir zu schnell aufstehen. Damit das nicht passiert, werden die Halsvenen durch Klappen geschlossen, so daß das Blut weder zu Kopf steigt, noch Blutleere im Hirn auftritt.

Während Giraffen Tiere der offenen Savannen sind, lebt das Okapi (Bild oben) im westafrikanischen Regenwald. Es lebt als scheuer Einzelgänger, im Gegensatz zu seinen Verwandten, die oft in losen Herden die weiten Graslander durchstreifen. Mit seiner blauen, 40 cm langen Zunge holt es Zweige und Blätter heran. Okapis sind Gewohnheitstiere. Sie bewohnen feste Reviere, in denen sie mit schöner Regelmäßigkeit immer die gleichen Wechsel benutzen. Früher baute man an diesen Wechseln Fallgruben, in denen die Tiere gefangen wurden.

Trotz ihres langen Halses haben auch Giraffen nur sieben Halswirbel wie die meisten höheren Wirbeltiere. Da sie beim Trinken die Vorderbeine spreizen oder einknikken müssen, können sie bei Gefahr nicht schnell fliehen und sind dementsprechend vorsichtig

Stirnwaffen- und Geweihträger – Rehe, Hirsche, Elche & Co.

Die meisten Paarhufer aus der Unterordnung Wiederkäuer finden wir in der Teilordnung Stirnwaffenträger, die in 4 Familien mit 69 Gattungen, 141 Arten und 682 Unterarten unterteilt ist. Kennzeichen der Gruppe sind knöcherne Stirnwaffen, die zum Teil mit Hornscheiden umhüllt sind. Nur in der Giraffenfamilie sind die Stirnwaffen fellüberzogene Knochenzapfen. In der Hirschfamilie tragen die männlichen Tiere ein Geweih, Ausnahmen sind die geweihlosen Moschustiere und Wasserrehe sowie die Rentiere, bei denen beide Geschlechter ein Geweih haben.

Das Geweih besteht, im Gegensatz zum Gehörn, aus Knochen. Es wächst aus den Knochenzapfen der Stirnbeine, den „Rosenstöcken" hervor, wird bei den meisten Arten gegen Ende der Brunftzeit abgeworfen und wächst nach kurzer Ruhezeit wieder neu, meist stärker und weiter verzweigt als im Vorjahr.

Während der Wachstumsperiode ist das Geweih von Bast überzogen, einer samtartigen, stark durchbluteten Haut, die nach Ausbildung des Geweihs eintrocknet und an Bäumen und Büschen gefegt wird. Ein fegender Hirsch bietet einen abenteuerlichen Anblick, wenn ihm die blutigen Bastfetzen vom Geweih herunterhängen.

Echte Hirsche, Trughirsche und Elchhirsche werden wegen ihrer Trophäen gerne gejagt, was einigen Arten sehr zum Verhängnis geworden ist. Die Chinesen nutzten Basthaut und Geweih zur Herstellung von Heil- und Stärkungsmitteln. Ob der Davidshirsch aus diesem Grund in Freiheit schon vor langer Zeit ausstarb, ist unbekannt. Der Jesuitenpater Armand David sah im Jahr 1865 als erster Europäer bei einem Blick über die Mauer der kai-

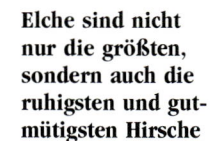

Elche sind nicht nur die größten, sondern auch die ruhigsten und gutmütigsten Hirsche

serlichen Gärten in Peking den etwa 1,50 m langen Hirsch mit dem wie umgekehrt wirkenden Geweih und dem langen Kopf. Gegen Ende des 19. Jh.s lebten nur noch 18 Tiere in europäischen Zoos. Der Herzog von Bedford baute eine Zucht auf, es konnten bereits wieder Tiere in die Freiheit entlassen werden.

Das Geweih – Statussymbol und Waffe

Die „klassischen" Hirsche sind die Rot- oder Edelhirsche mit verschiedenen Unterarten. Unter den nordamerikanischen Wapitis gibt es die größten Hirsche, die bis zu 450 kg wiegen. Das kräftige, ebenmäßige Geweih kann ein Gewicht von 25 kg erreichen! Etwa fünf Monate dauert es, bis das Geweih gewachsen und gefegt, mit Beginn der Brunftperiode „gebrauchsfertig" ist. Männliche Rothirsche leben in der Wachstumszeit des Geweihs in Rudeln.

Im Hochsommer finden die ersten Machtkämpfe als spielerische Auseinandersetzungen statt, bis sich zu Beginn der Brunft im Oktober herausgestellt hat, wer der „König" sein wird. Der stärkste Hirsch wird „Platzhirsch", behauptet seine Stellung im Rudel der Kühe und Kälber, und sein lautes, tiefes Röhren warnt andere Stiere, dem Rudel zu nahe zu kommen.

Kampf der „Könige"

Jüngere, schwächere Hirsche gehen dem „König" aus dem Weg, taucht aber ein ebenbürtiger oder stärkerer Gegner auf, kommt es zum Kampf.

Geweih gegen Geweih wird gestoßen und gedrückt, und jeder versucht, den anderen vom „Platz" zu schieben, bis der Unterlegene schließlich in weiten Sprüngen flieht. Gefährlich wird es, wenn sich die Geweihe rettungslos verhaken und die Gegner nicht mehr voneinander loskommen.

Die größten Hirsche sind die bis zu 3 m langen und 2,30 m hohen Elche, unverkennbar mit dem meist schaufelartigen Geweih, der Halswamme, dem erhöhten Widerrist und dem langen Kopf. Elche leben als Einzelgänger in den weiten Waldgebieten Nordamerikas, Nordeuropas und des nördlichen Asiens. Noch weiter nach Norden, bis in die Tundrenregionen rings um den Nordpol reicht das Verbreitungsgebiet der Renhirsche, die wegen der starken Bejagung als Wildformen zum Teil stark gefährdet sind.

Deutlich erkennt man die unterschiedlichen Geweihformen: das zierliche Geweih eines Rehbocks, das schaufelförmige des Damhirschs und das verzweigte Geweih des Rothirschs

Für die Nomadenvölker im Norden Eurasiens, die das Ren gezähmt haben und in riesigen Herden als Haustier halten, bestimmt der Wanderrhythmus der Rentiere das Leben der Sippen.

Rehe gehören zur Unterfamilie der Trughirsche, wie auch der Weißwedel- oder Virginiahirsch und der großohrige Maultierhirsch aus Nordamerika. Auch Sumpf-, Pampas-, Andenhirsche und Mazamas aus Südamerika zählen dazu. Ebenfalls aus Südamerika kommen die kleinsten Hirsche überhaupt, die nur 35 cm langen Pudus.

Die Rinder – wehrhaft und anpassungsfähig

Wildrinder bewohnten einst in großer Zahl alle Erdteile, mit Ausnahme von Australien und der Antarktis, und haben stellenweise eine ungeheure Individuenzahl erreicht. Das bekannteste Beispiel ist der amerikanische Bison oder Indianerbüffel. Vor 200 Jahren gab es von dieser Art in den nordamerikanischen Prärien, den endlosen Graslandschaften, in denen auch die berühmten Indianerstämme der Apachen und Komantschen lebten, schätzungsweise 50 bis 60 Millionen Tiere!

Weiße Siedler und Jäger dezimierten die riesigen Bisonherden in kurzer Zeit so stark, daß die Wildrinder zu Beginn des 20 Jh.s beinahe ausgerottet waren. Weniger als 1000 Exemplare überlebten. Schutzmaßnahmen in allerletzter Minute führten dazu, daß sich die Bisonbestände allmählich erholen konnten.

Heute gibt es in Nationalparks, Wildreservaten und auf privaten Farmen wieder mehrere zehntausend Bisons.

Rinder in aller Welt
Ein Wildrind in Europa, der Ur oder Auerochse, der als Stammvater unseres Hausrinds gilt, wurde bereits im 17. Jh. ausgerottet. In manchen zoologischen Gärten werden sogenannte Rückzüchtungen gezeigt. Dabei handelt es sich um Kreuzungen ursprünglicher Hausrinderrassen mit dem Ziel, den Auerochsen zumindest vom äußeren Erscheinungsbild wieder auferstehen zu lassen. Das zweite europäische Wildrind, der Wisent, wurde um ein Haar ausgerottet. Im polnischen Urwald von Bialowieza konnten einige wenige Wisente überleben, bis der letzte 1921 von einem Wilderer erschossen wurde. Zum Glück gab es in Zoos noch insgesamt 56 Wisente, von denen alle heutigen Bestände abstammen, insgesamt gut 1000 Tiere.

Alle Wildrinder Asiens sind stark bedroht – in erster Linie durch die enorm wachsende Bevölkerungsdichte und der damit einhergehenden Vernichtung natürlicher Lebensräume. Das trifft sowohl für den Wildyak wie für den Gaur, den Banteng und den wilden Wasserbüffel oder Arni zu, den Stammvater aller domestizierten Wasserbüffel, die in Südostasien große wirtschaftliche Bedeutung haben.

Um die Jahrhundertwende war der Bison oder Indianerbüffel beinahe ausgestorben. Heute gibt es wieder mehrere zehntausend Tiere

In Afrika lebt der Kaffernbüffel in mehreren Unterarten vom Südrand der Sahara über die Waldgebiete des Kongo bis in die Kapprovinz. Er wurde von den Einheimischen nie gezähmt, sondern lediglich gejagt. Das ist allerdings mit Gefahren verbunden, denn der Kaffernbüffel ist, wie alle Wildrinder, ein äußerst kräftiges und wehrhaftes Tier. Selbst die berühmten Massaikrieger, die früher mit ihren Speeren Löwen erlegten, fürchten die Kraft und Unberechenbarkeit der Büffel. Die weißen Jäger bezeichnen sie als das wohl gefährlichste Jagdwild Afrikas – vor Elefant und Löwe, Nashorn und Leopard.

Vom Hochgebirge bis in heiße Sümpfe
Die wilden Rinder stammen aus Asien und sind von dort aus nach Nordamerika, Europa und Afrika eingewandert. Sie haben dabei eine ganz erstaunliche Anpassungsfähigkeit gezeigt, die wir teilweise auch bei unseren Hausrindern erkennen können. Der Anoa aus Celebes, die kleinste Art, kommt in dichten und unwegsamen Sumpfwäldern vor, der Wildyak hingegen im Hochgebirge bis über 5000 m, der Bison in den Prärien der USA und Kanadas und der Kaffernbüffel sowohl im Regenwald wie in der Grassavanne. Der europäische Wisent und der Auerochse wiederum waren bzw. sind ausgesprochene Waldbewohner, denen – neben der Jagd – die Rodungen der großen Forste zum Verhängnis wurden. Die Bullen der genannten Arten können eine Schulterhöhe von 2 m und mehr und ein Gewicht von 1000 kg erreichen!

Der Wildyak lebt im nördlichen Teil Tibets und gehört heute zu den bedrohtesten Rinderarten. Er ist der Stammvater der Hausyaks, die in Tibet, Nepal, Bhutan und anderen Himalayastaaten als Haustiere gehalten werden

Alte Kaffernbüffelbullen leben oft als Einzelgänger oder in kleinen Junggesellenrudeln und schließen sich nur in der Brunftzeit den großen Weibchenherden an

Kongoni, ein Vertreter der Kuhantilopen (links), und Weißbartgnu

Antilopen und Gazellen – Herden und Wanderungen

Antilopen sind Huftiere und Wiederkäuer, die nicht zu den Rindern oder Ziegen gehören. Mindestens die männlichen Tiere, Böcke, Bullen oder Stiere genannt, tragen Hörner auf der Stirn. Diese Hörner sind zapfenförmige Fortsätze der Stirnknochen, auf denen die Haut wie eine dicke, verhornte Scheide das eigentliche Horn bildet.

Der Name Antilope ist heute keine echte wissenschaftliche Bezeichnung mehr. Aber da die Zoologen sich über die Zuteilung und genauen Klassifizierungen noch nicht einig sind, bleiben wir bei „Antilopen".

Impalaantilopen leben in Herden. Die Böcke sind an ihrem leierförmigen Gehörn zu erkennen

Von Hörnern und Spießen

Die Hörner der Antilopen zeigen die unterschiedlichsten Formen und Größen. Kleinstböckchen und Dikdiks haben kaum daumenlange Spieße, während die Hörner der Spießböcke oder Oryxantilopen mehr als 1 m lang werden können. Im südlichen Afrika fand man einmal einen Löwen, der offenbar einen Oryxbullen an einer Wasserstelle reißen wollte. Dem Oryx war bei dem Überfall das Genick gebrochen worden, der Löwe aber war, von den Spießen des Oryx durchbohrt, wenige Meter neben der toten Antilope zusammengebrochen. Hörner können gerade sein wie Schwerter, nach vorne gebogen oder leierförmig wie bei den Impalas, sie können gedreht sein wie beim Kudu oder beim Elen oder in weitem Bogen nach hinten zeigen, wie es bei den Pferde- oder Rappenantilopen der Fall ist.

Manche Wissenschaftler behaupten, die Hörner seien reiner Luxus, die einfach schön und prächtig aussehen. Andere sagen, daß die Hörner der Regulierung der Körpertemperatur dienen.

Die Oryx benutzen die Hörner zur Verteidigung gegen Raubtiere, aber das tun längst nicht alle Arten. Bei vielen ist der Kopfschmuck unpraktisch geformt oder so angebracht, daß man sich diesen Schmuck nur schwer als Waffe vorstellen kann.

Die wichtigste Rolle spielen die Hörner beim Imponieren – auf Menschen übertragen hieße das: beim Angeben vor den anderen! Geht es um die Gunst eines Weibchens oder um die Verteidigung eines Reviers, so wird meistens das Männchen mit dem prächtigsten Gehörn gewinnen. Oft werden auch „ritualisierte" Kämpfe ausgetragen, bei denen man so tut, als ob man es ernst meint.

Die Kleinsten und die Größten

Beträchtliche Unterschiede gibt es in der Größe und im Gewicht der verschiedenen Arten. Die kleinste Antilope ist das Kleinstböckchen, das an der Westküste Afrikas lebt und nur 25 cm hoch wird. Der englische Name lautet Kings Antelope (Königsantilope). Das ist nicht etwa witzig gemeint, sondern auf einen Irrtum zurückzuführen. Die Eingeborenen nennen das nur hasengroße Tierchen nämlich „König der Hasen". Nur wenig größer werden die Dikdiks oder Windspielantilopen aus Ost-, Süd- und Südwestafrika. Eigentlich heißt die Antilope nur Dik, aber da sie meistens paarweise erscheint, sagt man gleich Dikdik.

Gegen diese Zwerge ist die Elenantilope ein wahrer Riese. Die Bullen erreichen eine Schulterhöhe bis zu 1,80 m, werden also so groß wie ein stattliches Hausrind und wiegen bis zu 1000 kg – eine Tonne! Zwischen diesen Zwergen und Riesen gibt es viele verschiedene Arten: die schnellen Kuhantilopen mit ihren seltsam geformten Hörnern, die wunderschönen Kudus und Nyalas, die Oryxantilopen, die in Halbwüsten- und Wüstengebieten vorkommen, die zierlichen Giraffengazellen, die angeblich ihr Leben lang keinen Tropfen Wasser trinken, oder die Wasserböcke, die mit ihrem dicken Pelz viel eher in kalte Regionen als nach Afrika zu gehören scheinen. Alle diese Arten leben in Afrika, wo die meisten Antilopenarten zu Hause sind. In Europa und Amerika kommen keine „richtigen" Antilopen vor.

Leben im Rudel

Viele Antilopenarten, die in den weiten, offenen Grasländern oder Halbwüsten Afrikas und Asiens leben, bilden Herden oder Rudel, manchmal sogar mit verschiedenen Tierarten zusammen. In Ostafrika kann man oft Zebras, Strauße, Gnus und Thompson- und Grantgazellen mit- und nebeneinander beim Grasen beobachten. Warum sucht eine Tierart die Nähe der anderen Art und überhaupt: Nehmen die Tiere sich nicht das Futter weg?

Verhaltensforscher, das sind Wissenschaftler, die sich mit der Lebensweise der Tiere befassen, haben herausgefunden, daß die verschiedenen Arten ganz unterschiedliche Nahrung mögen. Die einen fressen am liebsten die frischen Spitzen bestimmter Gräser und Kräuter. Die anderen bevorzugen die breiten, ausgewachsenen Blätter, und wieder andere Arten ernähren sich von ganz anderen Pflanzen. Man nimmt sich also gegenseitig nichts weg. Dagegen ist der Vorteil, mit Artgenossen oder mit anderen Tieren zusammenzuleben, offenbar sehr groß. Es hat sich gezeigt, daß Tiere, die in Rudeln oder Verbänden zusammenleben, bessere Überlebenschancen haben als alleinlebende.

Mit 1,80 m Schulterhöhe ist die Elenantilope die größte Antilope überhaupt

Die Schulterhöhe des Kleinstböckchens beträgt gerade 25 cm (links)

Asiatische Antilopen – schnell wie der Wind

Afrika ist der Kontinent der Antilopen und Gazellen. Doch gibt es auch in Asien eine ganze Anzahl von Stirnwaffenträgern aus den verschiedenen Unterfamilien. Die große Nilgauantilope etwa, die mit Kudus, Nyalas und Buschböcken, den mächtigen Elenantilopen und den eigenartigen Vierhornantilopen, ebenfalls aus Indien, zu den Waldböcken gehört.

Nilgaubullen werden bis zu 2 m lang, messen an der Schulter bis zu 1,50 m und wiegen bis zu 200 kg. Damit sind die blaugrauen Bullen bis zu einem Fünftel größer und schwerer als die hellen Weibchen. Nilgaus können sich beim Äsen, ähnlich wie die Giraffengazellen, auf den Hinterbeinen aufrichten, um an frische Blätter zu gelangen.

Kampftaktik der Nilgaubullen

Die Kühe schließen sich zu kleineren Rudeln zusammen und bewohnen offenes Buschland. Bullen sind meist Einzelgänger und stoßen nur während der Brunftzeit zum Rudel. Bei Gefahr zeigen sie eine interessante Verteidigungstaktik. Ein in die Enge getriebener Bulle krümmt den Rücken, zieht seinen Hals und Schwanz ein und versucht geduckt, seitlich an den Gegner heranzukommen. Im letzten Augenblick fällt er auf die Knie und stößt mit seinen kurzen, kräftigen Hörnern von unten gegen den Bauch des Angreifers. Mit etwas Glück kann er auf diese Art sogar einen Tiger oder Leoparden in die Flucht schlagen.

Die heilige Antilope

Die zierliche Hirschziegenantilope ist die einzige Vertreterin ihrer Gattungsgruppe. Die schwarzbraunen Böcke mit weißem Bauch, weißem Augenring, weißer Zeichnung um die Lippen und Kinn und schönen, schraubenförmig gedrehten Hörnern werden bis zu 1,50 m lang, 85 cm hoch und 45 kg schwer. In der indischen Mythologie wurde die Hirschziegenantilope oder Sasin als Halbgott verehrt. In den Tempelhainen spielten ihr Flötenbläser auf und Tempeldienerinnen pflegten und tränkten sie. Von indischen Astronomen wurde sie an Stelle des Steinbocks am Sternenhimmel gesehen, sie zog den Wagen des Mondes und war ihm als heiliges Tier geweiht. Nur Fürsten und Könige durften sie jagen, nur Angehörige der Priesterkaste ihr Fleisch essen, und da sie schneller ist als jedes Rennpferd, wurde sie mit Adlern und Geparden gejagt.

Flüchtende Tiere machen Riesensprünge, nutzen auf der Flucht jede Deckung oder verbergen sich im Schilf oder in Gewässern. Die Rudel von 20 oder 30 Tieren setzen sich aus Weibchen und ihren Kitzen und Halbwüchsigen zusammen und werden von einem kräftigen Bock geführt, der seine Weibchen eifersüchtig bewacht. Hirschziegenantilopen kennen keine feste Brunftzeit, und der Bock bleibt so lange bei seinem „Harem", bis er von einem Stärkeren vertrieben wird. Natürlich wird er ständig von Rivalen herausgefordert, denn es gibt wesentlich mehr Böcke als Rudel. Wie viele Stirnwaffenträger hat der Sasinbock Voraugendrüsen, die er beim Kampf nahezu ausstülpt. Mit der stark duftenden Ab-

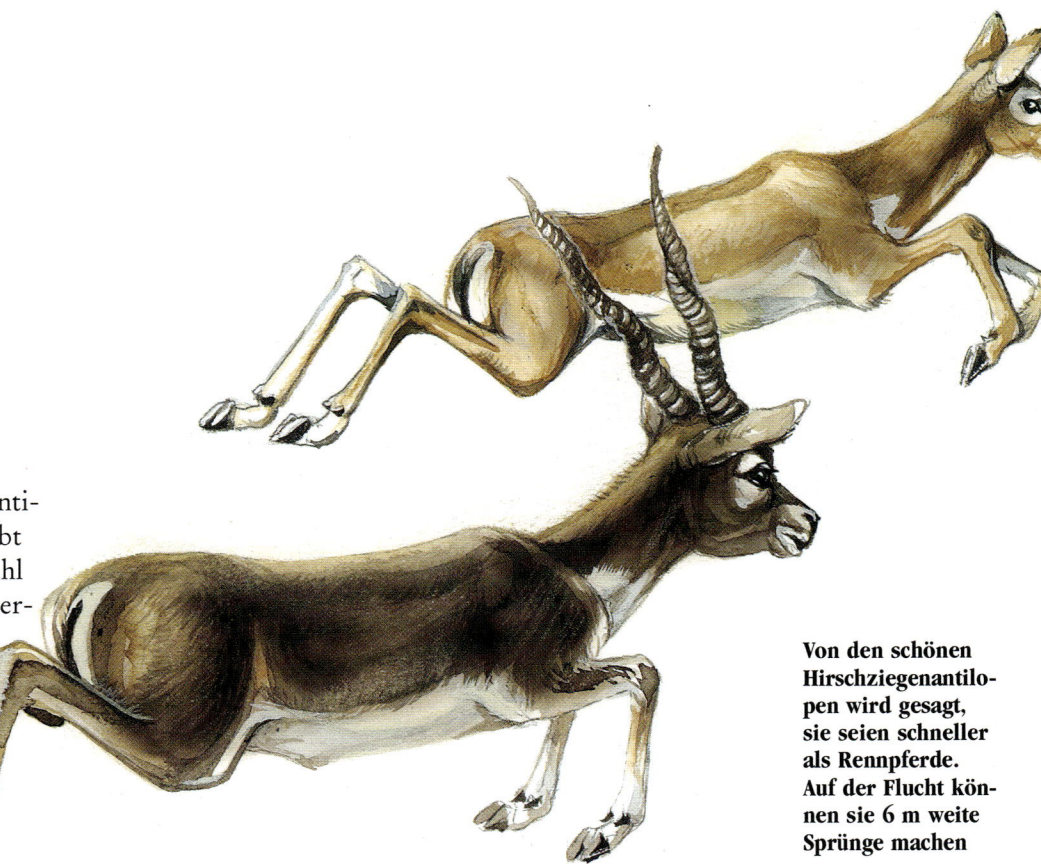

Von den schönen Hirschziegenantilopen wird gesagt, sie seien schneller als Rennpferde. Auf der Flucht können sie 6 m weite Sprünge machen

sonderung markiert er Büsche und Steine seiner unmittelbaren Umgebung, eine Verhaltensweise, die wir auch bei unserem einheimischen Reh beobachten können. Zu ernsthaften Auseinandersetzungen kommt es seltener. Meist verlaufen die Kämpfe gleich, d.h. es gibt Verhaltensmuster, die den Tieren angeboren sind und die nach einem bestimmten Ritual ablaufen. Bei den Sasins wirft der Bock seinen Kopf plötzlich herunter und zeigt mit spitzen Hörnern auf den Gegner.

Gazellenwanderungen

Ebenfalls ritualisiert verläuft die Werbung um ein Weibchen. Der Bock geht mit erhobener Nase auf das Weibchen zu, „steilt auf", wie es auch die Grantgazellen Afrikas tun, und treibt das Weibchen ein Stück, trippelt dann auf der Stelle und setzt mit einem Ausfallschritt einen Vorderlauf vor.

Junge werden das ganze Jahr über geboren. Zur Geburt sucht sich das Weibchen ein Versteck im dichten Gebüsch und bringt das Junge zur Welt. Bereits nach kurzer Zeit kann das Kitz stehen und folgt nach wenigen Tagen der Mutter zum Rudel.

In ihrer Heimat, den weiten Grasländern Indiens, bewohnen die Rudel feste Reviere, die sie in Dürrezeiten verlassen. Früher, als die Bestände noch sehr groß waren, begaben sich oft Tausende von Tieren auf die Suche nach neuen Weideplätzen und Wasserstellen. Heute sind die Bestände als Folge der Jagd und der Einschränkung der Lebensräume stark zurückgegangen.

Ebenfalls auf Asien beschränkt ist die etwa damhirschgroße Persische- oder Kropfgazelle, die die Wüstengebiete zwischen der Mongolei, Kaukasien und Kleinasien bewohnt. In der Paarungszeit, die wegen der ausgeprägten Jahreszeiten des Verbreitungsgebiets zwischen November und Januar liegt, zeigen die Böcke als „Hochzeitskleid" eine kropfartige Anschwellung der Kehle. Die schön geschwungenen Hörner tragen nur die Böcke, Weibchen zeigen gelegentlich kleine „Stummelhörner". Die jungen Kropfgazellen werden mit Beginn des Frühlings, im April oder Mai, gesetzt. Meist gibt es Zwillingsgeburten, mehr Junge sind selten.

Gehörnformen:
1 Südafrikanischer Buntbock
2 Wasserbock
3 Rappenantilope
4 Oryxantilope

Ziegenartige – in Fels und Stein, in Schnee und Eis

„Freie Kinder der freien Berge" – sind die Gemsen, die die Gebirge des südlicheren Europa von den Pyrenäen über die Alpen und Abruzzen bis zu den Karpaten und nach Kleinasien bewohnen. In Nordamerika sind sie durch die nahe verwandte Schneeziege vertreten, in Asien durch die kleineren Gorale und die eigenartigen Serauen aus der Gattungsgruppe Waldziegenantilopen. Noch weiter verbreitet als Gemsen sind die Steinböcke, die in verschiedenen Arten und Unterarten in europäischen und zentralasiatischen Gebirgen, in den Felsengebirgen am Roten Meer, in Vorderasien sowie von Nubien bis Äthiopien vorkommen.

Sie alle sind Bewohner der schroffen Felsengebirge, der grünen Bergmatten und der hochgelegenen Bergwaldregionen. Schon ihr stämmiger Körperbau zeigt, wie kräftig und robust sie sind, gewandte Kletterer und trittsichere Springer. In den kanadischen Rocky Mountains wollten wir einmal Schneeziegen fotografieren. Oberhalb der Waldgrenze entdeckten wir eine Mutter mit Kitz auf einem Felsvorsprung und versuchten, näher an die Tiere heranzukommen, die mit gleichmäßigen Schritten vor uns bergan zogen. Sie hatten es nicht eilig. Als wir glaubten, nah genug zu sein, „nahmen" Mutter und Kitz mit spielerischer Leichtigkeit einen schmalen Sims über unseren Köpfen und entschwanden unseren Blicken.

Schneeziegen kämpfen mit Bären und Pumas
Schneeziegen haben keine Feinde, außer gelegentlich den Puma, den Grizzly und Menschen. Sie sind sehr wehrhaft, und es sind Fälle bekannt, in denen ein Grizzly

eine Schneeziege tötete, selbst aber auch an den zugefügten Wunden gestorben ist. Das weiße, weiche, langhaarige Fell wurde schon von den Indianern zu Stoffen verwoben. Wenn der Pelz sich bei Regen voll Wasser saugt, können die Tiere erkranken und sterben.

Gemsen mit Bergschuhen

Nicht ganz so ruhig und gemächlich, aber sehr geschickt ist unsere Gemse. Sie kann aus dem Stand 3 bis 4 m hoch springen, Abgründe von 7 bis 12 m überwinden und steht nach dem Sprung so sicher wie vorher. Gemsen haben spezielle „Bergschuhe", die Klauen oder Schalen. Die Ränder der beiden Schalen an jedem Fuß sind stahlhart, Sohle und die Afterklauen als „Absätze" elastisch, so daß sie sich jeder Unebenheit anpassen können. Geißen und Junge leben in Rudeln, die von einem Alttier angeführt werden. Die Böcke schließen sich nur während der Brunft den Rudeln an. Rivalenkämpfe verlaufen nicht ritualisiert, sondern es wird echt „geprügelt", und hin und wieder stürzt ein Unterlegener auf der Flucht ab.

Steinböcke bieten mit ihrem gewaltigen Gehörn einen majestätischen Anblick. Im Gegensatz zu den zierlichen, schwarzen Krucken der Gemsen, die sich bei beiden Geschlechtern ähneln, ist das Gehörn des männlichen Steinwilds wesentlich größer als das der Geißen.

Bei Steinböcken und Gemsen leben Weibchen und Jungtiere in Rudeln zusammen. Miteinander aufwachsende Kitze spielen und tollen ausgiebig umher

In unseren Alpen wurde der Steinbock im letzten Jahrhundert ausgerottet, lediglich im italienischen Gran Paradiso lebten noch ein paar Dutzend. 1906 kamen auf nicht legale Weise einige Steinböcke in den schweizerischen Wildpark Peter und Paul. Dort wurde mit Erfolg gezüchtet, und nachdem die Italiener auch offiziell noch Tiere geliefert hatten, konnte das Steinwild wieder erfolgreich ausgewildert werden.

Schneeziegenböcke sind „richtige Pantoffelhelden", da die Weibchen in der Rangordnung über ihnen stehen. Auch untereinander sind die Böcke verträglich, und es können sich durchaus mehrere Böcke um die Geißen eines Rudels bewerben

Böcke und Schafochsen haben dicke Köpfe

In der Unterfamilie Ziegenartige sind so unterschiedliche Gattungen und Gattungsgruppen zusammengefaßt, daß man glauben könnte, die Systematiker und Wissenschaftler hätten hier alle wiederkäuenden Huftiere vereinigt, die sie sonst nicht unterbringen konnten. Relativ neu ist die Zuordnung der Gemsenartigen, die früher zu den Antilopen gehörten, mit Ziegen und Schafen zu den Ziegenartigen. Zur Gattungsgruppe Böcke gehören unter anderen Steinböcke, Mähnenspringer, Schrauben- und Bezoarziegen, Blauschafe und Schafe. Die Moschusochsen bilden die eigene Gattungsgruppe der Schafochsen.

Die Bezoarziegen, die in den Bergländern Kleinasiens bis nach Indien und in einer Unterart auch auf der Insel Kreta vorkommen, sind die Urahnen der Hausziegen. Sie werden 120 cm lang, erreichen eine Schulterhöhe von 95 cm, und die Böcke tragen große, starke, bis zu 120 cm lange, seitlich zusammengedrückte, säbelförmige Hörner. Obwohl die Bezoarziege in unzugänglichen, wildzerklüfteten, weitgehend verkarsteten Bergregionen lebt, wurde sie so stark verfolgt, daß einige Unterarten bereits ausgerottet sind. Schuld an der Verfolgung war menschlicher Aberglaube, der den Magensteinen vieler Böcke wundersame Zauber- und Heilkräfte zuschrieb. Dabei sind diese glatten, kugelförmigen, steinharten Bezoare nichts anderes als verschluckte Haare, die sich im Magen zusammengeballt haben.

Schafziegen oder Ziegenschafe?
Es fällt uns nicht schwer, Hausziege und Hausschaf auseinanderzuhalten, zu offensichtlich sind die Unterschiede zwischen dem wolligen, ein bißchen stupide wirkenden Schaf und der lebhaften, glatthaarigen Ziege. Bei den Wildformen sind die Unterschiede nicht immer klar. Der Mähnenspringer aus den Gebirgen Nordafrikas sieht aus wie eine Ziege, hat aber ein den Schafen sehr ähnliches Blutserum. Die Böcke bieten mit ihren langen, isabellfarbenen Hals- und Brustmähnen und den starken, gleichmäßig nach hinten und außen geschwungenen, bis zu 80 cm langen Hörnern einen prächtigen Anblick. Mähne und Gehörn sind bei den kleineren, leichteren Geißen weniger stark ausgebildet. Etwa 160 Tage nach der Brunft im November kommen ein oder zwei Kitze zur Welt, die bereits wenige Stunden nach der Geburt lebhaft umherspringen und schon bald ebenso gut klettern wie die Alten.

Rangordnungskämpfe und Kraftproben tragen die Böcke mit großer Vehemenz aus. In vollem Lauf

Mit voller Wucht rennen Dickhornschafböcke gegeneinander und knallen mit den Hörnern zusammen. Meinungsverschiedenheiten finden nur zwischen gleichstarken Böcken statt und können bis zu 20 Stunden dauern

rennen sie aufeinander zu, knallen Stirn und Hörner so heftig zusammen, daß sie beide vom Aufprall aufsteigen, auseinandergehen und wieder zusammenprallen. Sie zeigen dabei eine unerhörte Ausdauer, bis ein Tier nachgibt oder betäubt am Boden liegenbleibt.

Dickköpfige Dickhornschafe

Ähnlich kraftvoll und „dickköpfig" werden Auseinandersetzungen bei den Dickhornschafen geregelt, die die Gebirge Nordostsibiriens und Nordamerikas von Alaska bis nach Kalifornien und Nordmexiko bewohnen. Einige der ehemals 17 Unterarten sind bereits ausgerottet, andere leben nur noch in Schutzgebieten. Kennzeichen der „Bighorns", wie sie in Amerika heißen, sind die großen, mächtigen, gedrehten Hörner der Böcke, die bei alten Tieren bis zu 35 cm Wurzelumfang erreichen und 70 cm lang werden können. Die Hörner der Weibchen sind dagegen nur kleine Spieße, so daß sie gut zu unterscheiden sind.

Bis zu 20 Stunden können Meinungsverschiedenheiten zwischen Böcken dauern, und nur Tiere mit etwa gleichgroßen Hörnern kämpfen miteinander. Man hat beobachtet, daß starke Böcke unterlegene und jüngere Männchen oft wie Weibchen behandeln, das hat den Vorteil, daß auch diese Tiere beim Rudel bleiben können.

Als Stammform der Hausschafe gilt der Mufflon, der bis auf geringe Bestände auf Korsika und auf Sardinien ausgestorben war. Nach Zuchterfolgen in Tierparks und zoologischen Gärten konnten sie in einigen Gebirgen Mitteleuropas aber wieder ausgesetzt werden.

Schafochsen

Von diesen seltsamen, bis zu 2,5 m langen und 1,5 m hohen, dunkel- bis schwarzbraunen Moschusochsen sagt man, daß sie überhaupt keine Angst kennen, weil sie vor Feinden nicht davonlaufen, sondern in geschlossener Front, die großen Stiere vorn, dahinter und dazwischen Kühe und Jungtiere, stehenbleiben und einem Gegner die Stirn bieten. Frühere Jäger nutzten dieses instinktive Abwehrverhalten und schossen ganze Herden einfach ab. Die urtümlich wirkenden Moschusochsen ähneln zwar rein äußerlich den Rindern, stehen aber aufgrund innerer Merkmale den Ziegen und Schafen nahe, weshalb sie auch Schafochsen heißen. Die drei Unterarten in Alaska, Nordostkanada und auf Grönland sind wegen der zeitweise starken Verfolgung in ihren Beständen sehr dezimiert worden. Moschusochsenfell soll der dichteste und längste Pelz im Tierreich sein.

Um die Jahrhundertwende waren Moschusochsen ein begehrtes Jagdwild. Es war leicht, ganze Herden abzuschießen, da die Tiere nicht flüchten, sondern sich zu einem Ring zusammenschließen

Der Europäische Mufflon gilt als Wildform unserer Hausschafe. Er wurde bis auf Restbestände auf Korsika und Sardinien ausgerottet und wird heute in Zoos gezüchtet

Glossar

Aasfresser Tiere, die sich ausschließlich oder gelegentlich von Fleisch verwesender oder verfaulender Tiere ernähren. Aasfresser spielen als „Gesundheitspolizei" eine wichtige Rolle in der Natur.

Albinismus Bei Menschen und Tieren das totale oder teilweise angeborene Fehlen von Farbstoffen in der Haut, den Haaren und Augen.

Allesfresser Tiere, die sowohl pflanzliche als auch tierische Nahrung zu sich nehmen. Rein biologisch gesehen, ist auch der Mensch ein Alles(fr)esser.

Anpassung Die Fähigkeit, so in seiner Umgebung zu leben, daß alle Vorteile angenommen und alle Nachteile vermieden werden können. Wenig spezialisierte Tiere können sich relativ schnell einer sich verändernden Umgebung anpassen. Auf bestimmte Lebensräume spezialisierte Tiere, die z.B. eine bestimmte Nahrung oder ein bestimmtes Klima benötigen, sind zwar ihrer Umgebung bestens angepaßt, vertragen aber keine Veränderungen. Spezialisierte Tiere haben sich meist über Generationen hinweg an ihre Lebensräume angepaßt.

Antenne Krebse haben ein unteres bzw. zweites Fühlerpaar, auch zweite Antenne genannt, das bei vielen Arten zu Spaltbeinen umgebildet ist. Die Drüsen an der Basis dieser Antennen dienen als Ausscheidungsorgane. (⇒ Fühler)

Artenschutz Sammelbezeichnung für die Bemühungen, bedrohte oder in ihren Beständen gefährdete Tierarten durch besondere Schutzbestimmungen zu erhalten. Dazu gehören u.a. Maßnahmen zur Erhaltung der Lebensräume und das sogenannte Artenschutzabkommen, das den Handel mit den dort genannten Tierarten verbietet. Verboten sind auch der Handel, Erwerb und Besitz von Teilen dieser Tiere, u.a. Elfenbein, Felle, Häute, usw.

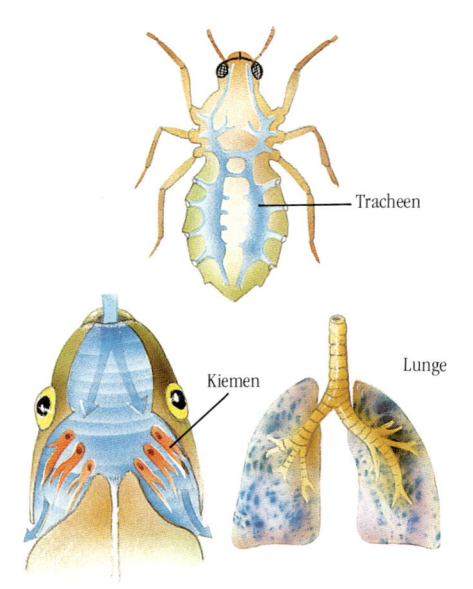

Atmungsorgane dienen der Sauerstoffversorgung bei Tier und Mensch

Atmung Ganz allgemein: der Gasaustausch von Tieren und Pflanzen. Der für den Stoffwechsel unentbehrliche Sauerstoff wird aufgenommen, und die „verbrauchte" Luft mit dem durch den Stoffwechsel erzeugten Kohlendioxid wird abgegeben. Je nach dem Bau der Atmungsorgane unterscheidet man verschiedene Arten der Atmung.

Atmungsorgane Die Hautatmung, bei der der gesamte Gasaustausch über die Haut stattfindet, kennt man nur bei niederen Tieren, z.B. bei Regenwürmern oder Süßwasserpolypen. Höhere Lebewesen atmen teilweise durch die Haut. Viele wirbellose Tiere und die Fische sind Kiemenatmer. Die Kiemen sind sehr stark durchblutet und haben eine sehr große Oberfläche. Insekten atmen durch Tracheen, das sind feinste, bäumchenförmig aufgespaltene Röhren, die den ganzen Tierkörper durchziehen und mit der Hautoberfläche in Verbindung stehen. Die höchstentwickelte Atemtechnik ist die Lungenatmung. Sauerstoffreiche Luft wird in die Lungen eingeatmet. Bei Eidechsen und Schildkröten kann dabei sogar die Lunge durch Eigenmuskeln rhythmisch verengt und erweitert werden. Der Sauerstoff wird in den Lungenbläschen an das Blut abgegeben und in den Adern zu den Zellen transportiert. Gleichzeitig gelangt „verbrauchtes" Blut über die Venen zu den Lungenbläschen, Kohlendioxid wird abgegeben und gelangt mit der Atemluft nach außen.

Aussterben Das Verschwinden einzelner Arten, Familien oder ganzer Ordnungen. Wir unterscheiden zwischen dem natürlichen Aussterben von Arten aufgrund sich verändernder Umweltbedingungen einerseits und der mangelnden Anpassungsfähigkeit andererseits. Die gewaltsame Vernichtung oder Ausrottung geschieht meist in kurzer Zeit durch den Menschen und ist Folge von zu starker Verfolgung oder Zerstörung der Lebensräume der betreffenden Art.

Balz Paarungszeit der Vögel, ebenso einiger Fische und Insekten. Während der Balz zeigen die Tiere das arttypische Balzverhalten, mit dem Geschlechtspartner angelockt, beschwichtigt und umworben werden.

Barten Hornplatten anstelle von Zähnen im Mund der Bartenwale. Sie dienen als Filter für die Planktonnahrung.

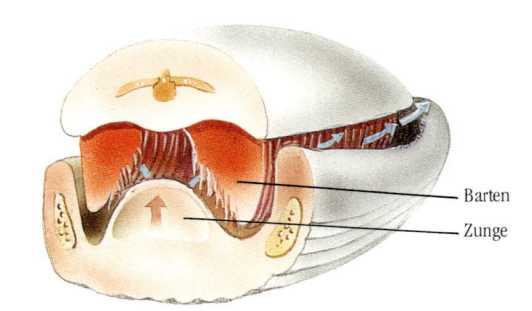

Nahrungsaufnahme der Bartenwale: Mit der Zunge wird das aufgenommene Wasser durch die Barten nach außen gedrückt, das Plankton bleibt wie an einem Sieb hängen

Baupläne Im wesentlichen übereinstimmende Merkmale eines bestimmten Tierstamms, einer Tierklasse oder -ordnung. So sind z.B. alle Stachelhäuter, Weichtiere, Gliedertiere und Wirbeltiere nach einem bestimmten, der jeweiligen Gruppe eigenen System gebaut, das sich grundsätzlich auf alle Angehörigen der Gruppe übertragen läßt.

Seeigel
Darm, Mund, Stachel, Scheinfüßchen

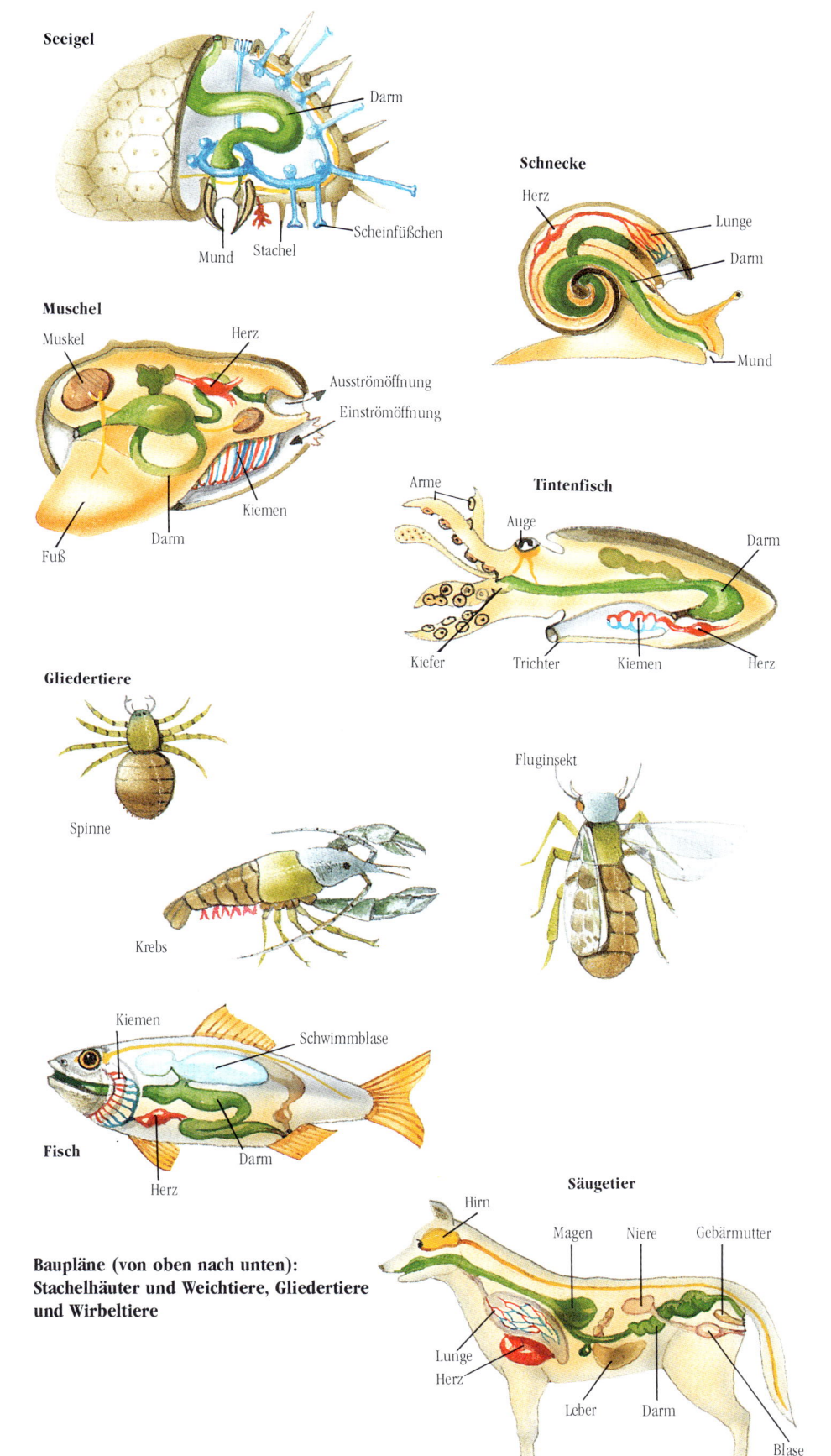

Muschel
Muskel, Herz, Ausströmöffnung, Einströmöffnung, Kiemen, Darm, Fuß

Schnecke
Herz, Lunge, Darm, Mund

Tintenfisch
Arme, Auge, Darm, Kiefer, Trichter, Kiemen, Herz

Gliedertiere
Spinne
Krebs
Fluginsekt

Fisch
Kiemen, Schwimmblase, Darm, Herz

Säugetier
Hirn, Magen, Niere, Gebärmutter, Lunge, Herz, Leber, Darm, Blase

Baupläne (von oben nach unten):
Stachelhäuter und Weichtiere, Gliedertiere und Wirbeltiere

Beuteltiere Urtümliche Säugetierordnung. Beuteltiere bringen ihre Jungen nach sehr kurzer Tragzeit in einem wenig entwickelten Zustand zur Welt. Die weitere Entwicklung findet in einem Brutbeutel am Körper der Mutter statt.

biologisches Gleichgewicht
⇒ ökologisches Gleichgewicht

Biotop ⇒ Lebensraum

Brut 1. die Nachkommenschaft der Vögel, 2. die Zeit, in der die Vögel ihre Eier durch Erwärmung bis zum Schlüpfen der Jungvögel betreuen. Die meisten Vögel brüten ihre Eier durch eigene Körperwärme aus.

Brutfürsorge Das Verhalten von Tiereltern, die ihre Nachkommenschaft – Eier oder Junge – an einem geschützten, günstigen Platz absetzen. Manche Arten legen auch Nahrungsvorräte für ihre Nachkommen an, aber es besteht sonst keine Beziehung zwischen Eltern und Jungen.

Brutpflege Sie beginnt mit dem Schlüpfen oder der Geburt der Jungen und umfaßt alle Handlungen der Eltern oder eines Elternteils, die dem Schutz und dem Gedeihen der Nachkommen dienen.

Brutrevier ⇒ Revier

dämmerungsaktiv Alle Tiere, die tagsüber ruhen und erst in den späten Tages- oder frühen Abendstunden erwachen.

Demutsgebärde Je nach Tierart unterschiedliche Verhaltensweisen, die dazu dienen, Abwehr- oder Angriffsverhalten bei Artgenossen auszuschalten. Bei vielen Tieren gilt direktes Anschauen als Bedrohung, andere bieten dem Artgenossen verletzliche Körperstellen dar.

Duftmarken Drüsensekrete, die mit Harn oder Kot oder durch bestimmte Drüsen ausgeschieden werden. Sie dienen bei den staatenbildenden Insekten und Säugetieren dem gegenseitigen Erkennen, dem Zusammenhalt, der Reviermarkierung, der Orientierung und der Verständigung von Artgenossen und Geschlechtspartnern.

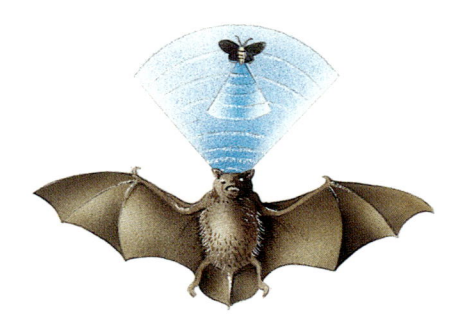

Die Echopeilung der Fledermaus ist auch beim Beutefang sehr hilfreich

Echo-Ultraschall-Peilung Verständigungs- und Orientierungsmittel u.a. vieler Insekten, der Fledermäuse und der Waltiere. Die Tiere stoßen sehr hohe Töne aus, die von Menschen nicht mehr wahrgenommen werden können und empfangen die zurückgeworfenen Schallsignale.

Ei Weibliche Fortpflanzungs- oder Keimzelle, aus der sich nach der Befruchtung mit dem männlichen Samen ein neues Lebewesen entwickelt. In ganz seltenen Fällen, bei der Jungfernzeugung, entwickelt sich ein neues Lebewesen auch ohne Befruchtung. Bei den meisten Lebewesen bildet sich das Ei im Eierstock und nimmt während seiner Entwicklung Reservestoffe (Dotter) auf, die z.B. bei Reptilien und manchen Vögeln den geschlüpften Jungen in den ersten Tagen als Nahrung dienen.

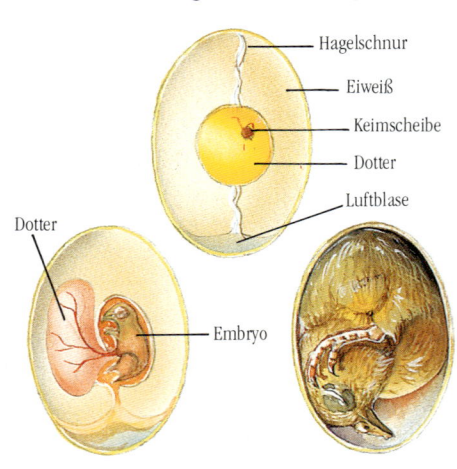

Hühnerei (oben), Entwicklungsstadien des Embryos (Bilder unten)

Embryo Das aus der Eizelle entstehende Lebewesen, das sich noch im mütterlichen Körper oder in der Eihülle oder -schale befindet.

Facettenauge Speziell gebaute Augen der Gliederfüßer, bei denen eine große Anzahl von richtungssehenden Augen zu einem „Superauge" zusammengefaßt ist.

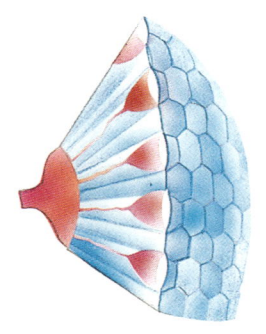

Die Seheinheiten des Facettenauges bilden ein bienenwabenartiges Muster

Fermente Von den Zellen gebildete Wirkstoffe, die den gesamten Stoffwechsel eines Lebewesens, wie z.B. die Verdauung, steuern und regulieren.

Fettreserve Nahrungsreserve, die bestimmte Tierarten in Zeiten des Nahrungsüberflusses im eigenen Körper in Form von Fettpolstern anlegen. In nahrungsarmen Zeiten, z.B. während des Winterschlafs oder in Dürreperioden, werden die Fettreserven wieder abgebaut.

Fleischfresser Tiere, die sich praktisch nur vom Fleisch anderer, lebender Tiere ernähren. Obwohl alle Raubtiere Fleischfresser sind, nehmen doch viele von ihnen hin und wieder auch pflanzliche Nahrung zu sich.

Flughäute Hautfalten von Flugbeutlern, Flughörnchen, Fledermäusen oder Flugdrachen, die der Fortbewegung in der Luft dienen. Fledermäuse können mit ihren Flughäuten aktiv fliegen, während Flugbeutler und -hörnchen nur gleiten können.

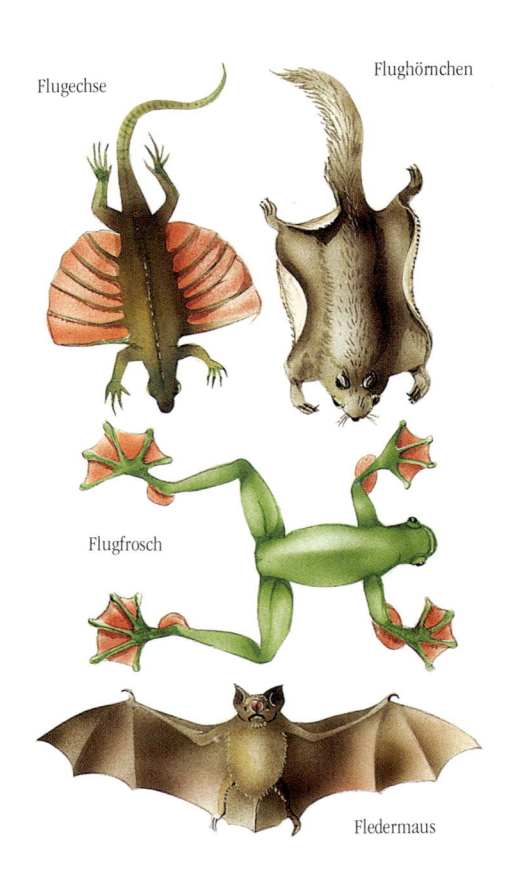

Die Lage der Flughäute am Körper ist je nach Tierart verschieden

Fortbewegungsarten Jedes Tier hat bestimmte Methoden entwickelt, sich in seiner Umgebung fortzubewegen und seinen Standort zu verändern. Die Art der Fortbewegung ist ein Teil der Anpassung an Lebensraum und Lebensweise.

Fortpflanzung Allgemein gesagt, die Erzeugung neuer Lebewesen durch bereits vorhandene Lebewesen, d.h. Eltern erzeugen Kinder. Das kann auf ungeschlechtlichem Weg geschehen (⇒ Jungfernzeugung, ⇒ ungeschlechtliche Fortpflanzung) oder auf geschlechtlichem Weg mit der Befruchtung des Eies durch den Samen. (⇒ Ei)

Fühler Das erste Gliedmaßenpaar der Insekten, Krebstiere und Tausendfüßer, das als Tast-, manchmal auch als Geruchssinnesorgan dient. (⇒ Antenne)

Fühler von Insekten können wie Borsten, Keulen oder Blätter geformt sein

Gallen Meist durch Tiere, u.a. Milben, Wanzen, Blattläuse, Schmetterlinge, Käfer, Blatt- und Gallwespen hervorgerufene Wucherungen an Pflanzen, die den Tieren selbst oder ihrem Nachwuchs als Nahrung und Schutz dienen.

Gangarten Fortbewegungsarten von Tieren durch das rhythmische Bewegen der dafür vorgesehenen Gliedmaßen. Während die Gliederfüßer noch mehrere Beinpaare haben, verfügen die Wirbeltiere „nur" über Vorder- und Hinterfüße. Die höheren Säugetiere sind Sohlen- oder Zehengänger oder gehören zu den ⇒ Huftieren. Sie bewegen sich im Kreuzgang oder im Paßgang.

Gehörn Stirnwaffe der Paarhufer. Im Gegensatz zum ⇒ Geweih besteht das Gehörn aus einer Hornscheide, die auf einem Knochenzapfen des Stirnbeins sitzt. Das Gehörn wird nicht abgeworfen. Es wächst durch Hornringe von der Basis aus.

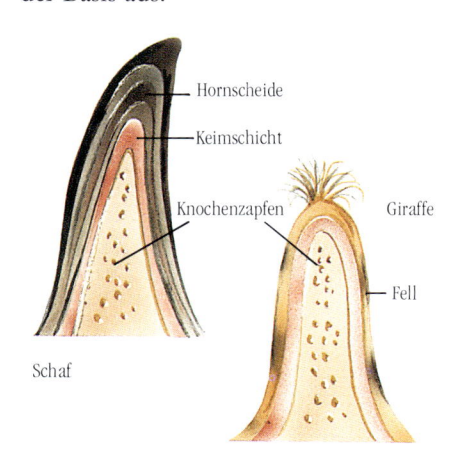

Die „Hörner" der Giraffe bilden kein Horn aus, der Fellüberzug bleibt erhalten

Gehörsinn Ermöglicht die Reaktion auf akustische Reize und ist bei Wirbeltieren die Fähigkeit, mit Hilfe des äußeren Ohrs Schallwellen aufzunehmen und über das Trommelfell an das innere Ohr weiterzuleiten. Bei den Wirbeltieren ist das Gehör mit dem Gleichgewichtsorgan im Innenohr verbunden. Insekten besitzen Hörorgane an den Vorderbeinen oder am Hinterleib.

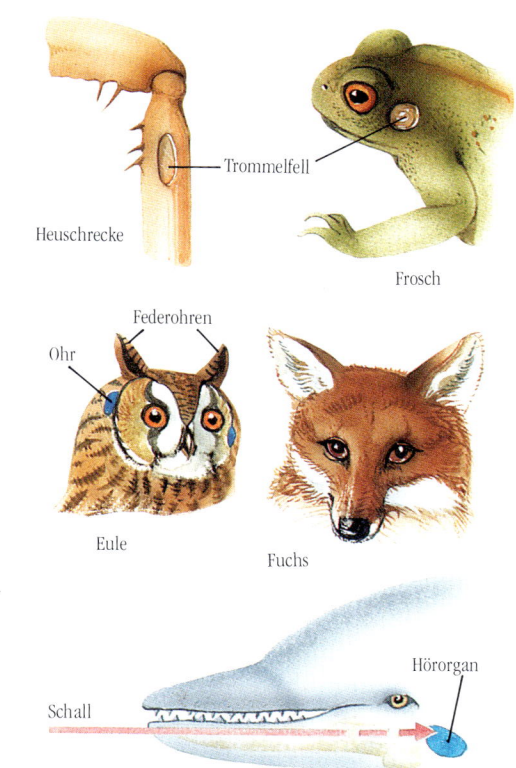

Sitz des Hörorgans bei der Heuschrecke und bei verschiedenen Wirbeltieren

gemäßigte Breiten Gebiete der Erde, die zwischen den Polarkreisen und den Wendekreisen bzw. zwischen den polaren und den tropischen Zonen liegen und gemäßigtes Klima haben.

Geruchssinn Ermöglicht die Reaktion auf chemische Reize und dient der Wahrnehmung von gasförmigen oder im Wasser gelösten Stoffen. Bei fast allen Wirbeltieren ist das in den Nasenhöhlen liegende Riechepithel Träger des Geruchssinnes. Bei einigen niederen Tieren sind die Geruchssinneszellen über den ganzen Körper verteilt. Der Geruchssinn ist bei den einzelnen Tierarten unterschiedlich ausgeprägt. Menschen und die meisten Vögel können nicht gut riechen, während die meisten Raubtiere, aber z.B. auch die Aale, einen sehr guten Geruchssinn haben.

Gesichtssinn Er dient der Wahrnehmung von optischen Reizen mit Hilfe des Auges. (⇒ Facettenauge, ⇒ Linsenauge, ⇒ Punktaugen)

Geweih Stirnwaffe der Hirsche, die aus dem Knochenzapfen der Stirn hervorwächst. Während des Wachstums ist sie vom stark durchbluteten Bast überzogen, der nach Beendigung des Wachstums abgewetzt („gefegt") wird. Nach Beendigung der Paarungszeit wird das Geweih abgeworfen und wächst nach einer Ruhepause bis zum Beginn der nächsten Brunst wieder neu.

Gifttiere Sie können zur Verteidigung oder zum Beuteerwerb in körpereigenen Drüsen erzeugte Giftstoffe einsetzen. Es gibt Gifte, die widerlich riechen und so evtl. Freßfeinde abschrecken, wie bei einigen Würmern, Insekten und Lurchen, aber auch bei Mardern und Stinktieren. Andere Gifte entfalten erst im Körper eines Feindes oder einer Beute ihre ganze Wirkung. Sie werden durch Nesselkapseln wie bei den Nesseltieren, durch Stachel wie bei Skorpionen und einigen Insekten oder durch Bisse wie bei Ameisen, Spinnen und Schlangen in der. Körper des Feindes oder der Beute gebracht. Viele Gifte dienen auch zur Herstellung von Medikamenten.

Giftstoffe werden u. a. durch Zähne oder Stachel in die Körper der Gegner oder Beutetiere übertragen

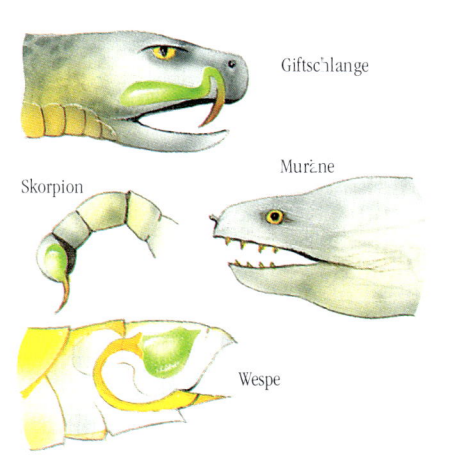

Grabbeine Bei einigen Tierarten, die ihr Leben vorwiegend unterirdisch grabend und wühlend verbringen, haben sich die Beine zu für das Graben spezialisierten Werkzeugen entwickelt.

Hochzeitskleid Während der Paarungszeit tragen die männlichen Tiere vor allem bei Fischen und Vögeln ein besonders bunt und auffallend gefärbtes Hochzeits-, Pracht- oder Schmuckkleid, das den Partner anlocken und beeindrucken soll.

Huftiere Ordnung der Säugetiere, die in Unpaarhufer und Paarhufer unterteilt wird. Im Lauf der Huftierentwicklung verlängerte sich der Mittelfußknochen, die Anzahl der Zehen ging zurück. Bei den Pferdeartigen ist nur noch der mittlere Zeh vorhanden, dessen Spitze von einem Huf umhüllt ist. Alle Huftiere sind Pflanzenfresser.

Fußskelett verschiedener Huftiere: Nashorn (1), Pferd (2) und Schwein (3)

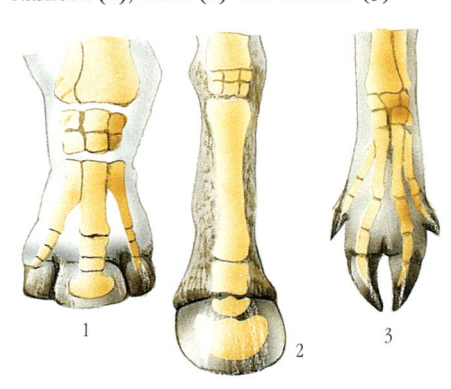

Imponiergehabe Vor allem bei männlichen Tieren verbreitete Verhaltensweisen, die Artgenossen und/oder Geschlechtspartner beeindrucken sollen.

Instinkt Artspezifische Verhaltensweisen, die genauso vererbt werden wie der Körperbau, die Fell- oder Gefiederfarbe oder der Gesang einiger Vögel. Instinktverhalten kann nicht erlernt werden und dient in erster Linie der Lebens- und Arterhaltung. Das Verhalten niederer Tiere wird fast nur von Instinkten bestimmt, höher entwickelte Tiere können lernen und – je nach Lernfähigkeit – ihr Verhalten der jeweiligen Situation anpassen. Auch der Mensch hat Instinkte, die sich vor allem bei Babys noch zeigen und sich später verlieren.

Jungfernzeugung Fortpflanzung aus unbefruchteten Eiern.

Kaltblüter Wechselwarme Tiere, deren Körpertemperatur von der Temperatur der Umgebung abhängig ist: Fische, Lurche, Kriechtiere.

Kiemen ⇒ Atmung

Kloakentiere Urtümliche, eierlegende Säugetierordnung aus Australien, Tasmanien und Neuguinea: Ameisenigel und Schnabeltier.

Kokon Hülle um die Eigelege von wirbellosen Tieren, z.B. Spinnen, und Umhüllung von Insektenpuppen. Aus dem Kokon des Seidenspinners wird Seide gewonnen. (⇒ Puppe)

Puppenkokon des Seidenspinners

Labmagen Teil des Wiederkäuermagens. (⇒ Wiederkäuer)

Laich Gallertumhüllte Eigelege von im Wasser lebenden Tieren oder von Lurchen.

Larve Jugendstadium mancher Tiere, das sich von dem erwachsenen Tier stark unterscheidet. Larven entwickeln sich erst durch eine Umwandlung (Metamorphose) zum ausgewachsenen Tier.

Lautäußerungen Alle Töne, die ein Lebewesen hervorbringt, um anderen etwas mitzuteilen. Viele Lautäußerungen hängen eng mit Atmungsorganen und Stimmbändern bzw. -verstärkern zusammen: das Trompeten der Elefanten, das Knurren eines Hundes, das Schnurren der Katze, das Röhren eines Hirschs und das Quaken eines Froschs. Einige Tiere, wie Fledermäuse und Waltiere, können sich mit Hilfe ihrer Lautäußerungen im Ultraschallbereich orientieren. Andere Tierarten aber haben spezielle Organe zur Lauterzeugung entwickelt: Klapperschlangen, die mit ihren Schwanzrasseln Feinde warnen, Stachelschweine mit ihren Rasselbechern, aber auch Zikaden, einige Schmetterlinge und sogar „stumme" Fische, die durch das Zusammenziehen von Muskeln Töne erzeugen können.

Lebensraum Biotop ist der Platz, der von Lebewesen zum Leben benötigt wird. Er muß – je nach Art – die unterschiedlichsten Ansprüche erfüllen, muß z.B. Nahrung, Wasser, Versteckmöglichkeiten, Schutz vor Hitze oder Kälte sowie Raum für Artgenossen oder Geschlechtspartner in der näheren oder weiteren Umgebung bieten. Alle Lebewesen eines Biotops leben in Lebensgemeinschaften (Biozönesen) zusammen.

Leuchtorgane Verbreitet bei Tiefseefischen und einigen Insekten. Das Leuchten wird von Leuchtbakterien oder durch Leuchtstoff erzeugende Drüsen hervorgerufen und dient dem Anlocken von Beutetieren und Geschlechtspartnern sowie der Abschreckung von Feinden.

Das lichterzeugende Organ des Leuchtkäfers – im Bild ein geflügeltes Männchen – liegt auf der Bauchseite des Hinterleibs

Linsenauge Finden wir sowohl bei Wirbellosen, z.B. Tintenfischen, als auch bei Wirbeltieren. Linsenaugen haben nur eine einzige Sammellinse, durch die ein Bild – sehr vereinfacht gesagt – „verkehrt herum" auf dem Augenhintergrund entsteht und über den Sehnerv in das Sehzentrum des Gehirns geleitet wird, wo es „richtig herum" gedreht bzw. aufgenommen wird.

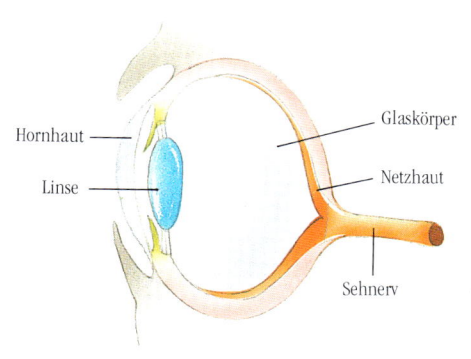

Querschnitt durch ein Linsenauge

Lungen ⇒ Atmungsorgane

Melanismus Dunkelfärbung der Körperoberfläche, der Haut des Menschen oder des Fells von Tieren. Melanismus tritt z.B. häufig bei Leoparden oder Jaguaren, den „Schwarzen Panthern", auf.

Metamorphose Im Tierreich die Verwandlung von der ⇒ Larve zum geschlechtsreifen Tier.

Milchdrüsen Hautdrüsen (Zitzen) der Säugetierweibchen, deren Ausscheidungen der Aufzucht der Jungtiere dienen. Ihre Zahl schwankt, je nach Art, zwischen 2 und mehr als 20. Sie liegen zwischen den Vorderbeinen, in der Leistengegend oder sind in zwei Reihen zwischen Brust und Leisten angeordnet.

Milchfelder Bei ⇒ Kloakentieren und ⇒ Beuteltieren sind die Hautdrüsen nicht so stark ausgeprägt. Bei ersteren enden sie in Milchfeldern auf der Bauchseite, bei den Beuteltieren im Beutel.

Mundwerkzeuge Fast ausschließlich bei den Gliederfüßern zu finden. Es sind unterschiedlich geformte Mundgliedmaßen, die zur Zerkleinerung und Aufnahme der Nahrung dienen.

Mundwerkzeuge von Insekten: polsterförmiger Saugrüssel der Stubenfliege (1), Beißwerkzeuge der Wespe (2), einrollbarer Saugrüssel des Schmetterlings (3)

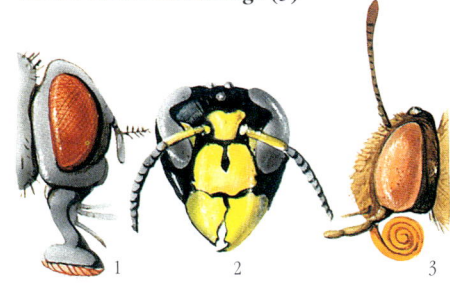

nachtaktiv Tiere, die erst nach Sonnenuntergang erwachen und vorwiegend nachts ihren verschiedenen Aktivitäten, der Nahrungsaufnahme, der Körperpflege, der Partnersuche etc. nachgehen.

Nestflüchter Tiere, die so weit entwickelt zur Welt kommen, daß sie unmittelbar nach dem Schlüpfen oder nach der Geburt das „Nest" verlassen: z.B. Hühner- und Gänsevögel, einige Watvögel, Feldhasen und Antilopen.

Nesthocker Sie kommen in wenig entwickeltem Zustand zur Welt und sind mehr oder weniger lange auf Schutz, Pflege und Fütterung durch die Eltern angewiesen: u.a. Greife, Singvögel, Kaninchen, Nage- und Raubtiere.

Ökologie Lehre vom Haushalt der Natur: von den Wechselbeziehungen zwischen den Organismen – Pflanzen und Tieren – und ihrer belebten und unbelebten Umgebung.

ökologisches Gleichgewicht Das in einem Lebensraum bestehende Gleichgewicht zwischen allen Organismen untereinander und zwischen Organismen und allen Umweltfaktoren.

Ornithologie Vogelkunde, Wissenschaft von den verschiedenen Vogelarten und dem Leben der Vögel.

Pansenmagen Magenabschnitt im Wiederkäuermagen. (⇒ Wiederkäuer)

Parasiten Schmarotzer, die zeitweise – z.B. zur Nahrungsaufnahme oder zur Fortpflanzung – oder ständig in oder auf und von einem anderen Tier oder einer Pflanze leben. Sie schädigen ihren unfreiwilligen Wirt, töten ihn aber nur ausnahmsweise.

Pflanzenfresser Tiere, die sich ausschließlich von pflanzlichen Stoffen ernähren, von Früchten, Blättern, Rinde, Gräsern, etc.

Plankton Alle in Süß- oder Salzwasser schwebenden Lebewesen ohne oder mit ganz geringer Eigenbewegung. Viele Wasserbewohner verbringen ihr Larvenstadium planktisch, d. h. als Plankton. In der Nahrungskette der Gewässer bildet das Plankton die breite Basis der Nahrungspyramide.

Polarregion Gebiet um Nord- und Südpol bis zu den Polarkreisen.

Punktaugen Nebenaugen oder Stirnaugen der Gliedertiere. Punktaugen ermöglichen kein scharfes, bildhaftes Sehen, sondern können meistens nur Lichtrichtungen wahrnehmen.

Puppe Während der Entwicklung von der ⇒ Larve zum ausgewachsenen Tier legen viele Insektenarten eine Art Ruhepause ein. In dieser Phase verpuppen sie sich und vollziehen die Umwandlung in einer harten, schützenden Hülle.

Puppentypen: freie Puppe (links), Tönnchenpuppe (Mitte), Mumienpuppe (rechts)

Rangordnung Vor allem bei höheren, sozial lebenden Tieren in Herden, Rudeln oder Gruppen die Reihenfolge der Stellung in der Gruppe. Dem ranghöchsten Tier, dem Alpha-Tier, gehorchen alle anderen, während das im Rang niedrigste Tier allen anderen gehorchen muß. Die Rangordnung bestimmt die Reihenfolge beim Fressen, oft auch das Paarungs- und Revierverhalten.

Die Rangordnung im Wolfsrudel wird durch bestimmte Gebärden gefestigt: Ranghöherer mit aufgestelltem Schwanz (1), Rangniedriger (2), Demutsgebärde (3)

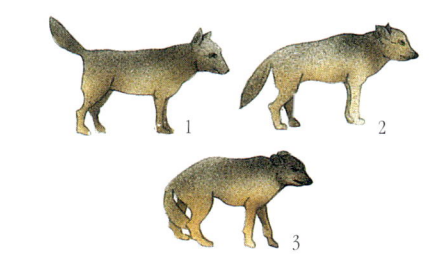

Rassel Die Rasseln der Klapperschlangen bestehen aus Schwanzschuppen, die bei der Häutung nicht abgestreift werden, sondern aneinanderhaften und

Rassel der Klapperschlange (Innenansicht)

verhornen. Erregte Klapperschlangen erzeugen mit der Rassel ein eigenartig schwirrendes Geräusch, das Gegner abschrecken soll.

Revier Raum oder Territorium, den ein einzelnes Tier, eine Familie oder eine Sippe in Besitz nimmt und für sich beansprucht. Der Besitz eines Reviers kann vorübergehend sein wie bei den Brutvögeln, kann vom Nahrungsangebot abhängen wie bei Löwen und Wölfen, kann nur eine Nacht dauern wie auf dem Schlafbaum einer Pavianherde oder ein Leben lang anhalten wie bei vielen Nagern oder dem Nashorn. Der Revierbesitzer verteidigt sein Revier gegen Eindringlinge. Viele Tiere markieren ihr Revier, z.B. Säugetiere durch Duftstoffe, Vögel durch ihren Gesang, manche Revierinhaber durch Imponier- und Drohverhalten möglichen Konkurrenten gegenüber.

Säugetiere Warmblütige Tiere, die lebende Junge zur Welt bringen und diese in den ersten Lebenstagen oder -wochen mit Milch ernähren.

Saugnapf Napf- oder schalenförmige Haftorgane, mit denen sich Tiere an anderen Tieren oder Gegenständen anheften oder ansaugen. Saugnäpfe finden sich u.a. bei Bandwürmern, Blutegeln, Kraken und Seesternen.

Die Fangarme des Kraken sind mit Saugnäpfen besetzt, mit denen das Tier vorwärts kriecht und Beute ergreift

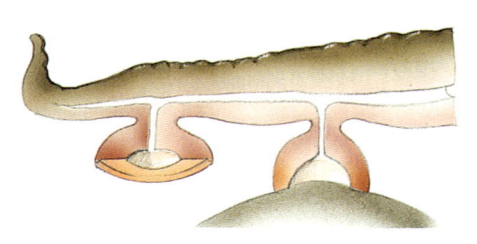

Laubfrosch (oben) und Teichfrosch mit ausgestülpten Schallblasen

Schallblase Viele Froschlurche besitzen paarige oder unpaarige Hautausstülpungen, die zur Verstärkung der erzeugten Töne, des Froschquakens, dienen.

Schlangengift In den umgebildeten Oberkieferspeicheldrüsen wird Gift gebildet und mittels eines gefurchten oder mit einem Kanal durchzogenen Zahns in eine Bißwunde abgegeben. Grundsätzlich werden zwei Giftarten unterschieden: Blutgifte rufen starke Schwellungen an der Bißstelle hervor und können zu Lähmungen führen, Nervengifte wirken lähmend auf das Herz und das Atemsystem. Oft sind Seren (Impfstoffe) von Schlangengift das einzige Gegenmittel gegen einen Schlangenbiß. (⇒ Gifttiere)

Schmarotzer ⇒ Parasiten

Schnurrhaare Tastsinnesorgane, mit deren Hilfe sich die Katzenartigen und andere Tiere selbst noch bei sehr wenig Licht orientieren können.

Schutzanpassung Eigenschaft von Lebewesen, bei denen Organe, Körperformen oder -haltung, Verhaltensweisen, Färbung oder Zeichnung dazu dienen, sich so der Umgebung anzupassen, daß sie von Feinden nicht bemerkt werden. Verschiedene Heuschreckenarten ahmen Aussehen und Bewegung von Blättern nach, Chamäleons nehmen bis zu einem gewissen Grad die Farbe ihrer Umgebung an, sogar die auffallenden Flecken-

Meister der Schutzanpassung: Wandelndes Blatt und Stabheuschrecke

und Streifenzeichnungen mancher Raubkatzen und von Giraffen und Zebras lösen sich im Helldunkel der Schattenbäume auf.

Schutzverhalten Vorbeugendes Verhalten: aufpassen, sichern, bei Gefahr flüchten oder abwehren. Vögel, die sich flügellahm stellen, richten ihr Schutzverhalten auf die Nachkommenschaft.

Schwimmblase Gleichgewichtsorgan der meisten Knochenfische.

Subtropen Übergangsregion zwischen den ⇒ Tropen und ⇒ gemäßigten Breiten mit meist sehr milden Wintern, warmen bis heißen Sommern und entsprechend üppiger Vegetation.

Symbiose Eine zeitweise oder andauernde Verbindung zwischen zwei nicht gleichartigen Lebewesen, von der beide Vorteile haben, ohne schwere Nachteile hinnehmen zu müssen. Bekannte Beispiele für Symbiosen sind Seerose und Einsiedlerkrebs; Pilze und Algen, die praktisch zu einem neuen Lebewesen, der Flechte, werden; aber auch die großen gemischten Tierherden in den ostafrikanischen Savannen, Zebras, Gnus, andere Antilopen und Strauße, ziehen aus ihrem Zusammenleben Nutzen.

Systematik Taxonomie, die Wissenschaft von den Verwandtschaftsbeziehungen der Lebewesen und ihrer Einordnung in ein bestimmtes System. Die Grüne Hundskopfboa als Beispiel:

Reich: Tiere
Unterreich: Vielzeller
Abteilung: Eigentliche Vielzeller
Stamm: Chordatiere
Unterstamm: Wirbeltiere
Klasse: Kriechtiere
Unterklasse: Schuppenkriechtiere
Ordnung: Eigentliche Schuppenkriechtiere
Unterordnung: Schlangen
Zwischenordnung: Nattern- und Vipernartige
Familie: Nattern
Unterfamilie: Wassernattern
Gattung: Kielrückennattern
Art: Grüne Hundskopfboa

Tarnung ⇒ Schutzanpassung

Tastorgane Tastsinnesorgane, reagieren auf mechanische Reize wie Druck, Stoß, Biß, Stich etc.

Territorium ⇒ Revier

Tierschutz Nicht unbedingt gleichzusetzen mit ⇒ Artenschutz. Das einzelne Tier steht im Vordergrund, auch in der unmittelbaren Umgebung.

Tierwanderungen Regelmäßig oder unregelmäßig stattfindende Ortsveränderungen von Tieren, wobei die Tiere sich aktiv bewegen. Plankton z. B. wandert nicht, da es von der Strömung getrieben wird. Es gibt verschiedene Gründe für Wanderungen: klimatisch bedingte Wanderungen wie bei unseren Zugvögeln, die allerdings mit Wanderungen zur Nahrungssuche eng zusammenhängen, weil das Futterangebot vom Klima abhängt; Fortpflanzungswanderungen, wie sie z. B. Lachse, Aale und einige Seeschildkröten durchführen. Ein weiterer Grund ist Überbevölkerung. Wenn sich eine Tierpopulation zu sehr vergrößert hat, wenn die Tiere sich gegenseitig beengen und sich das Futter wegnehmen, ziehen meist ganze Teile dieser Tierpopulation weg und suchen andere Lebensräume oder gehen zugrunde.

Tracheen ⇒ Atmungsorgane

Tropen Warme bis heiße Gebiete nördlich und südlich des Äquators innerhalb der Wendekreise des Krebses und des Steinbocks.

Süßwasserpolypen der Gattung Hydra vermehren sich durch Abschnürung von Tochterknospen

Ungeschlechtliche Fortpflanzung Art der ⇒ Fortpflanzung, an der nur ein einziges Lebewesen beteiligt ist. Es teilt sich in zwei oder mehr Nachkommen (Zellteilung) oder treibt selbst Auswüchse, die sich dann absondern (Knospung).

Vogelzug Starke Abhängigkeit von den Jahreszeiten. Es gibt Vögel, die tagsüber ziehen, andere fliegen nachts; einige fliegen in Gruppen oder Schwärmen, wie Gänse und viele Kleinvögel, Greife ziehen meist allein. Zugvögel vollbringen erstaunliche Leistungen, sie legen zweimal im Jahr die Strecke zwischen den Brutgebieten in den gemäßigten oder polaren Gebieten und den ⇒ Subtropen oder ⇒ Tropen zurück. Den Jungvögeln ist das Wissen um den richtigen Weg weitgehend angeboren.

Warmblüter Vögel und Säugetiere, deren Körpertemperatur unabhängig ist von der Temperatur ihrer Umgebung.

Warnfarben Meist bei giftigen Tieren, die einem möglichen Feind damit anzeigen: friß mich nicht, ich bin giftig! Färberfrösche, viele Schlangen, Insekten und Fische schützen sich so vor dem Gefressenwerden. Es gibt aber auch Arten, „die nur so tun, als ob": sie tragen Warnfarben, sind aber gar nicht giftig. Viele Schwebfliegen ähneln den stechenden Wespen, und einige harmlose Schlangenarten sehen ihren giftigen Vettern täuschend ähnlich.

Die leuchtende Bauchseite der Gelbbauchunke soll mögliche Räuber abschrecken

Wiederkäuer Tiere, die beim Weiden sehr schnell große Mengen schwerverdaulicher, zellulosehaltiger Pflanzennahrung verschlingen. Portionsweise wird diese später aus dem Pansenvorhof wieder in die Mundhöhle zurückgeholt und erneut gründlich gekaut und nochmals in den Pansenmagen geschluckt. Von dort passiert der Nahrungsbrei die verschiedenen Magenabschnitte und wird weiter verdaut.

Wirbeltiere Alle haben den gleichen ⇒ Bauplan mit Kopf, Rumpf und Schwanz und Achsenskelett der Wirbelsäule. Fast alle Wirbeltiere haben zwei Gliedmaßenpaare, doch sind diese z. T. zurückgebildet wie bei den Schlangen. Wirbeltiere haben ein geschlossenes Blutgefäßsystem mit einem kräftigen Hohlmuskel als Herz, außerdem ein leistungsfähiges Verdauungssystem mit Magen, Leber und Bauchspeicheldrüse. Die ⇒ Atmung erfolgt nur noch bei Rundmäulern und Fischen durch Kiemen, alle anderen besitzen oder entwickeln im Lauf ihres Lebens Lungen.

Zähne Nur bei Wirbeltieren. Alle Zähne zusammen bilden das Gebiß, das – je nach Aufbau und Beschaffenheit – benutzt wird: zum Greifen wie bei den Zahnwalen, zum Rupfen wie bei Wiederkäuern, zum Nagen bei Hasen und Nagetieren, zum Kauen und Schneiden bei Allesfressern, zum Quetschen und Mahlen bei Nilpferden und zum Reißen und Schneiden bei den Raubtieren.

Zehengänger ⇒ Gangarten

Zitzen ⇒ Milchdrüsen

Zugvögel ⇒ Vogelzug

Register

Halbfette Seitenzahlen
verweisen auf Abbildungen.

Aale 24
Aalentwicklung 24
Abu Markub 56
Adeliepinguine 52
Adlerkolibri 80
Adlerrochen 22
Affenadler 59
Agakröte 32, **33**
Ai 116
Albatrosse 51
Albino-Axolotl **34**
Alligatoren 40
Alpakas 165
Alpensalamander 35
Alpensegler 79
Altweltgeier 61
Altweltkamele 164
Altweltschweine 162
Amazonen 75
Ameisenbär, Großer 117, **117**
Ameisenigel 98, **99**
Amphibien 34
Amsel 90, **90**
Andenkondor 62, **63**, 63
Anemonenfisch 27, **27**
Anglerfisch **28**, 29
Anoa 171
Anubispavian 106, **106**, 107
Ara, Gelbblauer 74, **75**
–, Hellroter 74, **75**
Assapan **118**
Auerhuhn 67
Auerochse 170
Austern 19
Austernfischer **71**
Axolotl 34

Bachstelze 86, **87**
Bambusbär 132
Bankivahuhn 67, **67**
Banteng 170
Bartgeier 59
Bartvögel 82
Basilisken 43
Baumschliefer 153, **153**
Baumschnüffler **45**
Baumsteigerfrösche 32, **33**
Belugawal 126
Beo, Großer 89
Berggorilla 111
Bergmolch 35, **35**
Bergtapir 160

Beutelflughörnchen 99
Bezoarziege 178
Biber 118, **119**, 120
Bienen 12
Bienenfresser 84, **84**
Bisamratten 121
Bischofsmütze 19
Bison 170, **170**
Blatthühnchen,
    Australisches **71**
Blattlaus 13
Blauflecken-Stechrochen 23
Blaufußtölpel 54, **54**
Blauhai 23
Blaukehlchen 86, **87**
Blaumeise 91
Blaustirnamazone 75
Blauwal 126, **126**
Böhmzebra **157**
Bonobo 110
Brachvögel 70, **71**
Brandseeschwalbe **72**
Braunbär **132**, 133
Breitmaulnashorn 159, **159**
Breitnasenaffen 105
Brillenbär 133
Brückenechse **42**
Brüllaffe 104
–, Roter **105**
Buchfink 92
Buckelwal 126
Buntbock, Südafrikanischer **175**
Buntspecht 82, 83, **83**
Buschschliefer 153
Bussarde 60
Butt 25

Capybara 118, 123, **123**
Chamäleon 43, **43**
Chinchilla 123, **123**

Dachs 130, **131**
Damhirsch **169**
Delphin, Gemeiner 129, **129**
Diamantfink 92, **93**
Diamanttäubchen 69
Dickhornschaf 178, **179**
Dikdik 173
Distelfink 92
Dohlen 95
Doktorfisch 26, **27**
Dompfaff 92
Dreifinger-Faultier 116, **116**
Dreizehenmöwe **72**

Dromedar 164, **164**
Dugongs 152, **152**

Egelschnecke 18
Eichenbock 13
Eichenspinner 13
Eichenzipfelfalter 13
Eichhörnchen 119, 120
Eierschlange 44
Einsiedlerkrebs 10
Eintagsfliege 13
Eisbär 133, **133**
Eisfuchs 138, **139**
Eissturmvogel 51
Eisvögel 84, **84**
Elche **168**, 169
Elefant, Afrikanischer 154, **154, 155**
Elefant, Asiatischer, 154, **154**
Elenantilope 173, **173**
Elster 95, **95**
Emu 50
Engelhai 28
Entenvögel 64, **65**
Erdferkel 116
Erdkröte 32
Erdmännchen **134**
Erdwolf 134, **138**
Eulenschwalm 79

Fächerfisch **28**
Fadenschnecke 19
Falbkatze 141
Falken 59, 60
Falkenartige 61
Farbfrösche 29, 32
Fasane 67, **67**
Faultiere 116
Feldhamster **120**, 121
Feldhase 150, **150**
Feldlerche 86
Feldmaus 121
Feldsperling 93
Feldspitzmaus **102**
Felsentaube 69
Fennek 138, **138**, 139
Fetzenfisch, Großer 28, **28**
Feuersalamander 35, **35**
Feuerwanze 13
Fingertier 103
Fischadler 59, 60
Flachlandgorilla 111
Flachlandtapir 160, **160**
Flamingo, Rosaroter 58
–, Roter 58

Fleckenlinsang 134
Flederhunde 114
Fledermäuse 114, 115
Fliegenschnäpper 91
Flohkrebs, Gemeiner **10**
Flugdrache 43, **43**
Flügelschnecke 19
Flughühner 69
Flughunde 114
Flunder 25
Flußkrebs, Amerikanischer **10**
Flußmuschel 18
Flußseeschwalbe **72**
Frankoline 67
Froschlurche 32, 33, 34
Fruchttauben 69
Füchse, Echte 138
Fuchskolibri 80

Gabelschwanz-Seekühe 152, **152**
Galapagos-Riesenschildkröte 38, **38**
Ganges-Gavial 40
Gänsefußseestern **16**
Gaur 170
Gaviale 40
Geburtshelferkröte **33**
Geckos 42, **42**
Geier 59, **59**
Gelbrandkäfer 13
Gelbschnabeltoko 84
Gemsen 176, 177, **177**
Gepard 140, 142, **142**
Gibbons 112
Ginsterkatzen 135
Giraffe **167**
Glanzstare 89
Glattnasen 115
Glockenreiher 55, **55**
Goldschakal 136
Goral 176
Gorilla 111, **111**
Gouldamadine 92, **93**
Grantgazelle 173
Graufuchs 139
Graugänse 64, **65**
Graupapagei 74, **75**
Graureiher 55, **55**
Grauspecht 83
Grévyzebra 157, **157**
Grizzlybär 133
Großbären 132, 133
Großflußpferde 161, **161**

Steinkauz 76, **77**
Steinmarder 130, **131**
Steinschmätzer 86
Steinwälzer 70
Stelzenläufer 70
Steppengiraffen 167
Steppenschildkröte 38
Steppenzebra 157
Stichling, Dreistachliger **24**, 25
Stieglitz 92, **92**
Stinktier 130
Stirnlappenbasilisk 43
Stockente **64**
Störche **56**
Strandschnecke, Große 19
Strauß 50, **50**
Streifenhörnchen **118**
Streifenschakal 136
Stummelaffe, Schwarz-
  weißer **106**
Sturmmöwe 73
Sturmschwalben 51
Sturmvögel 51
Südrobben 148
Sumatranashorn 158
Sumpfohreule 77
Suppenschildkröte **39**

Taggreifvögel 77
Tagraubvögel 60
Taipan 45
Tamaris 105
Tanreks 102
Tapir, Mittelamerika-
  nischer 160
Tarpan 156
Teichmolch 35, **35**
Teichmuschel, Gemeine **18**
Teichrohrsänger 78, **78**
Termiten 12
Textorweber **93**
Thermometerhuhn 66, **66**
Thompsongazelle 173
Tiefseekrabbe **16**
Tiger **144**
–, Chinesischer 144
–, Sibirischer 144

Tigerpython 44
Tintenfisch, Gemeiner **16**
Tintenschnecken 16
Todis 84
Tokos 84
Tölpel 54
Totenkopf **13**
Totenkopfäffchen 104
Trampeltier **164**, 165
Trappen 68
Trauerschnäpper **90**, 91
Trauerschwan 65
Trompetervögel 68
Trughirsche 169
Truthahn 67
Truthahngeier 63
Tschudi-Meerschweinchen
  123
Tuatara **42**
Tukane 82, **82**
Tümmler, Großer 128, **129**
Tüpfelhyäne **135**
Turakos 78
Türkentaube 69, **69**
Turmfalke 59, **60**

Uferschnepfe **71**
Uferschwalbe 88
Uhu **77**
Unpaarhufer 156
Unzertrennliche 74
Ur 170
Urson 122

Vampir, Gemeiner **114**
Vampire, Echte 115
Vielfraß **131**
Vikunja 165, **165**
Vogel
 –Fuß **48**, 49
 –Gefieder 48, **48**
 –Körperbau 48, **48**
 –Schnabel 49, **49**
Vogelspinnen 9, **9**

Wabenkröte **32**, 33
Waldameise **13**

Waldböcke 174
Waldgiraffen 167
Waldhund 139
Waldmaus, Kleine **121**
Waldohreule 77
Walroß 147, **147**
Wanderalbatros 51, **51**
Wanderfalke 59, **60**, 60
Wanderheuschrecke **8**
Wandertaube 69
Wapiti 169
Warane 42
Warzenbeißer **13**
Warzenschwein 162, **163**
Waschbär 132, **133**
Wasseramsel **90**, 91
Wasserbock **175**
Wasserbüffel 170
Wasserfloh, Gemeiner **10**
Wasserfrosch 33
Wasserläufer **13**
Wassermolche 35
Wasserrehe 168
Wasserschwein 118, 123, **123**
Webspinnen 9
Wegschnecke, Rote **18**
Wehrvögel 64
Weichschildkröten 39
Weidemeise **91**
Weinbergschnecke 18
Weißbartgnu **172**
Weißbüscheläffchen 105, **105**
Weißhandgibbon **112**
Weißkopfseeadler 60, **61**
Weißstorch **56**, 57
Weißwal **126**
Wellensittich 74
Wellhornschnecke **19**
Wendehals 82
Wespen 12
Wespennest **13**
Wiederkäuer 166, **166**, 168
Wiesel **131**
Wiesenpieper **86**
Wiesensalamander, Roter **34**
Wildesel **156**
–, Afrikanischer 157

Wildhund, Afrikanischer
  138, **139**
Wildkatze, Europäische
  140, **141**
Wildschwein 162, **162**
Wildyak 170, **171**
Wimpelfisch **27**
Windspielantilope 173
Winkerkrabbe **11**
Wirbeltiere 48
Wisent 170
Witwen 93
Wolf 136, **137**, 138
Wollaffen 105
Wühler 121
Wühlmäuse 121
Wundersylphe 81, **81**
Wüstenfuchs 139
Wüstenspringmaus **121**

Zackenbarsch **26**, 27
Zahnwale 128
Zauneidechse 42, **43**
Zaunkönig 91, **91**
Zebrafink **92**, 93
Zebramanguste **135**
Zebras, Echte 157
Zeisig 92
Zibetkatzen 135
Ziegenartige 178
Ziegenmelker 79
Zitteraal **28**, 29
Zobel 130
Zwergbeutelratte 100, **101**
Zwergfalken 59
Zwergfinnwal 126
Zwergflußpferde 161
Zwergglattwal 126
Zwerggleithörnchen **118**
Zwergkolibri 80
Zwergmangusten **134**
Zwergmaus, Eurasische **121**
Zwergpinguin 53
–, Australischer **53**
Zwergschimpanse 110, **110**
Zwergseeschwalbe 73
Zwergseidenäffchen 105

190
191

Zum Thema „Natur und Tiere" sind im FALKEN Verlag erschienen:
„Spiele des Lebens? Verhaltensweisen und Überlebenskampf der Tiere" (4524)
„Mein Dschungelbuch" (4537)
„Leonie Löwenherz. Meine Freunde, die Tiere" (4538)

Bildhinweise Kapitelaufmacher:

Seite 6/7 : Vogelspinne und Marienkäfer (Siebenpunkt)
Seite 14/15: Gemeiner Krake
Seite 20/21: Seepferdchen
Seite 30/31: Rotaugenmakifrösche
Seite 36/37: Chamäleon
Seite 46/47: Männlicher Doppelhornvogel
Seite 96/97: Männlicher Nasenaffe

Die Deutsche Bibliothek - CIP-Einheitsaufnahme

Faszinierendes Erlebnis Tierwelt / Ursula und Willi Dolder.
Ill.: Gerd Ohnesorge. - Niedernhausen/Ts. : FALKEN, 1992
  (FALKEN Bücher)
  ISBN 3-8068-4706-1
NE: Dolder, Willi; Dolder, Ursula; Ohnesorge, Gerd

ISBN 3 8068 4706 1

© 1992 by Falken-Verlag GmbH, 6272 Niedernhausen / Ts.
Die Verwertung der Texte und Bilder, auch auszugsweise, ist
ohne Zustimmung des Verlags urheberrechtswidrig und strafbar.
Dies gilt auch für Vervielfältigungen, Übersetzungen, Mikro-
verfilmung und für die Verarbeitung mit elektronischen Systemen.
Titelillustration und Zeichnungen: Gerd Ohnesorge, Halle
Die Informationen in diesem Buch sind vom Autor und vom Verlag
sorgfältig erwogen und geprüft, dennoch kann eine Garantie
nicht übernommen werden. Eine Haftung des Autors bzw. des
Verlags und seiner Beauftragten für Personen-, Sach- und
Vermögensschäden ist ausgeschlossen.
Redaktion: AMS Autoren- und MedienService, Reute
Satz: Digitype, Freiburg i. Br.
Druck: Mairs Graphische Betriebe GmbH, Ostfildern (Kemnat)

817 2635 4453 6271